河南省高校哲学社会科学优秀著作资助项目
二/十/大/专/项

中国农业高质量发展问题研究

关浩杰 著

河南大学出版社
HENAN UNIVERSITY PRESS
·郑州·

图书在版编目(CIP)数据

中国农业高质量发展问题研究 / 关浩杰著. -- 郑州：河南大学出版社, 2025.3. --ISBN 978-7-5649-6269-2

Ⅰ.F323

中国国家版本馆 CIP 数据核字第 20252DC072 号

中国农业高质量发展问题研究
ZHONGGUO NONGYE GAOZHILIANG FAZHAN WENTI YANJIU

责任编辑	董庆超
责任校对	赵海霞
封面设计	史 岩

出 版	河南大学出版社			
	地址：郑州市郑东新区商务外环中华大厦2401号 邮编：450046			
	电话：0371-86059701（营销发行中心） 网址：hupress.henu.edu.cn			
排 版	河南大学出版社设计排版中心			
印 刷	河北虎彩印刷有限公司			
版 次	2025年3月第1版	印 次	2025年3月第1次印刷	
开 本	710 mm×1010 mm 1/16	印 张	15	
字 数	250千字	定 价	38.00元	

前　言

当前我国经济已经由高速增长阶段转向高质量发展阶段,农业和农村经济发展也步入了新阶段。从发展环境看,近年来,我国农业综合生产能力稳步提升,农产品供给保障能力明显增强,具备向更加注重满足质的需求转变的基础和条件;从发展方式看,原有的依靠拼资源拼消耗、高投入高成本的老路已经走不通了,迫切要求农业向追求绿色生态可持续发展转变;从发展要求看,随着城乡居民收入和生活水平的提高,消费者更加关注质量安全、生态安全,不仅要求农业提供优质安全的农产品,还要求农村提供良好宜居的生态环境。过去诸多成就的取得为我国农业发展由增产导向转向提质导向提供了物质基础和社会条件。但是诸多严峻的挑战依然存在,比如农业资源环境压力较大、生产成本较高、国际竞争力不强、面源污染形势严峻、耕地质量下降等问题,这些问题都将成为我国农业高质量发展的瓶颈,也是我国乡村全面振兴战略进程中的障碍。农业是国民经济的基础,农业问题是"三农"问题的关键。农业发展质量直接关系到农民的切实利益,关系到农村社会经济的发展,关系到乡村全面振兴。基于上述背景,针对中国农业高质量发展问题展开系统研究,具有较强的理论意义和现实意义。

虽然目前我国农业发展取得了举世瞩目的成就,为我国农业高质量发展奠定了良好的基础,但是,高质量发展这一概念毕竟提出时间较短,农业高质量发展方面的研究尚处于起步和探索阶段,有待在我国背景和条件下对其进行"中国化"的丰富和发展。本课题力图从如下几个方面对中国农业高质量发展问题进行深化研究。

（1）既有文献鲜有对农业高质量发展问题开展系统性、全面性的研究，我国农业高质量发展的理论框架和实践操作体系有待补充、完善。本研究增强了农业高质量发展理论研究的针对性，探讨了农业高质量发展研究的理论框架和政策取向。高质量发展这一概念在我国提出时间较短，而要将之根据区情、农情科学地付诸实践，需要相关研究和政策制度及时跟进。

（2）农业高质量发展内涵和外延的界定还不够明晰，理论上尚未涉及农村区域经济特性对农业高质量发展的决定性机理，机理分析能否较好地指导高质量发展实践也需要进行检验和修正。本研究在充分借鉴前人研究的基础上，对农业高质量发展的内涵和要义进行探讨，并对农业高质量发展的运行机理和内在逻辑进行分析，为后期展开实证研究奠定理论基础。

（3）随着社会、经济的不断发展和科学技术的进步，农业高质量发展的内涵在不断丰富，评价体系也在不断讨论、争议的过程中逐步得到完善。目前农业高质量发展评价方面的研究相对较少。本研究从农业投入水平、农业产出水平、农业经济系统稳定性、农村社会发展水平、区域协调共享及生态文明建设等六个维度共选取29个三级指标，构建具有横向可比、纵向可测的农业高质量发展综合评价指标体系，并结合实际数据对我国农业高质量发展成效进行纵向测度和横向比较分析。

（4）凸显支持政策目标的精准性。本研究对我国农业高质量发展的现实必要性和演变历程进行了分析，揭示了我国农业高质量发展的客观性、必然性和合理性，并对我国农业高质量发展的现实基础进行了梳理，准确把握我国农业发展的基本状况和基础条件，借鉴国外农业高质量发展经验，系统地提出总体要求、科学布局、扶持政策及保障措施，为推动我国农业高质量发展提供战略性的总体架构。

本研究的创新之处：一是研究视角创新。受经济高质量发展启迪，本研究选择农业高质量发展作为研究对象，开展系统性、全面性的研究，丰富、完善中国农业高质量发展的理论框架和实践操作体系。二是理论创新。本研究深度剖析农业高质量发展基本理论、内涵、特征及运行机理，构建农业高质量发展综合评价模型，丰富了农业高质量发展理论，为推进农业高质量发展提供科学的理论基础。三是内容创新。本研究系统地回顾和总结了改革开放以来我国农业经济发展、粮食产量变化、农业政策演进历程及阶段特征,剖析了我国农业高质量发展现实基础条件,为全面把握农业高质量发展提供认知性的专题思辨。四是建议创新。本研究构建了完善的农业高质量发展的政策体系,综合性地提出相应的配套措施,为推动我国农业高质量发展提供战略性的总体架构。

本书的学术价值和应用价值:从学术价值讲,该成果可丰富农业高质量发展研究内容,系统地分析了农业高质量发展的理论基础、科学内涵及运行机理等基本理论问题,构建了农业高质量发展综合评价模型,拓展了农业高质量研究方法,这有助于拓展农业政策研究空间。建立政策及其对农业高质量发展结果之间的逻辑关系,通过经验分析和政策研究,创新农业高质量发展政策体系,并设计完善的配套措施充分保障政策的落细落实,为我国农业高质量发展政策体系的构建提供总体构想。从应用价值讲,该成果能有针对性地、可操作性地为推动农业高质量发展政策的制定提供借鉴。从政府相关部门进行决策或制定政策层面明晰加快推动农业高质量发展的政策取向,增强有关推动农业高质量发展的对策的针对性,具有一定的应用前景,有助于推动我国农业高质量发展,指导我国农业发展实践。

目 录

第一章 导论 ·· 1
  一、研究背景和研究意义 ·· 1
    (一)研究背景 ·· 1
    (二)研究意义 ·· 2
  二、研究内容和研究思路 ·· 5
    (一)研究内容 ·· 5
    (二)研究思路 ·· 7
  三、研究方法和主要创新点 ·· 7
    (一)研究方法 ·· 7
    (二)主要创新点 ·· 8

理论篇　农业高质量发展的理论阐释

第二章 相关理论基础与国内外研究现状 ································ 11
  一、相关理论基础 ·· 11
    (一)现代农业理论 ··· 11
    (二)产业经济理论 ··· 13
    (三)绿色经济理论 ··· 16
    (四)习近平关于"三农"工作重要论述 ····························· 17
  二、国内外研究现状 ··· 19
    (一)国外研究现状 ··· 19
    (二)国内研究现状 ··· 22

（三）述评 …… 27

第三章　农业高质量发展的内涵和特征 …… 29
一、农业高质量发展的内涵和要义 …… 29
　　（一）投入产出效率和经济效益高 …… 29
　　（二）产品质量高 …… 30
　　（三）增速持续、合理、稳定 …… 30
　　（四）绿色低碳 …… 31
　　（五）创新驱动强 …… 31
　　（六）协调共享 …… 32
　　（七）深化改革开放 …… 33
二、农业高质量发展的基本特征 …… 33
　　（一）以人为本 …… 33
　　（二）资源环境刚性约束 …… 34
　　（三）可持续性 …… 34
　　（四）其他特征 …… 34
三、农业高质量发展的动力机制 …… 35
　　（一）动力机制之一：市场 …… 35
　　（二）动力机制之二：政府 …… 36
　　（三）动力机制之三：非政府组织 …… 36
　　（四）动力机制之四：公众 …… 37
　　（五）四种动力机制有机融合 …… 38

第四章　农业高质量发展的运行机理 …… 39
一、技术进步：农业高质量发展的前提 …… 39
　　（一）马尔萨斯陷阱 …… 39
　　（二）农业"内卷化" …… 40
　　（三）农业技术助推农业高质量发展 …… 41
二、新型经营主体：农业高质量发展的主导力量 …… 44
　　（一）改革开放以来我国新型农业经营主体演化 …… 44
　　（二）新型农业经营主体分类 …… 46
　　（三）新型农业经营主体引领农业高质量发展 …… 47
三、产业融合：实现农业高质量发展的关键 …… 50
　　（一）农村产业融合发展动因分析 …… 50

（二）农村产业融合作用机理分析 …………………………………… 51
　　（三）农村产业融合发展推动农业高质量发展的逻辑 ……………… 54
　四、农业高质量发展的内在逻辑 ………………………………………… 56
　　（一）约束条件 …………………………………………………………… 56
　　（二）内在逻辑机理 ……………………………………………………… 57

实证篇　中国农业高质量发展的全景透析

第五章　改革开放以来中国农业高质量发展的历史演进 ………… 62
　一、改革开放以来中国农业经济发展的演变历程 ……………………… 62
　　（一）超常速增长阶段（1978~1990年） ………………………………… 63
　　（二）反弹回升阶段（1991~1996年） …………………………………… 64
　　（三）增速持续走低阶段（1997~2003年） ……………………………… 64
　　（四）增速大幅波动阶段（2004~2011年） ……………………………… 65
　　（五）增速波动减弱阶段（2012~2017年） ……………………………… 66
　二、改革开放以来中国粮食产量变动的历史阶段 ……………………… 67
　　（一）要素驱动阶段（1978~1983年） …………………………………… 68
　　（二）政策和制度创新驱动阶段（1984~1990年） ……………………… 69
　　（三）市场化驱动阶段（1991~1996年） ………………………………… 70
　　（四）多重因素叠加阶段（1997~2004年） ……………………………… 70
　　（五）"量质效"并进阶段（2005年以来） ……………………………… 71
　三、改革开放以来中国农业发展政策演变 ……………………………… 72
　　（一）改革破冰起航阶段（1978~1991年） ……………………………… 73
　　（二）改革迈向市场化阶段（1992~1998年） …………………………… 75
　　（三）改革纵深推进阶段（1999~2012年） ……………………………… 76
　　（四）习近平关于"三农"问题的新论断、新观点阶段（2013年以来） … 78

第六章　中国农业高质量发展的现实考量 …………………………… 82
　一、中国农业高质量发展的内在需求 …………………………………… 82
　　（一）市场经济制度与农业高质量发展 ………………………………… 82
　　（二）现代农业生产与农业高质量发展 ………………………………… 83
　　（三）乡村全面振兴与农业高质量发展 ………………………………… 83
　　（四）农业农村优先发展与农业高质量发展 …………………………… 85
　　（五）粮食安全与农业高质量发展 ……………………………………… 85

二、中国农业高质量发展的基础条件 … 88
    (一)农产品供给现状 … 88
    (二)政策供给现状 … 90
    (三)生产要素供给现状 … 95
三、中国农业高质量发展面临的挑战和机遇 … 99
    (一)面临的突出挑战 … 99
    (二)面临的新机遇 … 106

第七章 中国农业高质量发展水平综合评价 … 114

一、构建评价指标体系的意义和原则 … 114
    (一)构建评价指标体系的意义 … 114
    (二)构建评价指标体系的原则 … 116
二、评价指标体系的构建 … 117
    (一)评价指标体系构建思路 … 117
    (二)指标的选取 … 118
三、农业高质量发展综合评价模型的构建 … 122
    (一)指标标准化处理 … 122
    (二)指标权重的确定方法及测算结果 … 122
    (三)农业高质量发展综合评价模型 … 126
四、中国农业高质量发展的纵向测度 … 126
    (一)数据来源 … 126
    (二)综合指数评价 … 126
    (三)分项指数评价 … 127
五、中国农业高质量发展区域横向比较 … 136
    (一)数据来源 … 136
    (二)综合指数评价 … 136
    (三)分项指数评价 … 139

探讨篇 中国农业高质量发展的多维探究

第八章 农业高质量发展与经济高质量发展 … 149

一、农业高质量发展是新时代经济高质量发展的迫切需要 … 149
    (一)农业高质量发展是实现中国经济高质量发展的根本要求 … 149
    (二)农业高质量发展是乡村全面振兴的重要内容 … 150

（三）农业高质量发展是提升农产品国际竞争力的需要……………… 151
　二、农业高质量发展对经济高质量发展的影响 ……………………………… 152
　　（一）农业高质量发展有助于推动经济高质量发展 ……………………… 152
　　（二）农业高质量发展有助于保障生活资料有效供给 …………………… 153

第九章　农业高质量发展与新发展理念 …………………………………… 154
　一、新发展理念引领农业高质量发展 ……………………………………… 154
　　（一）创新发展，增强农业农村发展动力 ………………………………… 154
　　（二）协调发展，补齐农业发展短板 ……………………………………… 155
　　（三）绿色发展，厚植农业发展优势 ……………………………………… 155
　　（四）开放发展，拓展农业发展空间 ……………………………………… 155
　　（五）共享发展，夯实农业发展基础 ……………………………………… 156
　二、农业高质量发展是新发展理念的体现 ………………………………… 156
　　（一）农业高质量发展要贯彻创新发展理念 ……………………………… 156
　　（二）农业高质量发展要贯彻协调发展理念 ……………………………… 156
　　（三）农业高质量发展要贯彻绿色发展理念 ……………………………… 157
　　（四）农业高质量发展要贯彻开放发展理念 ……………………………… 157
　　（五）农业高质量发展要贯彻共享发展理念 ……………………………… 158

第十章　农业高质量发展与供给侧结构性改革 …………………………… 159
　一、供给侧结构性改革，发挥农业高质量发展主线作用 ………………… 159
　　（一）质量变革：农业生产导向从增产转向提质 ………………………… 159
　　（二）效率变革：生态优先，绿色发展 …………………………………… 159
　　（三）动力变革：二轮土地承包到期后延长30年 ………………………… 160
　二、高质量发展，显现农业供给侧结构性改革 …………………………… 160
　　（一）优化结构：随市场需求而调整 ……………………………………… 160
　　（二）转变方式：与资源环境相匹配 ……………………………………… 161
　　（三）激活动能：以提质增效为导向 ……………………………………… 161

第十一章　农业高质量发展与压舱石作用 ………………………………… 163
　一、压舱石作用具体体现 …………………………………………………… 163
　　（一）衣食安全作用 ………………………………………………………… 163
　　（二）原料保障作用 ………………………………………………………… 164
　　（三）就业增收作用 ………………………………………………………… 164
　　（四）生态保护作用 ………………………………………………………… 164

（五）推动改革作用 ··· 164
二、农业高质量发展与压舱石的关系 ··································· 164
　　（一）农业高质量发展是保障国家粮食安全的压舱石 ··········· 165
　　（二）农业高质量发展是保障农民增收的压舱石 ·················· 165
　　（三）农业高质量发展是保障农业提质增效的压舱石 ············ 167
　　（四）农业高质量发展是保障农村增容的压舱石 ·················· 168
三、加快农业高质量发展，切实发挥压舱石作用的路径选择 ······ 168
　　（一）优化农业农村高质量发展理念 ································· 169
　　（二）加大农业生产科学技术研发力度 ······························ 170
　　（三）补齐农业高质量发展短板 ······································· 171
　　（四）健全农业高质量发展服务机制 ································· 172
　　（五）完善农业高质量发展相关政策 ································· 172
　　（六）加强乡村全面振兴与高质量发展相互融合 ·················· 173

政策篇　中国农业高质量发展的政策体系

第十二章　国外发达国家农业高质量发展的经验与借鉴 ········ 175
一、国外农业高质量发展成功经验 ······································ 175
　　（一）美国 ··· 175
　　（二）日本 ··· 181
　　（三）欧盟国家 ··· 186
二、国外农业高质量发展经验借鉴 ······································ 193
　　（一）高效的机械化生产体系 ··· 193
　　（二）农业规模经营 ·· 194
　　（三）经营主体现代化 ··· 196
　　（四）完善的农业补贴政策 ·· 198

第十三章　中国农业高质量发展的政策体系 ······················· 199
一、农业农村优先发展政策 ··· 199
　　（一）政策主体 ··· 199
　　（二）政策内容 ··· 200
　　（三）政策形式 ··· 200
　　（四）政策目标 ··· 201
二、乡村全面振兴典型示范政策 ··· 202

（一）政策主体 …………………………………………………… 202
　　（二）政策内容 …………………………………………………… 202
　　（三）政策形式 …………………………………………………… 202
　　（四）政策目标 …………………………………………………… 203
三、国家与地方职能清晰界定政策 ………………………………… 203
　　（一）政策主体 …………………………………………………… 203
　　（二）政策内容 …………………………………………………… 204
　　（三）政策形式 …………………………………………………… 204
　　（四）政策目标 …………………………………………………… 204
四、农村产业融合助力推进政策 …………………………………… 205
　　（一）政策主体 …………………………………………………… 205
　　（二）政策内容 …………………………………………………… 205
　　（三）政策形式 …………………………………………………… 206
　　（四）政策目标 …………………………………………………… 207
五、农业农村现代化重点建设政策 ………………………………… 207
　　（一）政策主体 …………………………………………………… 207
　　（二）政策内容 …………………………………………………… 207
　　（三）政策形式 …………………………………………………… 209
　　（四）政策目标 …………………………………………………… 209
六、粮食主产区利益补偿政策 ……………………………………… 210
　　（一）政策主体 …………………………………………………… 210
　　（二）政策内容 …………………………………………………… 210
　　（三）政策形式 …………………………………………………… 211
　　（四）政策目标 …………………………………………………… 211
七、农业保险发展政策 ……………………………………………… 212
　　（一）政策主体 …………………………………………………… 212
　　（二）政策内容 …………………………………………………… 212
　　（三）政策形式 …………………………………………………… 213
　　（四）政策目标 …………………………………………………… 213

第十四章　中国农业高质量发展政策实施的配套措施 ………… 215
一、加强顶层设计 …………………………………………………… 215
　　（一）转变农业发展方式 ………………………………………… 215

(二)推进农业绿色发展 …… 216
　　(三)坚持"引进来、走出去" …… 216
　　(四)共享农业发展成果 …… 216
二、构建"双重机制" …… 216
　　(一)强化监管机制 …… 217
　　(二)利用反馈机制 …… 217
三、着力"三个精准" …… 217
　　(一)精准施策 …… 217
　　(二)精准推进 …… 217
　　(三)精准落地 …… 218
四、坚持"四新培育" …… 218
　　(一)培育新型农业经营主体 …… 218
　　(二)培育新型职业农民 …… 218
　　(三)培育新型农业产业集群 …… 219
　　(四)培育新型农业服务体系 …… 219
五、强化"五项融合" …… 219
　　(一)强化资源融合 …… 219
　　(二)强化技术融合 …… 220
　　(三)强化产业融合 …… 220
　　(四)强化市场融合 …… 220
　　(五)强化人才融合 …… 220
六、完善"六大体系" …… 221
　　(一)完善科技创新体系 …… 221
　　(二)完善财税支持体系 …… 221
　　(三)完善金融支持体系 …… 221
　　(四)完善金融保险服务体系 …… 222
　　(五)完善产业化支持体系 …… 222
　　(六)完善服务体系 …… 222

参考文献 …… 223

第一章 导论

一、研究背景和研究意义

(一)研究背景

2004~2022年,中央一号文件连续十九年聚焦"三农"问题,不同年份虽然关注的焦点问题有差异,但其核心始终围绕农业农村发展和农民增收的问题,党中央对"三农"问题的重视程度有增无减。近年来,我国农业发展存在的问题逐步得到解决,农业发展成效显著,农业转型升级步伐加快,粮食综合生产能力稳步提高,粮食总产量连续多年超过1.2万亿斤,肉蛋菜等农产品产量稳居世界首位;农业生产条件不断得到改善,农业机械总动力稳步提升,连续多年在9.2亿千瓦以上;农业水利设施体系不断完善,耕地灌溉面积逐年增加,2021年达到10.37亿亩;农业科技进步贡献率稳步提升,2021年达到61%,农作物耕种收综合机械化率超过72%,分别比2017年提高3.5个和6个百分点[1],我国农业发展质量效益和竞争力均得到明显提升;随着我国支农、惠农政策力度加大,农业结构逐渐优化,农业竞争力也呈现增强态势,总体呈现出"两高一低"特征,即劳动密集型农产品(水产、畜禽和果蔬等)和特色农产品竞争力较高,而土地密集型农产品(粮食作物和棉花、大豆等)竞争力较低;农业转型升级过程中,农业经济效益提高,农民农业收入稳步增加,2021年我国农村居民人均可支配收入增至18931元,

---

[1] 中华人民共和国农业农村部.乡村振兴取得阶段性重大成就[EB/OL].(2022-09-28)[2023-08-24].http://www.moa.gov.cn/xw/shipin/xwzx/202209/t20220929_6412216.htm.

其增速显著高于城镇居民收入增速。总体来看,近年来我国农业发展各方面都取得了比较显著的成效,农业与非农产业融合深度和广度不断拓展,农民也切实享受到了农业高质量发展带来的红利,获得感明显增强。

我国农业逐渐转型升级,农业发展方式也稳步转变,农业发展方向开始转向提质导向。但是诸多严峻的挑战依然存在,比如农业资源环境压力较大,生产成本较高,国际竞争力不强,面源污染形势严峻,耕地质量下降,等等,这些已经成为制约我国农业高质量发展的因素。我国人多地少的基本国情,决定了农业发展要受到资源环境承载力的制约,实现农业高质量发展应首先解决好资源环境硬约束的问题。当前,农业种养脱节的现状难以在短时间内扭转,秸秆综合利用率不高、产品开发与价值挖掘不够的问题仍未得到根本解决,畜禽粪污资源化利用的任务仍很艰巨;残留农膜回收机制还不够完善,土壤重金属等污染治理受到资金、技术等多方面制约,持续推进治理的难度不小。目前,我国有2.6亿农户,其中2.3亿是承包农户,而且,我国国情决定了在相当长一个时期普通农户仍是农业生产的基本面,经营规模小,组织化程度低,严重制约着我国农产品质量和食品安全水平的提高;再者,随着消费者消费结构逐渐转型升级,对优质农产品需求增强,而优质农产品供给相对不足。因此,推动农业高质量发展成为目前我国农业发展的主要方向和根本任务。

2017年中央经济工作会议提出"推动高质量发展",党的十九大报告中也有提及,这充分说明"高质量发展"将成为我国社会经济发展的大形势、大方向。农业能否实现高质量发展直接影响到我国经济高质量发展步伐和成效。2020~2022年,中央一号文件又多次提及"高质量发展"。"高质量发展"这一论断的提出,为我国农业发展指明了方向,成为新时代我国农业发展现实的必然选择,推动农业高质量发展意义重大且十分紧迫。

(二)研究意义

在传统市场经济环境下,作为理性的经济主体,农业经营主体甚至政府部门习惯了以经济利益为核心,追求私利最大化,忽略了他人与社会利益,只重视短期利益和当代人的利益,忽略长期利益和后代人的福利,导致农业生态环境恶化,市场体制和机制也缺乏对履行社会责任的激励,从而造成了高质量农产品有效供给不能满足社会的需求,形成较大的缺口,短期只能通过进口弥补国内市场的空缺。当前,我国经济发展进入新时代,推动农业高质量发展成为农业发展的主要方向和根本任务,农业高质量发展进程推进的效果直接关系到农业发展竞争力和农民的切实利益,更影响到我国乡村全面振兴的步伐。党的十九大报告指出,我国经济社会已经步入新时代,新时代农业高质量发展面临着新的机遇和挑战,也提出了更高的要求。基于这种背景,针对中国农业高质量发展问题展开系统研究,具有较大的理论意义和现实意义。

1. 丰富了"三农"问题理论

农业问题始终是当前我国学者和相关部门工作人员关注的焦点问题之一,在我国经济发展过程的不同阶段表现出不同特征,不同时期的历史任务、焦点问题和面临的困境是不断变化的。当前我国"三农"方面的研究成果比较丰硕,但是对农业高质量发展进行系统研究的相对较少。本研究尝试构建农业高质量发展的系统研究框架,结合新时代背景对农业高质量发展的内涵、逻辑机理、历史演进、现实考量、测度体系、政策体系等方面进行系统研究,有助于丰富和深化农业理论,有利于推动我国农业高质量发展实践。

2. 有助于推进农业供给侧结构性改革

党的十九大报告明确指出,新时代要以供给侧结构性改革为主线。农业高质量发展能够助推农业供给侧结构性改革。近年来,随着我国居民收入水平的提高,居民生活质量有了明显提升,对农产品品质的需求日益增强,对农业发展提出了更高的要求和期待,优质、绿色、品牌的农产品更受消费者青睐。这就要求不仅要在量上满足消费者需求,还要在质上满足消费者多样化、层次化和个性化需要;与此同时,还要能够为消费者提供休闲、良好的生态环境。因此,要坚持以市场为导向,从供给侧进行改革,为消费者提供有效农产品供给。

3. 有助于破解新时代社会主要矛盾

随着我国社会主要矛盾发生变化及消费者消费升级明显加快,农业发展不平衡、不充分问题日益凸显。面对我国当前农业发展新形势,发展新业态、推进农村产业融合发展有助于延伸、拓展农业产业链,提升农业整体竞争力[1],实现农业提质增效。目前我国农业竞争力低下的瓶颈和根源问题在于农业经营规模过小,只有解决这一问题,把农业经营规模扩大到具有规模经济效应的可持续发展底线之上,农业其他方面一系列问题才能够得到缓解[2]。乡村振兴战略的提出为农业、农村发展带来了前所未有的发展机遇,政策方面更有助于向农业、农村倾斜,同时也吸引更多生产要素流向农业部门,为农业的发展提供源源不断的动力。同时,农业高质量发展需要相应政策的配合,因此要促进劳动力双向流动,吸引更多的爱农专业技术人才到农业部门,鼓励农业部门劳动力转向非农产业,实现农业规模经营,提升农业生产效益,进而推动农业发展,有效解决农业发展不平衡、不充分问题。农业发展质量的提高,能够为消费者提供物美价廉的农产品,实现农产品消费结构转型升级,全面提升消费者消费品质。农业高质量发展从供给侧发力,有助于破解新时代人民日益增长的美好生活需要和不平衡不充分的发展之间的矛盾。

4.有利于政治目标的实现

2021年,我国仍有约36%的人口在农村,农民基数相对仍比较大。农民是否增收,实际上也是评价农业政策是否成功的关键。切实有效的政策能够为农业高质量发展提供保障和支撑,同时也能够促进农民农业收入的不断增加。经济基础决定上层建筑,农业经济效益提升才能实现农村稳定,才能赢得农民群众的拥护和支持,调动农民的生产积极性,这样才能确保政治目标顺利实现。当前,农业收入仍是农民主要的经济来源,农业高质量发展能够稳步增加农民农业收益,调动农民的生产积极性。在农村地区产业基础仍是农业,农业高质量发展能够有效治理面源污染,提高农业生态效益、经济效益和社会效益,提升农业综合生产能力,确保国家粮食安全及社会稳定。

---

[1] 陈锡文.开创发展农民就业的第三空间[J].农村工作通讯,2017(18):56.
[2] 何秀荣.关于我国农业经营规模的思考[J].农业经济问题,2016,37(09):4-15.

二、研究内容和研究思路

(一)研究内容

党的十九大报告指出:"我国经济已由高速增长阶段转向高质量发展阶段。"这一论断为我国农业发展指明了方向。本研究以农业高质量发展为研究对象,定性分析农业高质量发展核心要义、逻辑机理和时代要求,实证分析我国农业高质量发展的历史演进、现实考量及测度体系,对我国农业高质量发展与经济高质量发展、新发展理念、供给侧结构性改革、压舱石作用之间的关系进行多维探讨,借鉴国外现代农业发展经验,最后设计我国农业高质量发展政策体系。

本研究分为4篇,共包括14章。其中,第二章至第四章为理论篇,第五章至第七章为实证篇,第八章至第十一章为探讨篇,第十二章至第十四章为政策篇。具体内容如下:

第一章,导论。本章主要介绍研究背景和研究意义,研究内容和研究思路,研究方法和主要创新点。

第二章,相关理论基础与国内外研究现状。本章对相关理论基础进行分析,为后期开展研究奠定坚实的理论基础,并对已有相关研究成果进行梳理,寻找新的切入点和研究视角。

第三章,农业高质量发展的内涵和特征。本章首先对农业高质量发展的核心要义进行剖析,并对其基本特征进行探讨,揭示农业高质量发展的本质;接着对农业高质量发展的实现机制进行探讨,从市场、政府、非政府组织及公众四个维度揭示农业高质量发展的动力机制。

第四章,农业高质量发展的运行机理。本章主要对农业高质量发展的前提(技术进步)、主导力量(新型经营主体)及关键(产业融合)进行理论分析,并揭示农业高质量发展的逻辑机理。

第五章,改革开放以来中国农业高质量发展的历史演进。本章对改革开放以来我国农业经济发展、粮食产量变动及农业政策演变历程进行分析。不同时期农业经济发展和粮食产量变化呈现明显的阶段性特征,总体而言两者波动频率和波动幅度均呈现收敛趋势,为农业高质量发展奠定良好的物质基础;不同阶段我国农业政策指导思想和重点不同,农业政策体系随时代背景变化日趋合理、完善。本章旨在论证我国农业高质量发展的客观必然性。

第六章,中国农业高质量发展的现实考量。本章首先对市场经济制度、现代农业生产、乡村全面振兴、农业农村优先发展及粮食安全五个方面与农业高质量发展的内在必然联系进行分析;接着从农产品供给、政策供给及生产要素供给现状三个方面对我国农业高质量发展的基础条件进行剖析,深层次把握我国农业高质量发展的回旋余地和制约因素;最后对当前中国农业高质量发展面临的挑战和机遇进行客观分析。本章旨在清晰认识当前我国农业高质量发展面临的新形势。

第七章,中国农业高质量发展水平综合评价。本章从农业投入水平、农业产出水平、农业经济系统稳定性、农村社会发展水平、区域协调共享及生态文明建设等六个方面构建农业高质量发展评价指标体系,并对我国农业高质量发展成效进行纵向测度和横向比较,旨在为我国农业高质量发展提供测度方法,为相关部门管理提供评判依据。

第八章,农业高质量发展与经济高质量发展。本章主要对农业高质量发展与经济高质量发展之间的关系进行探讨,并提出农业高质量发展推动经济高质量发展的路径选择。

第九章,农业高质量发展与新发展理念。本章主要对农业高质量发展与新发展理念之间的关系进行探讨,并提出践行新发展理念、推动经济高质量发展的路径选择。

第十章,农业高质量发展与供给侧结构性改革。本章主要对农业高质量发展与供给侧结构性改革之间的关系进行探讨,并提出深化农业供给侧结构性改革、推动农业高质量发展的路径选择。

第十一章,农业高质量发展与压舱石作用。本章主要对压舱石作用及其内涵、具体表现进行剖析,并对农业高质量发展与供给侧结构性改革之间的关系进行分析,提出加快农业高质量发展、切实发挥好压舱石作用的路径选择。

第十二章,国外发达国家农业高质量发展的经验与借鉴。本章主要从机械化、农业规模经营、经营主体现代化及农业补贴政策等方面对美国、日本及欧盟国家农业高质量发展实践经验进行归纳总结,并结合我国实际情况剖析当前我国农业发展过程中存在的具体问题,借鉴国外农业发展成功经验。本章旨在借鉴国外可取的经验,避免我国农业发展走弯路,加快农业高质量发展步伐。

第十三章,中国农业高质量发展的政策体系。本章基于农业政策及其与农业高质量发展结果之间的逻辑关系,逆向探索农业高质量发展参与主体与客体需求的政策,充分考虑到不同区域农业发展的差异性,从政策主体、政策内容、政策形式和政策目标四个方面构建完善的精准(区域精准、主体精准、产业精准、环节精准)支持政策体系。

第十四章,中国农业高质量发展政策实施的配套措施。本章首先从供给侧对农业高质量发展做出顶层设计,为农业高质量发展指明方向,提供政策和制度保障;接着从构建"双重机制"(监督机制和反馈机制)、着力"三个精准"(精准施策、精准推进、精准落地)、坚持"四新培育"(新型经营主体培育、新型职业农民培育、新型农业产业集群培育、新型农业服务体系培育)、强化"五项融合"(资源融合、技术融合、产业融合、市场融合和人才融合)、完善"六大体系"(科技创新体系、财税支持体系、金融支持体系、保险服务体系、产业化支持体系和服务体系)等方面为推动农业高质量发展政策支持提供瞄准机制、支撑条件、政策协调及保障。

(二)研究思路

本研究沿着"背景剖析→机理揭示→现实剖析→多维探讨→政策优化"的技术路线展开研究,综合运用文献研究法、调查研究法、统计分析法、历史分析法、比较分析法等多种研究方法,利用农业经济学、统计学和发展经济学等多学科理论分析工具,揭示农业高质量发展的逻辑机理,透视我国农业高质量发展的客观实际,并在多维探讨和借鉴国外经验的基础上,系统地提出我国农业高质量发展战略选择的思考。

三、研究方法和主要创新点

(一)研究方法

1.文献研究法

本研究对国内外相关文献进行梳理、归纳、总结,系统总结已有文献的研究视角、研究方法和研究内容,针对已有相关文献薄弱环节展开研究,以期寻求新的切入点,丰富相关研究成果。

2.调查研究法

本研究根据研究目的设计调研提纲,利用分层抽样的方法对中、东、西部样本地区农业发展实际情况进行调研,收集第一手资料,整理、总结调研资料。对最具代表性的典型区域的农业高质量发展状况进行深入分析和研究,并将其提升为可推广的模式和经验。

3.统计分析法

本研究利用统计分析法构建农业高质量发展测度体系,综合采用熵权法和层次分析法进行赋权,构建综合评价模型,并结合我国现实数据进行实证分析,对我国农业高质量发展进行纵向测度和横向比较分析。

4.历史分析法

改革开放以来,我国农业发展在不同历史时期面临的历史任务、焦点问题不同,表现出不同的特征。本研究对我国农业发展政策和农业经济进行历史比较分析,这有助于更好地把握我国农业发展规律。

5.比较分析法

本研究在分析我国不同区域农业高质量发展成效差异时,利用综合评价分析方法、描述统计法对不同地区的农业高质量发展状况加以比较分析,在历史考察中对我国历史数据进行纵向比较分析。

(二)主要创新点

1.研究视角创新

受经济高质量发展启迪,贯彻落实我国经济高质量发展根本要求,本研究选择农业高质量发展作为研究对象,开展系统性、全面性的研究,丰富、完善中国农业高质量发展的理论框架和实践操作体系。

2.理论创新

本研究结合农业产业的特殊性,探讨了农业高质量发展的核心要义,深入剖析了农业高质量发展的运行机理,构建了农业高质量发展综合评价模型,丰富了农业高质量发展理论,为推进农业高质量发展提供科学的理论基础。

3.内容创新

本研究系统地回顾和总结了改革开放以来我国农业经济发展、粮食产量变化、农业政策演进历程及阶段特征,剖析了我国农业高质量发展现实基础条件,探讨了农业高质量发展与经济高质量发展、新发展理念、供给侧结构性改革、压舱石作用之间的关系,为全面把握农业高质量发展提供了认知性的专题思辨。

4.建议创新

本研究构建了完善的农业高质量发展的政策体系,综合性地提出了相应的配套措施,系统地提出了总体要求、科学布局、扶持政策及保障措施,为推动我国农业高质量发展提供战略性的总体架构。

理论篇

农业高质量发展的理论阐释

第二章 相关理论基础与国内外研究现状

一、相关理论基础

(一)现代农业理论

1.改造传统农业理论

1964年,舒尔茨在《改造传统农业》一书中将农业发展划分为传统农业、过渡农业和现代农业三个阶段。书中运用收入流价格理论解释了传统农业不是经济增长重要源泉的原因,认为改造传统农业应该引入现代生产要素,比如技术,同时也不能忽视制度的作用,制度也是助推现代农业发展的关键因素。

在《改造传统农业》中舒尔茨还进一步探讨了人力资本的重要性,他认为农民的技能和知识水平与耕作的生产率存在正相关关系[1],改造传统农业应该加大人力资本投资。Meng研究发现,农户受教育水平影响农民农业收入的提高[2]。周逸先、崔玉平研究发现,文化程度与农民家庭收入两者呈现正相关关系[3]。因此,农民受教育程度对农业高质量发展具有很重要的作用。新时代应加大对农民劳动技能培训力度,提高劳动者劳动技能和农业技术应用能力,以满足农业高质量发展对劳动者素质的更高需求。

---

[1] 舒尔茨.改造传统农业[M].北京:商务印书馆,2006.
[2] MENG X. The role of education in wage determination in China's rural industrial sector[J]. MPRA Paper, 1995,3(03):235-247.
[3] 周逸先,崔玉平.农村家庭户主教育程度对家庭生活影响的调查与分析[J].清华大学教育研究,2000(02):109-113.

2.现代农业发展阶段理论

美国农业经济学家约翰·梅尔将传统农业向现代农业的转变过程划分为三个阶段:第一阶段,技术停滞阶段(传统农业阶段)。这一阶段农业生产力比较落后,农业发展较为缓慢,农业发展主要依赖劳动、生产资料的大量投入,粗放式生产经营。随着生产要素大量投入,劳动生产率也有所提高,但是受土地资源约束,投入量增至一定程度边际产量就会呈现递减趋势。第二阶段,劳动密集型技术进步阶段(低资本技术农业阶段)。农业经过前一阶段发展,已经形成一定积累,生产经营主体已经逐渐意识到农业科技对农业经济增长的作用,开始引入农业技术,尤其是加大了劳动力资源技术投入。这一阶段农业增长主要靠劳动密集型技术的创新和使用。第三阶段,资本密集型技术进步阶段(高资本技术农业阶段)。这一阶段劳动密集型技术对农业经济发展的推动作用逐渐衰弱,农业部门产值所占比重大幅下降,所占比重越来越小,而资本相对比较充裕,农场规模扩大,劳动力成本上升,从而选择机器代替人力劳动能够降低生产成本。

我国不同时期农业面临的主要问题也不同,政府部门所采取的农业政策目标和内容也是不同的。新形势下,我国农业发生了阶段性的变化,长期困扰我国的粮食问题已经被解决,我国农业进入高质量发展阶段。在这一阶段,农民收入问题取代粮食问题成为我国农业发展最突出的问题,这一问题也成了国民经济健康发展的瓶颈。在现阶段,我国社会主要矛盾也发生了变化,消费者对农产品的要求也越来越高,我国农业发展必须根据市场变化及时作出调整。

3.诱致性技术变迁理论

诱致性技术变迁理论是日本农业经济学家速水佑次郎和美国农业经济学家弗农·拉坦在诱导创新理论基础上提出来的[①],他们将该理论进行扩展,引入资源禀赋、技术、制度、文化禀赋等因素,探讨了在理论体系中四者的均衡关系(见图2-1),这四种因素之间是两两相互作用的,其中技术(创新)是最核心的影响因素。制度变革为现代农业发展提供制度保障,关键还需要技术创新打破传统农业资源的束缚,尤其是土地资源、水资源等,提高

---

① 速水佑次郎,拉坦.农业发展的国际分析[M].北京:中国社会科学出版社,2000.

农业生产效率,提升农业竞争力。诱致性技术变迁理论对我国现代农业发展和农业技术驱动发展具有重要的指导意义,为推动我国农业高质量发展提供借鉴。当前我国农业发展进入一个新的阶段,这对农业自身发展也提出更高的要求。为满足人民日益增长的美好生活需要,需要不断创新新技术,发展新业态,为消费者提供品质更优的农产品,同时也给消费者带来全新的消费体验,推动农业向更高质量发展。

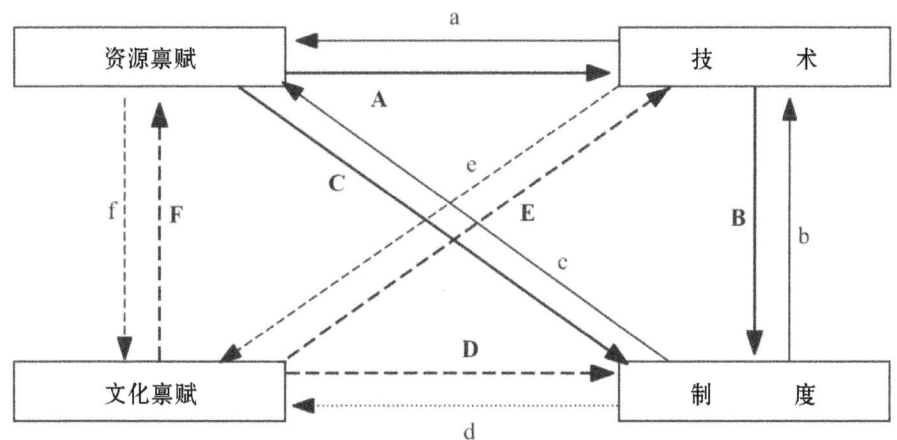

图 2-1　资源禀赋、文化禀赋、技术、制度之间的相互关系

(二)产业经济理论

1.产业结构理论

产业结构思想最早可以追溯至威廉·配第,他在1690年发表的《政治算术》中认为,导致各国国民收入水平差异及经济发展具有明显阶段性特征的关键原因就是产业结构的不同。不同产业结构会呈现出不同的经济发展水平,因此优化产业结构就能够实现资源在不同产业之间的优化配置,提高经济发展水平和国民收入水平。改革开放以来,我国产业结构不断优化,从长期变动趋势来看,三次产业结构比例有了明显改善,由改革开放初期的"二一三"结构逐渐过渡到"二三一"结构,目前已经形成"三二一"结构。"三二一"形式的产业结构被世界公认为最理想的经济结构。近年来,我国产业结构正向合理化、高级化方向变化,但是第三产业所占比重较发达国家还有明显差距。因此,新时代应把握好乡村振兴战略机遇,以产业融合发展为抓手,以科技创新为核心驱动力,推进农业供给侧结构性改革,提升农业

产业竞争力,全面推动农业高质量发展,提高农业经济发展对经济增长的贡献率。

库兹涅茨在继承配第和克拉克等人研究成果的基础上,形成了配第-克拉克定理和库兹涅茨定理。目前我国第一产业就业人口仍会不断向第二、第三产业转移,农业经营规模仍会逐渐增大,农业技术在农业中发挥的作用将持续增强。产业结构还包括农业产业结构。农业产业结构反映农业内部各部门之间的比例关系,是衡量农业经济效益高低的重要指标。因此,要在保障国家粮食安全的前提下,依托地区资源禀赋优势,根据市场变化进行优化调整,提高农业经济效益。农业产业结构调整可以从内部和外部两个维度进行,内部主要是通过优化种植业、林业、畜牧业、渔业等部门之间的比例关系,调节资源在农业内部部门之间的优化配置。根据外部和内部条件的变化,当前我国农业发展已经进入高质量发展阶段,优化农业产业结构能够为市场提供有效农产品供给,优化资源配置,提高农业资源利用效率和效益。

2. 产业组织理论

市场结构、市场行为和市场绩效之间的关系是产业组织理论体系的核心,三者不是单向的因果关系,而是双向的因果关系。农业产业组织指政府职能部门、涉农企业、专业合作社、农户等多方参与主体自愿结合而成的利益共同体的组织形式。农业产业组织中也体现着市场结构、市场行为和市场绩效之间的关系。作为理性的经济主体,处于农业产业链条各环节的经营主体均以自身利益最大化或成本最小化为目标,根据自身掌握的信息进行决策。因此,完善利益联结机制能够有效规范和约束经营主体的市场行为。目前,在具体实践中我国形成了多元化的农业产业组织形式,主要有龙头企业主导型(企业+农户)、政府部门主导型(政府+银行+企业+农户)、合作经济主导型(合作社+农户)。这些农业产业组织形式对于推动我国农业高质量发展发挥着至关重要的主体作用。

3. 规模经济理论

产业组织政策具有双重目标,一是在产业内形成有效竞争的环境,二是充分享受"规模经济"的好处。规模经济理论主要探讨企业规模经济的形成原因,确定企业最佳经济规模的方法和利用规模经济的方法。随着农业经营规模的扩大,生产要素配置日趋合理,生产要素的作用得以充分发挥,长期平均成本就会下降,农业生产效率提高,农户收益增加,从而形成规模经济①。但是,基于目前农村社会保障体系不完善、耕地保障作用不明显、农户惜地思想严重的现状,主要还是以家庭散户经营为主,户均耕地面积相对较少。2019年,我国人均耕地面积仅有1.36亩②,不足世界平均水平(2.89亩/人)的50%,可见中国的人均耕地面积远低于世界平均水平。近年来我国农村土地流转取得了明显成效,然而仍存在一些突出问题,比如流转到农地的经营主体生产成本较高,种植粮食作物经济效益较低,如果种植经济作物将会影响到国家粮食安全。

随着农业经营规模的扩大和农业生产要素效率的提高,边际成本会随之降低,达到一定规模以后就会出现规模报酬递减。因此,农业生产必须保持适度规模经营。随着科技进步、生产要素配置日趋合理,当农业生产规模达到一定程度时,农业生产率提高就会促使农业形成规模经济,在此基础上的农业经营就可以成为农业规模经营。然而,通过上述分析可知,当经营规模达到一定程度时,就会出现规模报酬递减,因此农业经营规模必须适度,即农业适度规模经营。国内外学术界对于适度规模的研究视角和研究区域不同,得到的研究结论也不尽相同,但是,越来越多的学者一致认为农业适度规模经营是最有效率的。Sen对印度农业生产状况进行实证研究发现,随着农业生产规模的不断扩大,农业单位产出呈现下降趋势,即"IR"规律③。Hoque通过对孟加拉国农业生产规模和效率之间的关系进行实证分析,发现在1~7英亩(1英亩=0.405公顷)二者呈正相关,7英亩以上则相反,由此可知7英亩是最佳规模。随着技术进步,农业适度规模经营必然会随之发生变化,但是当农业科技水平既定时,农业适度经营规模也是一定的。

目前,国内农业经营仍以传统农户分散经营为主导,农业经营规模较小,生产要素配置不合理,不能充分发挥生产要素的作用,因此就会出现规

---

① 曼昆.经济学原理[M].北京:北京大学出版社,2012.
② 中华人民共和国中央人民政府.我国多措并举严守耕地红线[EB/OL].(2022-06-26)[2023-09-22].https://www.gov.cn/xinwen/2022-06/26/content_5697791.htm.
③ SEN A K. Peasants and dualism with or without surplus labor[J]. Journal of political economy,1966,74(05):425-450.

模不经济现象。陈宗胜和陈胜从市场角度进行分析,发现小规模经营会增加农产品供给弹性,形成基层政权膨胀、摊派和提留过度扩张的恶性循环①。郑少锋研究发现,农业只有在某一规模上经营,生产效益才会达到最优,并非土地规模越大越好,必须把握经营的尺度②,即农业适度规模经营,农户利益才会最大化。叶剑平等③、刘凤芹④对我国农户土地经营规模与经营效率进行实证分析,一致认为我国农业发展的方向是农业适度规模经营。目前,对于"适度"规模的具体额度,不同学者结合我国不同地区实际也进行了实证研究。汪亚雄结合我国南方实际,研究发现粮食种植适度规模为0.67公顷⑤。齐城利用河南省信阳市实际数据测算出,在劳动力满负荷下土地经营临界规模为 0.34 公顷⑥。贺书霞结合河南省邓州市调研数据进行实证研究发现,考虑到劳动力转移和土地流转实际情况,在当前经济发展水平和农业生产条件下,豫西南地区的农业经营适度规模为2.47～2.97公顷⑦。

综上可知,不论从理论角度分析,还是从实证角度研究,在既定的生产条件下,农业生产应该保持适度规模经营,这样才能实现效率最优、农户收益最大化。在土地流转快速、有序的前提下可以实现土地适度规模经营,在土地流转受限时可以实现服务适度规模经营,或者两种方式兼顾。然而,两种方式如何选择,应该取决于市场和地方实际状况。

(三)绿色经济理论

1.生态农业理论

二十世纪六七十年代,"石油农业"导致一些生态问题,引发社会各界关注,随后"生态农业"应运而生。生态农业理论是将粮食生产和其他农作

---

① 陈宗胜,陈胜.实现农业规模化经营的若干思考[J].南开学报,1998(02):47-51.
② 郑少锋.土地规模经营适度的研究[J].农业经济问题,1998(11):9-13.
③ 叶剑平,丰雷,蒋妍,等.2008年中国农村土地使用权调查研究:17省份调查结果及政策建议[J].管理世界,2010(01):64-73.
④ 刘凤芹.农地规模的效率界定[J].财经问题研究,2011(07):109-116.
⑤ 汪亚雄.南方农业适度规模经营分析[J].统计与决策,1997(05):21-23.
⑥ 齐城.农村劳动力转移与土地适度规模经营实证分析:以河南省信阳市为例[J].农业经济问题,2008(04):38-41.
⑦ 贺书霞.粮食主产区的农业适度规模分析:以河南省邓州市为例[J].地域研究与开发,2015,34(05):172-176.

物生产看成一个系统,充分利用现代技术,协调社会、经济和生态三者之间的关系,实现农业资源合理配置、资源循环利用和利用效率最大化。生态振兴是我国乡村全面振兴的关键一环和重要内容。推进现代农业高质量发展,就是要夯实乡村全面振兴的产业基础,既要在产能上站排头,还要实现产品品质、农业生态、综合效益和农民收入等全方面提升。推进农业高质量发展,重点就是要保护农业生态环境,推进绿色兴农、质量兴农。

2.可持续农业理论

可持续农业的概念,最早是由世界银行于1981年提出来的。早期,美国国会把可持续农业概念界定为:一种因地制宜的动植物综合生产系统,能够满足人类食品需要,提高农民生活质量,并且农业资源环境逐渐改善,农业经济更有活力。1991年,联合国粮农组织认为,可持续发展农业旨在管理和保护自然资源基础。可持续农业发展的目标是实现农村经济、生态、社会状况不断改善,资源与环境不断改善。然而,随着城镇化进程加快,经济发展对生态环境的影响在加剧,在资源约束趋紧形势下通过制度与技术创新能够实现农业可持续发展。而农业可持续发展目标包含在农业高质量发展目标之中,农业高质量发展除可持续发展内涵和目标之外相对更为全面、广泛。

(四)习近平关于"三农"工作重要论述

1.保护农业耕地

随着我国城镇化进程加快、经济发展规模扩张,工业用地、开发用地、基础设施建设用地等占用了大量的耕地资源,造成耕地资源趋紧。基于这样的背景,习近平指出:"耕地是我国最为宝贵的资源……要实行最严格的耕地保护制度。"2019年,我国耕地平均等级为4.76等,较2014年提升了0.35个等级[①]。总体来看,目前我国耕地质量偏低,其中优、高等地不足三成,中、低等地超过七成。在土地资源约束下,我国应坚守耕地面积红线,深入实施藏粮于地、藏粮于技战略,运用农业科技修复被污染耕地或提升现有中等地和低等地地力,探索实行耕地轮作休耕制度,保持耕地持续产能,从源头上确保国家粮食数量和质量安全,推进农业高质量发展。

---

① 中华人民共和国中央人民政府.2019年全国耕地质量等级情况公报发布[EB/OL].(2020-05-13)[2023-10-08].https://www.gov.cn/xinwen/2020-05/13/content_5511129.htm.

2. 新发展理念引领农业高质量发展

新发展理念是党的十八大以来以习近平同志为核心的党中央在总结国内外发展经验教训基础上提出的,创新、协调、绿色、开放、共享新发展理念引领农业高质量发展。农业高质量发展过程中,要增强创新意识,把创新摆在第一位,培育农业发展新动能,充分发挥农业效能;注重发展的整体性,针对农业发展过程中的薄弱环节、落后区域,通过协调城乡之间资源配置,吸引社会资源流向农业农村,促进农业全方位协调均衡发展,提升农业发展质量;生态环境没有替代品,用之不觉,失之难存①。

3. 农业供给侧结构性改革

在粮食价格"天花板"和成本"地板"双重挤压、资源环境约束趋紧的背景下,农业增效、农民增收、粮食增产"三增"问题凸显,同时消费者对农产品品质要求也逐渐提高。2015年中央经济工作会议提出"农业供给侧结构性改革"这一表述,也为我国当前和今后一个时期农业发展指明了方向,同时也提出了发展要求和思路。对农业农村发展来说,这既是重大机遇,也是严峻挑战。

有效的制度供给能够促进生产要素在各部门、各地区之间自由流动,充分调动各方主体积极性,发挥资源最大效用,实现资源优化配置。当前我国农业支持政策体系逐步健全和完备。然而,在新时代我国农业发展深层次问题凸显,呈现出不同特点。因此应积极推进农业政策供给侧结构性改革,确保有效制度供给。农业供给是针对农业结构性失衡而言的,农业高质量发展首先要满足消费者对农产品数量和质量的需求,在此基础上利用农业新科技,创新新业态,为消费者提供更高品质的农产品和农业体验。

4. 高质量发展

2017年,中国共产党第十九次全国代表大会首次提出"高质量发展"这一新表述,表明中国经济由高速增长阶段转向高质量发展阶段。这一重要论断的提出,为我国农业发展指明了方向。随后年份一系列中央一号文件和相关部门政策文件,其最终目的都是推动我国农业由大转强。这些文件虽然并没有直接提及农业高质量发展,但是都与习近平推动高质量发展的

---

① 习近平.习近平谈治国理政(第二卷)[M].北京:外文出版社,2017.

总体要求一脉相承。当前,我国农业已经进入高质量发展阶段,必须从供给侧和需求侧双轮驱动,进一步提升我国农业发展内涵和速度,确保国家粮食安全和农民收入稳步提高。

二、国内外研究现状

(一)国外研究现状

"高质量发展"是党的十九大报告首次提出的新表述,也是我国经济发展到当前阶段的现实选择。农业生态化发展的提法在国外文献中也较为鲜见,但是诸多研究成果均围绕高质量发展展开。

1.农业绿色发展

国外农业绿色发展进程大致可以分为三个阶段:第一阶段,初期探索阶段。在这一阶段,政府部门、相关研究学者及公众对绿色发展还没有形成共识,最初只是非政府组织开始对农业绿色发展问题进行初步探索。第二阶段,持续关注阶段。在这一阶段,社会、经济发展对农业生态环境造成一系列影响,不利于农业可持续发展,政府部门已经意识到问题的严重性,开始提倡绿色发展理念。第三阶段,稳定发展阶段。在这一阶段,农业绿色发展已经在世界诸多国家进行实践,总结出适合各国实际的发展路径,并构建相应的政策体系,取得了显著成效,农业绿色发展已经走上正轨①。

(1)农业绿色发展内涵

国外对农业绿色发展问题展开研究是在二十世纪六七十年代开始的,主要是针对"石油农业"带来的一系列问题进行探讨,逐渐意识到这些问题是由社会、经济与资源环境之间发展不平衡导致的。农业绿色发展以生态农业为基础,生产方式采用机械化、绿色化,其难点和核心是绿色农业发展路径创新和绿色技术创新。农业绿色发展将会提高农产品安全质量,科学调整产业结构,优化生态环境,提升农产品品牌影响力。

(2)农业绿色发展路径

美国将农耕文化与传统节日相结合,探索节庆旅游的发展路径。② 美

---

① 刘濛.国外绿色农业发展及对中国的启示[J].世界农业,2013(01):95-98+101.
② 张蓓,万俊毅,文晓巍.国外农业旅游的模式比较与经验借鉴[J].农业经济问题,2011,32(05):100-105.

国人均耕地面积较大,具备先天规模经营优势,产业化程度较高,逐渐形成了九大农作物生产带,通过不断健全农业相关法律制度、加大农业投入力度并完善农业支持体系,实现农业绿色、低成本、可持续发展①。日本的农业发展与我国的农业发展有一定的相似性,人多地少,人均耕地面积也较小。但是日本比较注重农业科技的研发和推广应用,农业生产效率较高,结合地区资源禀赋特征探索出政府支持型的农业观光旅游产业②,走资源节约、技术密集的现代农业发展路径;出台相应法律、制度,对绿色农业发展方式给予政策和财政上的支持,不断加大农业绿色科技研发力度,并广泛宣传农业绿色发展的意义和技术③。法国非政府组织自行制定规章制度,成立了农业旅游协会,对旅游观光农业给予扶持和指导。欧盟国家设立农业补偿金,对绿色农业给予基金补偿,对生态破坏行为征收生态保护税,强化农业经营主体对农业生态环境的保护意识。

(3)农业绿色发展政策

发达国家将绿色农业政策写入法律,为农业绿色发展提供制度保障,并完善绿色农产品市场、信息等服务,提供资金支持,促进绿色农业发展良性循环。美国出台相应的"绿色补贴"政策,将农民收入与农业生态环境挂钩,增强农民保护农业资源环境的意识;同时,政府部门还设立农业生态保护专项项目和农业技术补贴,提升农业科技普及率,保护农业生态环境。日本为了保护农业生态环境,出台相应的法律制度,并健全农业认证制度,对发展绿色农业经营主体给予政策和资金上的支持。法国对于绿色农产品实行认证制度,每年对农产品进行检查,达标的经营主体能够享受国家的优惠政策。④ 发达国家对农业绿色发展较早进行实践探索,以美国、日本和欧盟国家为代表的发达国家和地区围绕农业绿色发展形成了完善的支持政策和服务体系,为我国农业绿色发展、实现高质量发展提供了经验借鉴。

2.现代农业

(1)现代农业内涵

---

① 陈霞,于丽卫,康永兴,等.国外发展生态农业的经验与启示[J].天津农业科学,2015,21(04):90-93.
② 李新瑜.国外农业旅游发展典型模式及对中国的启示[J].世界农业,2017(01):134-136.
③ 段禄峰.国外农业生态补偿机制研究[J].世界农业,2015(09):26-30+76.
④ 郝丽霞.国外发展绿色农业对陕西的启示[J].山西农业科学,2015,43(02):225-228+248.

现代农业是科技进步的必然结果,是生产、通信、运输等技术创新的必然产物。与传统农业相比,现代农业在提高农业生产率、提高农民收入方面具有更重要的推动作用①。现代农业主要是相比于传统农业而言的,其特点和发展模式与传统农业相比具有明显差异,针对现代农业内涵方面的对比研究仅停留于理论层面,缺乏数据支撑,对实践指导的针对性不够;现代农业理论层面研究已经形成比较丰富的成果,建立了现代农业研究体系。现代农业内涵界定比较清晰,但是缺乏创新和突破,尤其是在发展模式和对策方面。

(2)现代农业影响因素

现代农业是农业发展最高阶段。约翰·梅勒认为,技术进步是实现传统农业转型的关键,现代农业发展急需弄清现代化的生产要素。速水佑次郎结合日本农业生产实践,发现化肥和水利现代化是现代农业发展的关键。而弗农·拉坦结合美国农业发展实践,发现农业机械化是影响现代农业发展的关键因素。② Lu 等也得出一致结论,认为技术进步是现代农业发展的必要条件③,加大经济方面的投入也有助于推动现代农业发展。随着农业产业组织的发展,其对现代农业发展的推动作用日益显著,同时现代农业发展要注重资源和生态环境的保护④。

(3)现代农业发展模式

发达国家结合不同国家农业资源禀赋特征,已经探索出适合本国的现代农业发展模式。美国具有现代农业发展的先天优势,人均耕地面积较大,主要采取的发展模式为家庭农场,机械化程度和灌溉技术水平较高。与美国相反,日本在耕地资源约束下,只能走适度规模经营道路。日本农业发展比较注重结合地方特色和优势,形成"一村一品"发展模式,主要以农户家庭经营为主。以色列现代农业发展水平也较高,在世界上具有一定的影响

---

① TUMMALAPALLI T P K, SWAMY V R, Muralikrishna I V. Land resources information system for sustainable land use planning[J]. Nature environment and pollution technology, 2011,10(04):525-534.

② 速水佑次郎,拉坦.农业发展的国际分析[M].北京:中国社会科学出版社,2000.

③ LU M, FAN J, LIU S, et al.Employment restructuring during China's economic transition[J]. Monthly labor review, 2002,125(8):25-31.

④ HEIMLICH R E, ANDERSON W D. Development at the urban fringe and beyond: Impacts on agriculture and rural land[J]. Agricultural economics reports, 2001,341(09):1-3.

力。以色列现代农业发展模式主要以农业科技为支撑,在水资源、土地资源约束下,借助农业技术手段,比如综合防治技术代替除草剂、滴灌技术、多倍体繁殖技术等,现代农业发展取得明显成效,农产品在全球具有很强的竞争力。

3. 产业融合发展

产业融合思想可以追溯到马克思和马歇尔提出的产业分工理论,但当时并未形成系统的理论框架。随着经济不断发展,产业之间开始出现交叉融合现象。随之,产业融合引起学界重视,逐步形成比较系统的研究成果,研究焦点主要集中在如下五个方面:①产业融合的内涵。国外专家学者分别从技术、产品、产业等视角对产业融合的内涵进行诠释。②产业融合动因。技术创新使得产业之间联系加强,是产业融合的内在动力,技术革新和相关部门限制放宽也能够加速产业融合。③产业融合类型。根据不同技术之间具有替代性或互补性的特点,产业融合分为替代性融合和互补性融合两种类型;从供求角度讲,产业融合分为供给融合和需求融合两类。④产业融合效应。产业融合现象明显的产业比不明显的产业的绩效提高更为显著;产业融合能够拉动就业,促进经济增长,促进产业结构优化升级。⑤产业融合程度测度。赫芬达尔指数能够对产业融合度高低进行测算;RAT指数也能够对产业融合程度进行测算。Fai 和 Tunzelmann 通过对化学产业之间融合程度进行测算发现,产业之间技术融合比较明显。总的来看,国外产业融合方面的研究已经形成了丰富的研究成果,研究视角较微观,研究问题较具体,为我国农村产业融合发展的理论研究和实践操作提供了可借鉴的理论、方法和经验。

(二) 国内研究现状

党的十九大提出"高质量发展"以来,国内学者和相关工作人员从不同视角展开研究,形成了较为丰富的研究成果,对于促进相关理论发展及指导社会实践均具有重要的参考价值。但是,高质量发展在国内提出时间相对较短,相关领域还有许多理论和实践上亟待解决的问题,农业高质量发展方面亦是如此。国内研究主要集中在以下几个方面:

1. 高质量发展内涵界定

经济高质量发展要以新发展理念为引领,实现生产要素投入少、资源优化配置效率高、资源环境成本下降及社会经济效益高的目标。① 经济高质量发展可以从广义和狭义两个角度理解。从狭义角度来看,经济主体利用科技配置资源要素,提高资源要素配置效率,依靠技术进步推动生产方式变革,进而提高产品的品质;从广义角度来看,除了经济范畴,还应该兼顾社会、政治、文化及生态等方面。② 高质量发展应该从经济、社会、生态、国家等多方面进行综合考量。高质量发展的具体内涵是一个值得持续深入探讨的课题,主要包括提质增效、创新驱动、绿色低碳及协调共享四个方面,其中前三个方面是发达国家发展经验和高质量发展的基本特征,而协调共享则是我国经济高质量发展的基本要求。③ 高质量发展还可以从供给和需求两个角度来理解。从供给角度理解,应该提高产品附加值及科技含量,向产业链中高端迈进,形成技术、质量、品牌、服务为主的竞争优势;从需求角度理解,应该紧随消费升级的变化,从供给侧改革方面确保产品有效供给,以适应市场需求的变化。④

党的十九大提出"高质量发展"以后,诸多学者聚焦农业高质量发展进行研究,农业高质量发展成为焦点问题之一。全球复杂性增强,不确定因素增多,因此保障国家粮食安全是我国农业高质量发展的首要任务⑤。新形势下,我国农业也步入提质增效的历史阶段,农业高质量发展应该更多考虑生产经营体系的完善和农业效益⑥。农业高质量发展应着力于实现产品质量、产业效益、生产效率、经营者素质、国际竞争力及农民收入等方面协同提高。⑦ 随着我国"三农"工作重心的不断变化,在乡村全面振兴背景下赋予了农业高质量发展新的内涵,应坚持以人民为主体,进而实现农业农村现代化。⑧

---

① 林兆木.我国经济高质量发展的内涵和要义[J].西部大开发,2018(Z1):111-113.
② 马晓河.经济高质量发展的内涵与关键[N].经济参考报,2018-07-11(5).
③ 王春新.中国经济转向高质量发展的内涵及目标[J].金融博览,2018(05):42-43.
④ 余斌.高质量发展的本质内涵是什么[J].决策,2018(06):35.
⑤ 潘建成.农业如何实现高质量发展[N].中国县域经济报,2018-08-20(4).
⑥ 钟钰.向高质量发展阶段迈进的农业发展导向[J].中州学刊,2018(05):40-44.
⑦ 韩长赋.大力推进质量兴农绿色兴农 加快实现农业高质量发展[N].农民日报,2018-02-27(1).
⑧ 高强.农业高质量发展:内涵特征、障碍因素与路径选择[J].中州学刊,2022(04):29-35.

2.农业高质量发展路径

当前,农业高质量发展已经成为我国农业的主攻方向,是现阶段我国农业发展的现实必然选择。然而,如何实现农业高质量发展成为亟待解决的现实问题。农业高质量发展应着重"七化"(即市场化、产业化、集约化、标准化、模式化、品牌化及信息化)①。然而,农村产业融合也是高质量发展的关键,产业融合发展有助于提高农业生产效益,拓展农民增收渠道;要以绿色农业②和"三化"——产业化、绿色化和品牌化③为抓手,以科技创新为动力④,以品牌农业为引领⑤,突破资源环境约束,有效解决低水平供给与高品质需求不匹配问题,挖掘农业新旧动能转换潜力,拓展农业发展新空间,提升农业发展内涵。王小华等⑥通过典型案例,分析数字金融在农业保险、农业供应链融资体系、农业社会化服务体系、农民增产增收中的具体应用,认为数字金融供需水平有待提高,应健全农村数字基础设施,提高农民金融素养,以此提高数字金融赋能农业高质量发展的效能。星焱⑦认为,数字金融在推进农业农村经济发展中存在金融排斥、服务深度不足等问题,需要完善数字普惠金融支农的顶层设计,健全金融激励体系,弥补城乡数字鸿沟,实现农业农村经济发展与数字金融的融合。通过加强数字金融发展的顶层设计,加大农村金融基础设施建设,提升农户的金融素养,推进农业的数字化转型,完善数字金融赋能农业高质量发展的路径。⑧

3.农业高质量发展综合评价

高质量发展是经济增长数量达到一定阶段的必然趋势,数量增长是高质量发展的前提⑨。当前我国农业发展取得显著成效,农产品充裕且比较丰富,因此现阶段农业发展质量成为农业发展的重要方向。"高质量发展"

---

① 王忠海.以"七化"思路促进农业高质量发展[J].甘肃农业,2018(09):50-52.
② 杨辉,陈希.以绿色农业为抓手推进农业高质量发展[N].黑龙江日报,2018-07-13(6).
③ 周莹,钟辰.以"三化"为抓手,全力推进农业高质量发展[J].农家参谋,2018(19):37.
④ 彭建强.以科技创新推动农业高质量发展[N].河北日报,2018-07-13(6).
⑤ 赵勤,车丽娟.以品牌农业引领农业高质量发展[N].黑龙江日报,2018-09-19(10).
⑥ 王小华,张莹,胡大成.数字金融赋能农业农村高质量发展:典型案例、现实困境及机制创新研究[J].江南大学学报(人文社会科学版),2021,20(03):18-32.
⑦ 星焱.农村数字普惠金融的"红利"与"鸿沟"[J].经济学家,2021(02):102-111.
⑧ 郭苏豫.数字金融赋能农业高质量发展策略研究[J].价格理论与实践,2012(12):102-105.
⑨ 任保平.经济增长质量:理论阐释、基本命题与伦理原则[J].学术月刊,2012,44(02):63-70.

被提出以后,经济学界和实务工作部门从多个维度进行了理论和实证方面的研究。由于研究时间尚不长,目前直接涉及农业高质量发展的文献不是很多,其中涉及农业高质量发展评价指标体系方面的更不多见。

目前,国内学者对农业发展水平测度研究主要集中在以下几个方面:①农业可持续发展水平测度。刘旭等[1]从资源、生态、科技、规模及政府支持等5个方面构建都市农业可持续发展综合评价指标体系,结合北京市相关指标数据,运用因子分析方法进行实证分析。陈聪、梁流涛[2]从农户视角构建"压力-状态-效应-响应"逻辑框架模型,对河南省农业可持续发展水平进行测度,研究发现河南省农业可持续发展水平还存在很大提升空间。贾晶晶、张小红[3]从人口、经济、社会、资源和环境系统等5个方面对青海省农业可持续发展水平进行测度,研究发现目前青海省农业可持续发展水平虽有所提升,但是各系统之间协调性不强。②农业现代化水平测度。周迪、程慧平[4]运用熵权法从农业投入、农业产出、农村社会发展水平及农业可持续发展等4个维度构建评价体系,并对我国31个省级行政区农业现代化发展水平展开实证研究。赵文英等[5]也从这4个方面选取指标,综合采用灰色关联-主成分分析模型进行实证研究。林正雨等[6]也从这4个方面构建评价指标体系,对四川省农业现代化发展进行实证研究。丁玲等[7]从产业体系、生产体系、经营体系、质量效益、绿色发展、政策支持等6个维度进行

---

[1] 刘旭,蔺雪芹,王岱,等.北京市县域都市农业可持续发展综合评价研究[J].首都师范大学学报(自然科学版),2014,35(06):75-81.

[2] 陈聪,梁流涛.基于农户视角的农业可持续发展评价:以河南省粮食生产核心区为例[J].地域研究与开发,2018,37(02):128-132.

[3] 贾晶晶,张小红.青海省农业可持续发展水平评价研究[J].产业与科技论坛,2018,17(16):82-84.

[4] 周迪,程慧平.中国农业现代化发展水平时空格局及趋同演变[J].华南农业大学学报(社会科学版),2015,14(01):25-35.

[5] 赵文英,付仁玲,何佳琪,等.我国各省农业现代化发展水平综合评价[J].中国农机化学报,2018,39(12):94-100.

[6] 林正雨,李晓,何鹏.四川省农业现代化发展水平综合评价[J].中国人口·资源与环境,2014,24(S3):319-322.

[7] 丁玲,李志富,李鹏伟,等.黑龙江垦区农业现代化发展水平综合评价[J].现代化农业,2018(12):39-40.

实证研究。王永洁等①从资源环境压力、资源环境状态及人文环境响应等维度构建综合评价模型,对宁夏农业生态环境质量进行实证研究。刘清慧等②从资源生态、社会生态及环境生态等3个方面对宝泉岭垦区农业生态环境质量进行评价。一些学者侧重于考察农业高质量发展的评价指标、考核体系以及区域格局等问题③。田锦萱等④针对黄河流域的农业高质量发展展开研究。

4.农业高质量发展的对策

当前,我国农业主要矛盾已经由总量不足转变为结构性失衡。在资源环境约束下,随着消费者需求的升级及农业高质量发展内在要求的变化,亟须加快农业供给侧结构性改革步伐,提高农业发展质量和效益。推动农业高质量发展必须加快农业转型升级,促进思想、政策、工作、考核等全方位转变,并需要农业系统多部门全方面协同参与。⑤ 农业高质量发展必须从源头抓起,加强标准化生产,提高农业标准化水平和高质量农产品供给能力,产后应提高农业废弃物资源化利用效率,同时相关部门还应加强对农产品生产经营全过程的监管和指导。⑥ 要坚持质量为先、效益优先;坚持绿色发展、市场引领;坚持质量兴农,助推农业转型升级,加快农业农村现代化步伐。⑦ 然而,农业高质量发展是一个系统性工程,需要多方联动,稳步优化农业结构,通过农业科技驱动⑧,提高农业生产效率和效益,提升农产品品质,同时还应加强"三农"工作队伍建设,保障农业高质量发展对人力资本

---

① 王永洁,王亚娟,刘小鹏.宁夏农业生态环境质量综合评价及优化研究[J].水土保持研究,2007(05):53-56.
② 刘清慧,夏禹,孟繁宇.农业生态环境质量综合评价指标体系构建及适宜度分析[J].黑龙江环境通报,2011,35(01):11-13.
③ 王晓鸿,赵晓菲.农业高质量发展水平测度与空间耦合度分析[J].统计与决策,2021,37(24):106-110.
④ 田锦萱,陈静怡,石宝峰.黄河中游农业农村高质量发展水平测度:来自1939户调查数据的例证[J].农村金融研究,2021(09):22-30.
⑤ 韩长赋.大力推进质量兴农绿色兴农加快实现农业高质量发展[N].农民日报,2018-02-27(1).
⑥ 寇建平.新时期推动我国农业高质量发展的对策建议[J].农业科技管理,2018,37(03):1-4.
⑦ 宋洪远.推进农业高质量发展[J].中国发展观察,2018(23):49-53.
⑧ 彭建强.以科技创新推动农业高质量发展[N].河北日报,2018-07-13(6).

的需求①。推进农业高质量发展,应该首先明晰高质量发展的内涵,正视农业农村发展中诸多双重叠加的突出问题,并深入探寻导致问题凸显并可能持续影响高质量发展的深层动因,积极创新市场导向思维、城乡融合思维、全面振兴思维、贫困治理思维。②

(三)述评

综上可知,目前国内外农业发展研究方面已经取得了丰硕成果,研究视角较微观,研究问题较具体,为我国农业高质量发展理论研究和实践探索提供了可借鉴的理论、方法和经验。国内学者从科学内涵、实现路径、综合评价及发展对策等方面论证了我国农业高质量发展的客观性、必然性和合理性。国内文献奠定了研究基础,但相关问题研究较为宏观和笼统,凸显出创新空间,需要综合应用多学科理论,系统性地解决我国农业高质量发展的实践难点和政策重点问题。创新的方向是解决我国农业高质量发展实践中具有典型性、特殊性、区域性的重难问题的应用性和政策性研究。

目前已形成的研究成果对推动我国农业高质量发展的理论研究及实践探索具有很高的参考价值,并给予较多启迪。本研究力图从如下几个方面进行深化研究,力图在农业高质量发展研究方面有所突破。

(1)既有文献鲜有对农业高质量发展问题开展系统性、全面性的研究。我国农业高质量发展的理论框架和实践操作体系有待补充、完善。本课题增强了农业高质量发展理论研究的针对性,梳理了农业高质量发展研究的理论框架和政策取向。

(2)农业高质量发展内涵和外延的界定还不够明晰,理论上尚未涉及农村区域经济特性对农业高质量发展的决定性机理,机理分析能否较好地指导高质量发展实践也需要进行检验和修正。

(3)根据全国不同地区资源禀赋和社会经济条件的差异,探讨各地区农村高质量发展模式的差异性及实现路径,目前这方面的研究较少。

(4)明晰支持政策目标的精准性。综合把握我国农业高质量发展阶段

---

① 王庆煌.对广东省推动农业高质量发展的建议[J].广东经济,2018(08):24-27.
② 陈明星."十四五"时期农业农村高质量发展的挑战及其应对[J].中州学刊,2020(04):49-55.

性变化特征,明确不同时期政策支持重点、方式和标准,构建农业高质量发展政策体系,并制定配套保障措施,以提高政策精准支持的成效。

设计并开展本课题研究的主旨是,力图在上述4个方面有所突破。

第三章 农业高质量发展的内涵和特征

一、农业高质量发展的内涵和要义

农业高质量发展作为一个比较新的概念,尚未形成被广泛认可的内涵和外延,这就导致对其发展状况难以进行横向和纵向对比。通过借鉴相关研究的成果,本研究把农业高质量发展的内涵界定为:农业高质量发展是围绕人的全面发展,以生态环境容量、资源承载力为前提,以实现农业资源可持续利用、生态环境持续改善和人民生活质量持续提高的全方位发展,也是农业生产要素投入少、资源配置效率高、资源环境成本低、社会经济效益高的发展①。

(一)投入产出效率和经济效益高

根据西方经济学理论,微观经济主体从事生产经营活动的目标是,实现成本最小化或利润最大化,即以生产要素最小投入取得最大的产出。农业高质量发展重要标志亦是如此,通过提高农业生产要素(劳动力、资本、技术、资源、环境等)投入产出效率,增加农业经营主体收益。目前我国农业生产逐渐由粗放型向集约型方向转变,但仍有部分农村地区农业生产活动粗放经营,导致投入产出效率低,农户比较收益不高,务农积极性下降。实现农业高质量发展必须以供给侧结构性改革为主线,从根本上推动农业生产效率全面提高;扩大优质农产品高效供给,全面提高农业供给体系整体效

---

① 林兆木.我国经济高质量发展的内涵和要义[J].西部大开发,2018(Z1):111-113.

率，着力解决我国农产品供需结构性失衡问题；把握乡村振兴战略机遇，培育农业产业新动能，促进农业新业态发展，带动农业整体效率和效益的提高；建立健全农业产业体系、生产体系和经营体系，推进农村产业一体化发展，充分挖掘农业增值潜力，拓展农业增值空间。

（二）产品质量高

农业高质量发展不仅仅表现在产品数量的增加，更体现在品质的提升。要实现农业高质量发展，就要不断创新农业新业态，生产更高品质的农产品，满足消费者多样化、个性化的需求，改善、提升农民生活质量。同时也可以通过供给侧结构性改革，催生消费者新的消费需求。比如第一、第三产业融合，以农业为基础，通过发展休闲观光农业、特色农业小镇等，为消费者带来新的农业体验。当前，我国农产品供给与需求结构性失衡，国内提供的农产品因为品质不高或价格较高而不能满足需求，这已经成为制约我国农业经济发展的短板。因此，要通过增加农业科研和生产投入，控制好生产到流通的各个环节，提升农产品供给质量和效率，实现农业供需在更高水平上的均衡。

（三）增速持续、合理、稳定

经济系统是否持续、稳定也是衡量经济发展质量高低的重要指标，在确保经济持续、稳定的前提下，也需要保持合理的增速，这样才能带来较大的增量，为社会提供充裕的物质资料。在当前农业资源约束及既定的技术水平下，农业经济增长速度必须与之相匹配，增速较慢则会造成资源浪费，增速过快就会导致农业经济系统承受能力不可持续。如果农业经济稳定性差，就会导致明显波动，不利于农业经营主体形成良好预期，不能较好把握农业发展趋势，将会影响生产经营决策，不利于农业的发展。当然，高质量发展不能以牺牲资源环境为代价。近年来，我国农业生产一直坚持高投入、高产出模式，耕地长期处于高强度、超负荷状态，耕地质量呈现"三大""三低"（"三大"指中低产田比例大、耕地质量退化面积大、污染耕地面积大；"三低"指土壤有机质含量低、补充耕地等级低、基础地力低）状况[①]，这将直接影响农业高质量发展的可持续性。因此，农业高质量发展必须保证农业

---

① 江娜，王瑜.一张耕地质量全景图[EB/OL].（2014-12-18）[2023-10-12].https://www.farmer.com.cn/2014/12/18/99568846.html.

经济增速合理、稳定且可持续,这样才能源源不断地为消费者提供有效农产品供给,确保国内农产品质量安全,提高农业生态效益,让农民群众切实尝到"绿水青山就是金山银山"的甜头。

(四)绿色低碳

绿色发展是当前国际形势所趋,也是经济社会可持续发展的内在要求,因而也是农业高质量发展的重要标志[①]。2016年,联合国粮食及农业组织(FAO)发布的《2016年粮食及农业状况》报告指出,世界约五分之一的温室气体来自农业排放。当前,我国农业活动排放的温室气体量仅次于能源活动,成为我国温室气体排放的第二大来源[②]。化肥、农药虽然实现零增长,但是单位面积使用量依然较高,水土污染问题严重。因此,绿色低碳循环发展将是我国农业高质量发展的必然选择和现实路径,也是衡量我国农业高质量发展的重要标志。农村地区是生态环境的重要组成部分,但目前我国的农业生产正面临着环境污染和生态退化等问题。随着绿色低碳技术的快速发展,我国已经具备污染防治的条件和能力,因此要加快实施"藏粮于地、藏粮于技"战略,改善农业生态环境和土地肥力,为农业生产、农民生活创建良好的生态环境,为消费者提供更优质、更安全的农产品。然而,农业绿色发展需要一个过程,应进一步树立绿色发展理念,使绿色发展真正根植于公众心中,完善绿色发展体制机制和法律法规,健全绿色低碳循环农业发展体系,促使绿色低碳循环发展成为新常态。

(五)创新驱动强

创新驱动是实现经济高质量和高效益发展的基石,坚持创新驱动能够加快农业转型升级,为农业高质量发展注入强劲动能。实现农业高质量发展必须有配套的制度作为保障,合理的制度能够调动经营主体的积极性,激发生产要素的活力,提高资源优化配置效率。因此必须对现有制度进行改革或完善,比如土地制度、人才引进制度、产权制度等。经营主体是农业高质量发展的主力军,而新型经营主体是带动农业高质量发展的火车头,因此要积极培育新型经营主体,创新农业经营技术和手段,提升农业发展内涵。

---

① 林兆木.我国经济高质量发展的内涵和要义[J].西部大开发,2018(Z1):111-113.
② 国家发展和改革委员会应对气候变化司.中华人民共和国气候变化第二次国家信息通报[M].北京:中国经济出版社,2013.

科技是第一生产力,近年来我国农业科技贡献率日益提升,但是与发达国家相比还存在明显差距,加之全球新一轮科技革命对我国农业发展也形成了倒逼机制,科技也面临着新的挑战。因此应加大科技投入力度,提高农业科技成果转化率,加快实施创新驱动发展战略,为实现农业高质量发展加上强力引擎。

(六) 协调共享

协调是确保经济系统各部门、各环节有序运行的关键;没有协调,就会造成资源配置不合理、效率低下等问题。协调不仅是各个部门(区域)之间的协调,比如城乡协调发展、区域协调发展等,也是产业链条上下游之间的协调。部门或区域之间的协调发展可以为推动农业高质量发展创造好的大环境,而产业之间或内部的协调是农业高质量发展的内在要求和关键。要保证农业高质量发展,必须确保空间布局合理,生产、流通、分配及消费等各个环节布局合理,发挥国家和地方政府部门发展规划导向作用,健全相应政策协调机制,优化农业产业结构,促进农业转型升级,同时加快农村产业融合步伐,拓展产业融合深度和广度,拓展农业增值空间。

共享是中国特色社会主义的本质要求。农业高质量发展目标要惠及民生,因而公众有没有充分分享到农业发展带来的成果是衡量农业发展质量高低的标准。目前,我国部分农村地区农民收入水平及生活品质相对低下,成为农民增收和产业兴旺洼地,但也是乡村全面振兴旺地和产业融合宝地。要抓住乡村振兴战略契机,充分挖掘农民增收潜力,提高农民收益,使农民分享到农业发展带来的成果。这不仅是实现农业高质量发展的根本目的,而且又能够充分调动农业经营主体生产经营积极性,为进一步推动农业高质量发展创造必要条件。

共享不能仅局限于利益共享,要从利益分享和资源共享两个角度去审视。农业高质量发展的出发点应该是保证农户充分分享到经济发展带来的红利,农户增收是否显著从一个方面能够直接体现农业高质量发展的成效。区域农业高质量发展过程中所取得的经验,形成的典型发展模式、技术及人才等都是有形的或无形的资源,应尽可能与周边地区共享,实现资源优化配置,发挥资源最大效用,以推动我国广大农村地区农业共同实现高质量发展。

(七)深化改革开放

改革开放始终是农业高质量发展的必由之路和强大动力。因此应坚持开放发展,实施互利共赢开放战略,积极参与全球粮食安全治理和农产品供给,提高我国在国际农产品市场的话语权。开放也是改革,能够倒逼改革、推动改革,所以开放是促进农业高质量发展的重要力量。政府部门应该发挥作用,完善市场经济体制,扩大对外开放,同时做好"走出去"和"请进来",充分利用好"两个市场、两种资源",发挥市场在农业资源配置中的决定性作用,实现资源优化配置,提高资源利用效率和效益。

开放可以从国外和国内两个方面考察。笔者认为,开放不仅要从对外经贸和国际合作的角度来看,还要兼顾某一地区与其他地区的开放、合作、共赢,以促进区域间的资源配置,促进更广泛区域内的农业经济发展。农业高质量发展效果越好,越能够带动农产品及其加工产品的出口,提高其国内外知名度,形成一定规模,同时还能够吸引国外消费者前来学习、旅游、投资,增加第三产业收入。

二、农业高质量发展的基本特征

(一)以人为本

近年来,我国农产品供求已由过去紧张状态过渡到紧平衡状态。随着我国居民收入水平的不断提高和生活品质不断得到改善,消费结构逐渐优化,对农产品需求数量和质量提出更高要求。再者,我国社会主要矛盾已发生变化,农业深层次结构性矛盾日益凸显,农业高质量发展成为现阶段我国农业发展的必然选择。因此,农业高质量发展要以人为本,从供给侧进行改革,全方位、多层次服务于消费者的需要和人的发展。脱离这一目的来探讨农业高质量发展,则毫无意义。农业经济活动应该尊重自然,与社会、生态协调发展,最终实现人类自身全面健康发展。农业高质量发展强调以人类生存价值为目标,推动人的全面发展,以满足人民日益增长的美好生活需要为经济活动的目标,而不仅仅是片面追求人的物质占有能力和规模。在资源环境约束趋紧的背景下,要积极推动农业高质量发展,确保粮食等重要农产品有效供给,实现资源优化配置,解决农业经济活动与资源环境的矛盾冲突。

(二) 资源环境刚性约束

当前中国"三农"问题的难点是粮食、粮区、粮农(以下简称"三粮")问题。农业中的粮食受价格"天花板"和成本"地板"的挤压,产量高、库存量高和进口量高"三高"并发,农村中的粮区是产粮大县和贫困县"两县"重叠,农民中的粮农是兼业化、副业化和老龄化"三化"共生。中国"三粮"问题集中体现在土地资源少,劳动输出量大,劳动价格上涨,水资源短缺,面源污染严重,秸秆禁烧压力大。当前,我国农业高质量发展面临生态环境容量和农业资源承载能力刚性约束,环境容量与资源承载能力是农业发展质量的先决条件。

这里所强调的刚性约束,并非指农业发展的"零增长"和静态发展,刚性约束是相对的,非绝对的、一成不变的,与特定时间和经济发展阶段有关。随着经济结构和技术条件的改变,资源环境刚性约束也是不同的。

(三) 可持续性

生存和发展是人类的永恒主题,因此农业高质量发展必须是可持续的。随着时代条件和资源禀赋的变化,农业高质量发展的内涵和外延也得到拓展。高质量发展是在既定的资源禀赋约束下实现资源优化配置,尽可能实现帕累托最优。农业高质量发展必须把经济规模控制在当前资源环境承受范围之内,既要考虑当代的开发利用,又要考虑后代的可持续利用,全面提升人们的生活质量,满足人民日益增长的美好生活需要。农业高质量发展必须以资源的节约、环境的改善以及"三生"(生产、生活、生态)协调发展为核心,建立绿色兴农、质量兴农的生产技术、生产方式和消费方式。

(四) 其他特征

农业发展要追求社会效益、经济效益和生态效益三大效益,农业高质量发展更应如此。传统农业和高质量发展农业主要的不同在于,以何种方式来获取经济效益,是追求单一的经济效益,还是在追求经济效益的同时也追求社会效益和生态效益。农业高质量发展,就是要在资源环境日益趋紧的背景下,以资源节约和环境改善为基本前提,体现这三大效益的内在统一性。然而,高质量发展具有相对性,相对性主要体现在以相对合理的发展模式,相对于现实状况,对现在农业资源利用状况及资源环境状况进行改善,并非绝对的零消耗和零污染。资源的节约和环境的改善是相对的,是以既定时空下的标准为参照物的。农业高质量发展也不是理想状态下的帕累托最优,即并非实现各种资源分配及利用达到效率最高,因为现实经济系统是复杂的,存在诸如信息不对称、经济主体之间非合作等问题,但是可以达到理想状态下的次优,也是在既定生产能力和农业科技水平下的最优。

农业高质量发展还具有动态性特征。随着社会发展和科技进步,人民生活品质逐渐提升,消费结构不断优化升级,对农产品的要求也会越来越高,同时人们也会越来越关注社会问题及生态环境。随着技术不断进步,社会和环境治理手段不断改进,在促进农产品产量增加的同时,农产品品质逐步提升,环境也逐步得到改善,为消费者提供源源不断的有效供给,逐步提升农业发展质量。

三、农业高质量发展的动力机制

任何一种经济形态都离不开一定的机制,农业高质量发展亦如此,必须依靠既定的机制引导、推动。其中竞争机制是实现效率最优的有效手段,也是实现农业高质量发展的根本机制。农业高质量发展离不开诸多经济主体之间的竞争,但竞争的背后也需要多方合作,这样才能实现共赢及资源优化配置,因此合作机制也是推进农业高质量发展的根本机制。农业高质量发展需要经历相对较长的过程,在发展过程中每个人、每个经济主体及参与主体所做出的理性行为抉择都会加快这一进程。农业高质量发展离不开市场、政府、非政府组织及消费者等诸多力量的协同推进。

(一) 动力机制之一:市场

市场是实现资源配置的最基本手段,也是实现农业高质量发展的基本经济动力。通过市场有序运营,为保障农业高质量发展提供优质的生产要素,同时通过需求侧拉动作用确保优质农产品顺利到达消费者手中。因此应不断转变市场运行方式,建立与农业高质量发展配套的市场机制,这有助于从需求侧快速推动农业高质量发展。布朗在其提出的"B模式"中就强调,要建立一种实事求是的市场,即要有一个和市场相对应的、不受市场控制的机制来调控市场①,这里说的市场包括生态与环境的市场。市场要对

---

① 布朗.B模式2.0:拯救地球 延续文明[M].北京:东方出版社,2006.

"看不见的手"进行适当控制,通过价格变化反映生态价值和规律,通过价格、税收、准入制度等手段,有效解决农业资源利用不合理、土地面源污染、农产品质量安全等问题。因此,农业高质量发展之根本在于提升农业经营主体经济效益,实现经营主体利益目标与农业高质量发展目标相一致。

(二)动力机制之二:政府

农业高质量发展单靠市场机制很难克服传统思维习惯和运行机制的惯性约束,因此也会有失灵的时候。要改变或抑制这种惯性,还需要一种与市场力量不同的强制力量("看得见的手")共同作用,这种力量就是政府宏观调控。政府作为关键性的导向力量,是农业高质量发展的主要政治性推动力。

近年来,我国农业发展方式发生了极大变化,逐渐由粗放型向集约型转变,化肥、农药使用量实现零增长,但仍然面对着巨大的农业资源环境压力,比如耕地资源过度开发、面源污染、灌溉用水方式粗放等问题依然存在,这些问题的存在也倒逼农业必须向高质量方向发展。但是,仅靠市场的力量并不能有效地解决这些问题,政府的"看得见的手"需要发挥作用,通过制定各种限制或激励性政策,实现农业资源的合理利用和开发,有效缓解或改善耕地面源污染、农产品安全等问题;同时还应该建立资源、生态与环境损失的补偿机制,要对受灾地区、受灾主体进行补偿,提高农民的生产积极性,保证农产品的高效供应,保障粮食安全。政府部门应创建适合农业高质量发展的政策环境,适当运用鼓励和惩罚手段提高农业发展质量,对不利于农业高质量发展的经济行为进行有效惩罚,对有利于农业高质量发展的经济主体进行激励,有效监管农业生产经营过程中经济主体的经济行为,积极改善传统农业发展中的制约因素。

(三)动力机制之三:非政府组织

"市场失灵"状况下需要借助政府进行监管,然而"看得见的手"和"看不见的手"双重作用有时也不是万能的,在有些状况下也会失灵,此时就需要第三种动力机制,那就是非政府组织(一种社会机制)。农业高质量发展除了需要政府部门宏观调控,还需要非政府组织的广泛参与,其动力作用也是显而易见的,既可以约束企业行为,又可以监管政府行为。因此,非政府组织是农业高质量发展的社会性主导推动力量。非政府组织的兴起和发展是对"市场失灵"和"政府失灵"做出的反应,在推动农业高质量发展过程中非政府组织能够提供巨大动力,其主要作用表现在以下三个方面:

(1)监管作用。非政府组织是联系政府部门和大众的纽带,与政府部门之间并不存在利益冲突。非政府组织通常不以营利为目的,主要是致力于推动社会、经济和生态发展,有效监管政府部门和企业等经营主体的决策行为。因此,非政府组织是对政府职能的有益补充和必要配合,成为政府与社会沟通的桥梁。

(2)互动作用。非政府组织作为公众参与的一种方式,具有广泛的群众基础,基层的农户或其他经营主体有好的意见、建议或者在农业生产经营过程中遇到的问题可以通过非政府组织直接及时地反馈给政府部门,确保政府部门信息畅通,为政府部门制定科学、合理的决策提供信息依据;同时非政府组织也能够把政府部门的政策及时地传达给农户或其他经营主体,实现信息有效互通。

(3)宣传作用。传统农户关注更多的是自身切实利益,通过大量施肥或喷洒农药确保农产品的产量,然而却忽略了农产品安全和生态环境问题,环境保护意识和食品安全意识相对淡薄。这就需要非政府组织通过自己成熟的网络进行有效宣传动员,通过举办丰富的文化宣传活动,宣传农业高质量发展的相关知识,传播绿色发展理念,倡导生态文明,唤醒农户环保意识和农产品质量安全意识。

(四)动力机制之四:公众

农业高质量发展需要公众的全面参与,而不仅仅是农户或其他经营主体参与。例如,消费者广泛参与具有基础动力作用,一是通过自身消费结构升级拉动农业高质量发展;二是通过日常消费行为对农产品质量安全进行有效监管,发现存在问题的农产品,可以通过相应渠道及时反馈给相关部门,对存在质量安全问题的农产品进行有效监管,确保农产品有效供给。需求侧和供给侧"双轮驱动"共同推动农业高质量发展。农业经营主体广泛参与能够从源头上确保农产品质量安全,为消费者提供多样化、高品质的农产品。因此,公众主动参与是推动农业高质量发展的强大动力。农业高质量发展是集体理性的选择,需要每个人从社会责任出发,正确抉择,共同采取行动,毕竟农产品数量和质量直接关系着每一个消费者的切实利益。从某方面来看,公众是农业高质量发展的最大受益者,与高质量发展目标存在内在一致性,因而是推进农业高质量发展的基础力量。市场、政府及非政府组织对农业高质量发展的推动作用最终都建立在公众推动作用基础上,并且都以人民的根本利益为目标和动力源,同时公众对前三者还具有一定的监管作用。

(五)四种动力机制有机融合

农业高质量发展的推进往往不可能只依靠单一的某种动力机制,而需要四种动力机制有机融合。农业生产经营主体在农业高质量发展过程中提供农产品,获取更高收益;政府推动农业高质量发展的动力主要来源于社会压力和公共责任;非政府组织的动力主要来自追求理想和代表公众利益;公众的动力来源主要是自身切实利益和环保意识。在市场环境中,农业生产经营主体的本性是追求利润,作为理性的经济主体自然要遵循自身利益最大化原则。政府的目标是追求社会福利最大化。当两者的目标发生冲突时,政府部门就会通过各种手段约束市场主体的行为选择,兼顾两者的目标。然而,当政府作用受限时,就需要通过第三种力量——非政府组织发挥作用,非政府组织追求的目标与高质量发展在某些方面的目标是一致的,即社会效益和生态效益。公众是基础主体力量,也是农业高质量发展的最大受益者。尽管四种力量的目标可能不一致,但是四种力量会寻求某种均衡状态,相互制约和激励,最终构成农业高质量发展系统自动实现的运行机制。

第四章 农业高质量发展的运行机理

一、技术进步：农业高质量发展的前提

（一）马尔萨斯陷阱

目前我国农业发展取得了举世瞩目的成就，但是在快速发展的同时也带来一系列深层次问题，随着社会经济条件的变化，这些问题日益凸显。新时代，我国居民收入水平不断提高，生活品质逐渐提升，社会主要矛盾也随之转变为人民日益增长的美好生活需要和不平衡不充分的发展之间的矛盾。如何破解当前我国小农户经营与大市场需求之间的矛盾？科技进步成为关键因素和必然选择。1798 年，马尔萨斯第一次在《有关人口问题的原理》中指出："经济的发展带来人口增加，人口增加反过来又稀释人均资本占有量，并进而使人均产出继续维持在一个较低水平。"这就是所谓的马尔萨斯陷阱。马尔萨斯最初的研究目的是警示近代英国资本主义，使英国农业发展轨迹尽快走出这种不良循环。英国摆脱马尔萨斯陷阱是在 1850 年前后，外部因素的影响，为英国提供了丰富的原材料和广阔的市场，推动了英国经济的发展。

马尔萨斯陷阱构成要件主要包括人口不断增长、粮食也稳步增长、人均粮食没有增长反而下降等三个方面。我国 1949～1979 年农业发展情势与马尔萨斯陷阱构成要件比较相符，人口和粮食产量不断增加，人均粮食产量在 1956 年达到短期高峰（306.8 千克）之后开始下滑，1960 年降至 216.7 千克，1977 年和 1978 年出现反复，至 1979 年人均粮食产量趋于稳定，并呈现

上升趋势。

随后,随着学者研究的深入和拓展,马尔萨斯陷阱的意义又引申为:如果一个国家或地区的人口增长速度超过了经济增长速度,那么该国家或地区只是经济总量的扩大,而居民福利水平反而下降。在公元1000年以前的1000年中,世界人均收入在MYM450(1990年国际元)上下徘徊,收入几乎是零增长。公元1000~1820年,世界人均收入水平长期低于MYM670,平均增速仅有0.05%。经济总量增加与人口数量增长呈正相关关系,人口增长在一定程度上能够推动一个国家或地区经济增长。但是,如果人口增长速度高于经济增长速度,就会导致人均福利水平下降,经济增长的效果就会被人口增长所抵消。

(二)农业"内卷化"

由于土地资源的稀缺性,随着人口数量增多,耕地资源约束日益趋紧,同时对粮食需求量也同步增加,耕地休耕期相对缩短,土地耕种频率和利用率显著提高。土地是农业最基本的生产要素,人口数量增加导致人均耕地面积减少,土地经营规模下降。作为理性的经济主体,为了实现家庭效用最大化,在没有其他就业机会或没有其他就业意愿的前提下,农户就会不断增加劳动要素投入,将家庭成员的劳动全部投入农业生产过程中。当劳动要素投入达到一定量时,就会导致农业边际产量递减,这种现象就是农业"内卷化"。农业"内卷化"造成劳动要素过度投入,进而排斥农业机械的使用,排斥的结果又会造成对劳动要素需求的增加,形成不良循环,不利于农业技术的进步。

"内卷化"最早由美国人类学家戈登威泽提出,后来格尔茨将这一概念运用到印度尼西亚的农业生产活动中。农业"内卷化"概念用边际报酬理论解释为:单位耕地投入的劳动力的数量增加,农业总产出就会增加,但是新增的劳动力生产的产量会不断减少,即边际报酬递减。当西欧发达国家经历小农经济改造时,我国小农经济出现"内卷化"。相比于新中国成立初期,1978年我国实行改革开放时农业总产出翻了两番,但是劳动生产率和人均收入几乎没有变化,其中1957~1977年,农业劳动生产率反而下降了

6.7%①。改革开放以后,随着家庭联产承包责任制的普遍推广,农业生产力得到释放,粮食产量大幅增加,农民收入显著提高,农民不再将耕地作为命根子。受城乡收入差距的影响和吸引,农业劳动力逐渐开始向城镇转移,农村开始出现农业"去内卷化",城镇出现"打工内卷化"。随着农业劳动力逐渐转出农业部门,农业经营规模逐步扩大,这有利于农业技术的推广和应用。20世纪90年代以后,随着市场化改革进程的加快,农民工转移规模扩大,转移速度明显加快。1989年,我国外出务工人员约3000万人,1997年增至7000万人,短短8年翻一番多。2003年后,国家出台一系列鼓励和引导政策,农村剩余劳动力有序快速转移,2012年外出务工人数达到1.63亿人。2018年,全国农民工总量达28836万人,同比增长0.6%,其中,外出农民工17266万人,同比增长0.5%②。农业"去内卷化"是农民理性选择的结果③,为推进农业高质量发展提供了必要条件,也是农业高质量发展在一定阶段的必然选择。"去内卷化"可以促进农业劳动力转移到非农产业,促进农业适度规模经营。

(三)农业技术助推农业高质量发展

由以上分析可知,改革开放以后,我国农业就逐渐走出马尔萨斯陷阱,随着市场化改革进程的加快,农业"内卷化"逐渐弱化。在传统农业转型过程中,不同阶段会面临不同的问题,比如马尔萨斯陷阱、农业"内卷化"、农地流转"内卷化"等问题;同时也会引发一些深层次问题,比如农业面源污染、农业废弃物资源化利用水平低、土壤地力下降等农业生态环境问题。新时代对农业发展提出更高的要求,要在改善农业生态环境前提下,确保农产品有效供给。在资源环境约束日益趋紧的背景下,实现农业高质量发展,必须依靠农业科技创新拓展农业发展空间,提高农业发展质量和效益,全面提升农业竞争力。

农业技术推动农业高质量发展的作用机制如图4-1所示。

---

① 李心合.论传统农业及其改造[J].农业经济问题,1996(04):39-44.
② 国家统计局.2018年国民经济和社会发展统计公报[EB/OL].(2019-02-28)[2023-10-14]. https://www.stats.gov.cn/sj/zxfb/202302/t20230203_1900241.html.
③ 吴业苗.从"农业内卷化"到"打工内卷化":人的城镇化困境与诉求[J].河北学刊,2016,36(05):186-191.

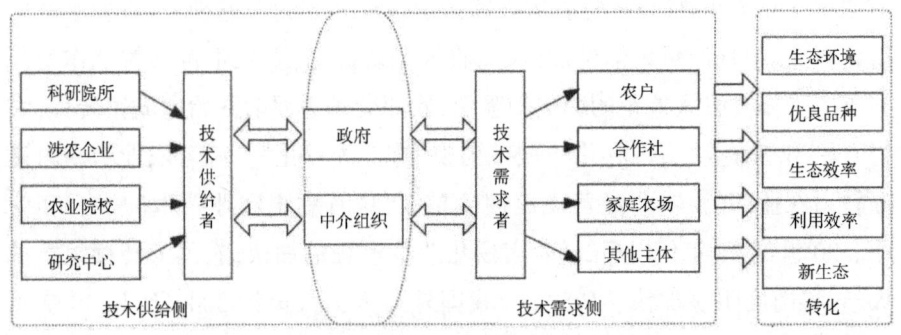

图 4-1 农业技术推动农业高质量发展的作用机制

改革开放以来,我国农业科技发展迅速,农业生产力得到极大解放,为国家经济社会发展提供了强有力的支撑和保障。从供给侧来看,农业科技的供给主体包括农业科研院所、涉农企业、农业院校、农业科技研究中心等机构。涉农企业主要依靠自主投入研发,研发成果直接投放市场并获取经济效益,而农业科研院所、农业院校主要依靠承担国家或地方政府部门项目,得到相应的经费支持,研究成果接受相关部门检验、验收。应改变传统"自上而下"的方式,建立需求侧与供给侧之间的反馈机制,供给侧应及时了解需求侧急需的农业技术,并进行技术创新或改良现有技术,为农业经营主体提供有效的技术供给,并通过相应中介组织及时了解技术应用情况,根据需要对技术进行动态调整。同时,我国农业技术供给部门应进一步深化供给侧结构性改革,加大农业科技创新力度,使农业技术更好地服务于市场。

农业科技最终通过农业经营主体应用到农业生产经营活动中。农业科技对农业高质量发展的推动作用主要体现在以下几个方面:①有助于改善农业生态环境。农业科技的应用可以减轻农业生产活动给自然环境带来的压力,提高耕地土壤肥力,有效治理农业面源污染问题,有利于贯彻落实"藏粮于地、藏粮于技"战略。以生态技术为依托,建立绿色技术体系,有助于探索绿色低碳循环农业发展模式。②能够为消费者提供更高品质的农产品。农业科技创新能够推动育种技术新突破,培育优良的农作物品种,改善农产品品质,保障农产品有效供给,有效破解高产和优质之间的矛盾,从源头上保障国家粮食安全。③有助于提升农业综合效益和竞争力。农业科技水平的提高能够提高全要素生产率和土地生产率,缓解我国当前耕地质量总体不高、耕地后备资源不足的压力。④有助于提高农业生产要素利用效率。农业高质量发展既要合理投入,又要保障高产优质,关键就是要提高生产要素利用效率,通过综合技术集成提高成本收益率。⑤有助于培育新产业、新业态。科技创新可以促进产业融合发展,催生农业新业态,培育"农业+"新形式,延伸或拓展农业产业链和价值链,拓展农业发展空间。

改革开放40多年来,我国农业科技发展成果显著,对农业发展起着重要的推动作用,为确保农产品有效供给、推动农业高质量发展作出了巨大贡献。一是农作物优良品种的培育。改革开放以来,我国推广农产品优良品种3万多个,加速了农产品品种更新换代,良种覆盖率达到96%,对农业增产的贡献率由27%提升到45%。二是土肥科学利用。改良土壤并进行地力培肥,大幅提升耕地产出能力;通过测土配方施肥大幅提升化肥利用率,使化肥利用率达到37.8%。三是病虫草鼠害有效防治。高效低毒农药的研发和使用,使高毒农药比例由70%降至1.3%,农药利用效率也提升至38.8%,全国病虫草鼠害年均防治面积从16.7亿亩次增至83.8亿亩次,年均挽回粮食产量近1亿吨。四是农作物综合栽培技术应用。综合栽培技术的应用,使农业实现从低产到高产再到高产优质高效的飞跃①,提高了农产品供给的数量和质量。五是实现农业深度融合。农业科技的推广,促进了要素融合和产业融合,促进了农业旅游新产品、新服务的开发,近年来全国各地农业旅游业呈现井喷式发展;同时以信息技术为依托,推动"互联网+"农业发展,结合不同地区农业资源比较优势开发差异化的电商模式。近年来我国农村电商发展势头迅猛,2016年全国农村电商交易额比2015年翻了一番。2017年,全国农村电商零售额达到1.24万亿元,同比增长39.1%。2021年,农村网络零售额达到2.05万亿元,同比增长11.3%;农产品网络零售额达到4221亿元,比上年增长2.8%。互联网技术的快速发展为农业高质量发展增添强劲动力。

---

① 广西壮族自治区农业农村厅网站.中国农技推广改革发展40年成绩斐然[EB/OL].(2019-01-28)[2023-10-20].http://nynct.gxzf.gov.cn/njtg/zxyw/t5386295.shtml.

二、新型经营主体：农业高质量发展的主导力量

(一)改革开放以来我国新型农业经营主体演化

农业经营主体的多样化是农业向现代化演进过程中的必然现象。① 新型经营主体是农业经济发展到一定阶段的必然产物。随着农业现代化进程的加快，传统农户经营方式不能适应大市场的需求，就需要有一种更有效的组织将农户和大市场有机衔接。因此，新型经营主体是发展现代农业的客观要求，是实现"小农户"与"大市场"对接的桥梁和纽带。

在改革开放之初，实行家庭联产承包责任制，使土地集体所有权与经营权分离，在土地集体所有制基础上，建立以户为单位的家庭承包经营的新型农业耕作模式，经营权由集体分包给农户自主经营，家庭农户经营成为当时我国农业发展的经济主体。在相当长一个时期，农户自主经营大大提高了生产积极性，推动了农业经济快速发展，粮食产量大幅上升。但是，随着市场化改革的深入，小农户与大市场之间的对接问题已经初见端倪，分散经营模式的弱点开始显现，于是就需要积极探索新的组织方式解决这一问题，急需有文化、懂技术、善于经营管理、集约化程度高及市场竞争力强的农业经营组织。20 世纪 90 年代初，山东省诸城市、莱州市等地对农业生产实践进行积极探索，并形成"产供销、贸工农、经科教"一体化的经营体制，首次提出"农业产业化"概念，并将其作为山东省农业发展战略。1993 年，中共中央、国务院发布的《关于当前农业和农村经济发展的若干政策措施》提出，要"以市场为导向，积极发展贸工农一体化经营"，鼓励家庭经营逐渐向专业化、商品化和社会化方向发展。1995 年，《人民日报》刊登《论产业化》社论，产业化思想开始在全国范围内传播并引起社会各界关注。1996 年，农业部成立"农业产业化办公室"，专门负责农业产业化工作。1997 年，"农业产业化"被正式写入官方政策文件，鼓励全国范围积极探索新型产业化组织，开始出现"公司+农户""公司+中介组织+农户"等经营模式并大范围推广。2005 年，我国农业产业化组织数量达到 13.57 万个，其中龙头企业带动

---

① 钟真.改革开放以来中国新型农业经营主体：成长、演化与走向[J].中国人民大学学报，2018,32(04)：43-55.

型有6.13万个,占45.1%;中介组织带动型有6.29万个,占46.4%;专业市场带动型有1.15万个,占8.5%。龙头企业和中介组织发挥着重要的带动作用。

但在农户与公司签订合同时,农户往往处于劣势,公司的意志往往占据上风,甚至出现公司单方面规定契约条款,对农户采取欺诈和强制行为,农户切实利益得不到有效保障。2003年,国家开始着手制定相关法律。2006年,《中华人民共和国农民专业合作社法》正式颁布,为农民专业合作社发展提供法律保障,促进农民专业合作社发展。然而,农民合作社在具体实施过程中也存在各种问题,导致合作社蓬勃发展过程中对传统农户带动作用有限,农户没有充分享受到政策的红利。因此,迫切需要探索培育新型农业经营主体,政策扶持重点逐渐由农民合作社向多元化的组织形式铺开,专业大户和家庭农场日益得到关注。2008年,党的十七届三中全会指出,在条件允许的情况下,发展专业大户、家庭农场、农民合作社等规模经营主体。但是,农民合作社已经成为当时被广泛关注的对象,而家庭农场和专业大户这两类经营主体没有引起有关方面足够的重视。2013年,中央一号文件明确指出:"鼓励和支持承包土地向专业大户、家庭农场、农民合作社流转。"其中,"家庭农场"概念首次出现在中央一号文件中。随着国家政策的关注和扶持力度的加大,专业大户和家庭农场在全国范围内进行实践探索,效果显著。2016年,全国经营规模达50亩以上的农户有341万户,家庭农场有87.7万个,家庭农场平均经营耕地面积达到215.1亩。2021年9月底,全国家庭农场超过380万个,平均经营规模为134.3亩①。

改革开放40多年来,随着国家对"三农"问题的日益重视及市场化改革的不断深化,我国在农业发展各个时期积极尝试探索适合农业发展的农业经营主体,改革开放初期同质性的农户逐渐向多元化方向演化,出现了小农户、专业大户、专业合作社、家庭农场等并存的现象。这是农业经营主体进化的方向和结果,也是农业发展内在、客观、必然选择的结果。

---

① 全国人民代表大会.国务院关于加快构建新型农业经营体系 推动小农户和现代农业发展有机衔接情况的报告[EB/OL].(2021-12-21)[2023-10-20].http://www.npc.gov.cn/npc/c2/c30834/202112/t20211221_315449.html.

(二)新型农业经营主体分类

2012年11月,党的十八大报告明确提出:"发展农民专业合作和股份合作,培育新型经营主体,发展多种形式规模经营,构建集约化、专业化、组织化、社会化相结合的新型农业经营体系。"随着我国经济社会转型,农业劳动力逐渐向非农产业、城镇转移,伴随着也出现一系列深层次农业、农村社会问题,农业老龄化、妇女化、弱质化趋势明显,新时代"谁来种地,怎么种地"问题逐渐突出,农业高质量发展面临新的挑战。新型农业经营主体优势也逐步显现,在农业发展过程中起了带头作用。"新型农业经营主体"这一概念虽然是近年来才被提出的,但是改革开放以来在我国农业发展过程中已经有多年实践,农业经营主体的演进为新型农业主体的培育奠定了良好的基础。"新型农业经营主体"这一概念自被写入政策文件以来,得到相关部门和学者广泛关注,全国各地农村地区纷纷开展新型农业经营主体培育实践,并取得显著成效。目前我国新型农业经营主体包括专业大户、家庭农场、农民合作社、农业企业。截至2018年,全国依法登记的有217.3万家农民合作社,是2012年的3.15倍。2021年11月底,全国依法登记的农民合作社达到221.9万家,其中县级及以上示范社达16.8万家;和2020年同期数据相比,虽然农民合作社数量减少了2万家左右,但是发挥"样板间"作用的县级及以上示范社数量增加了1.1万家。

近年来我国农民合作社规模和发展层次均有明显提升,融合了农村产业各业态,小农户生产交易成本有效减少,保证了农产品生产、销售,使"小农户"与"大市场"顺利对接,切实增强了农民增收能力,提升了农业增效潜力,增强了农户和农业的市场竞争力。新型农业经营主体辐射带动作用初步显现,由表4-1可以直观看出,新型农业经营主体相比于传统农户经营在诸多方面均具有明显的优势,从经营规模到管理水平,有力地推动了农业高质量发展。传统农户农业生产的目的主要就是维持生计,普遍存在小农意识,并没有将农业视为盈利产业加以经营,并利用一切可能选择使利润最大化。传统农户一般是以小规模生产和自给自足为主,当提起农户时普遍会联想到"面朝黄土背朝天"这类形象。与传统意义农户相比,新型农业经营主体具有较高的专业水平和技术水平,采取农业适度规模经营方式并且能够获得农业规模经营效益,并不只从事农业生产经营活动。

表 4-1 传统农户与新型农业经营主体比较①

	传统小农	专业大户	家庭农场	农业企业
经营规模/亩	1~20	20~50	50~500	>500
土地来源	以自有土地为主,私下流转为辅	以私下流转为主,自有土地为辅	以正规流转为主,自有土地为辅	完全依靠正规流转
劳动力来源	完全依靠自有劳动	以自有劳动为主,极少雇佣劳动	以自有劳动为主,雇佣劳动为辅	以雇佣劳动为主,较少自有劳动
机械化程度	机械化程度较低,采取自我剥削型劳动	机械化程度一般,采取自我剥削型劳动	机械化程度较高,采取剥削型和节约型劳动	机械化程度较高,采取节约型劳动
土地细碎化	自有承包地细碎化程度严重	流转土地细碎化程度高	流转土地细碎化程度较低,便于耕种	流转土地细碎化程度较低,便于耕种
资本来源	以自有资本为主,没有借贷需求,以维持生计为目标	以自有资本为主,有较低借贷需求,以剩余积累为目标	外投资本与自有资本相结合,有一定借贷需求,以剩余积累为目标	以外投资本为主,有较高借贷需求,以较高剩余积累为目标
管理水平	基本依靠生产性劳动,管理性劳动较少	以生产性劳动为主,管理性劳动为辅	管理性劳动与生产性劳动相结合	以管理性劳动为主,生产性劳动为辅

(三)新型农业经营主体引领农业高质量发展

目前,我国仍有2.6亿农户生活在农村,其中承包农户有2.3亿户,传统农户比重较大,在未来相当长的一个时期内,小农户仍是我国农业生产经营主体。然而,小农户经营导致生产规模小、投入成本高,不利于农业技术的推广应用,也不利于农业标准化生产,阻碍了我国农业现代化的步伐。新型农业经营主体从市场上引入先进生产要素(人才、资金和技术),组织化程度和专业化程度较高,有利于推进农村产业融合发展,具有明显的综合效

---

① 张新文,高啸.农业经营主体的类型比较、效益分析与进路选择[J].现代经济探讨,2019(03):101-107.

应。新型农业经营主体作为我国农村经济发展的重要载体,是连接小农户与大市场的桥梁,以集约要素、延长产业链、绿色发展、打造品牌的方式卖出农产品,将农户和市场有机地联系在一起,以市场为导向,充分发挥带头和示范作用,引导农户向专业化、集约化、标准化方向发展,以增强农业竞争力,从源头上保障农产品品质,有效地为市场提供农产品供给,提升农业发展质量(具体见图4-2)。

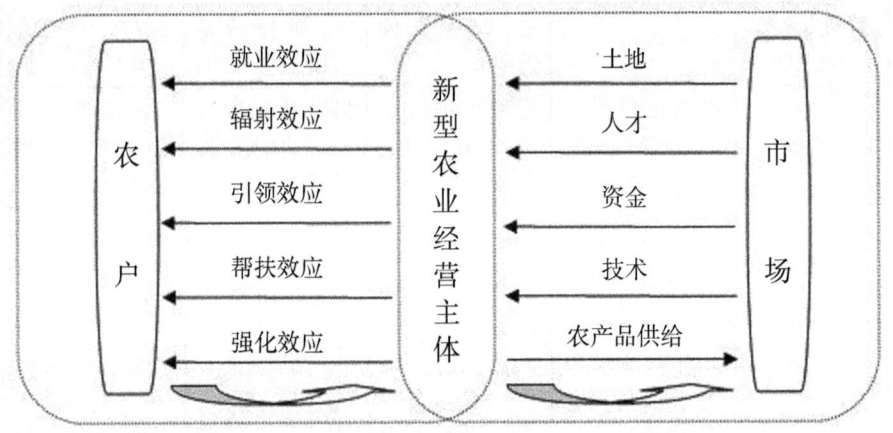

图4-2 新型农业经营主体推动农业高质量发展的作用机制

1.就业效应

新型农业经营主体从市场上引入土地、人才、资金、技术等生产要素,推动农业适度规模经营,经营管理水平也显著提升。作为农业供给侧结构性改革的重要推动力量,新型农业经营主体通过延伸、拓展农业产业链条,推进农村产业融合发展,为农户提供大量的短期或长期就业岗位,带动了农村就业。农业与第二、第三产业的融合发展,农业生产经营领域的创新以及农民自身素质的提高,使新型农业经营主体具备较强的竞争优势,在发展中创造出更多的工作机会,产生更好的就业效果。当前,随着乡村振兴战略的实施,国家对农业支持力度加大,农业成为比较有吸引力的产业,更多社会资源也逐渐流向农业部门,为新型农业经营主体的培育提供了良好的机遇,同时也将会创造大量农业工作岗位,拓宽农业就业渠道。

2.辐射效应

新型农业经营主体生产经营专业性强,发展成效好的农业经营主体的生产经营决策行为会对周边农户、其他经营主体乃至周边地区具有一定的辐射作用。比如新型农业经营主体受资源约束,在需求量较大的前提下,如果农产品经营效益好,就会辐射带动其他农户,其他农户就会纷纷加入,并且会得到新型农业经营主体的技术指导和支持,生产的农产品也会由新型农业经营主体收购,从而降低市场风险。同时,新型农业经营主体好的土地流转措施也会辐射带动周边农户,唤醒农户土地流转的意识,保障土地流转顺利进行。新型农业经营主体能够将分散的农户组织起来,充分发挥辐射带动作用,促进土地有序流转,建立现代经营体系。

3.引领效应

新型农业经营主体组织化程度较高,能够及时捕捉市场供求变化信息并做出有效响应,适时作出决策。新型农业经营主体对先进农业生产技术比较敏感,对农户起到好的引领作用,农户会纷纷效仿调整农业决策。同时,新型农业经营主体也可以为农户提供生产性服务,让农户享受到低成本、便利化的自我服务,有效弥补了分散农户经营能力上的不足,从而产生明显的带动作用。

由于生态和资源两个"紧箍咒"对农业生产的硬约束日趋明显,过去那种农业高投入、高消耗发展方式已不能满足当前现代农业发展需要,同时随着居民收入水平不断提高,对农产品的品质要求也在提升。然而,传统农户经营仍沿袭过去的种养习惯,探索绿色生产方式和提高农产品品质的动力不足,或者受文化水平的制约,虽然具有绿色、高质量生产的意愿,但是生产经营能力与高质量发展要求不匹配。而新型农业经营主体以市场为导向,按照无公害、绿色、有机等理念进行生产经营,带动农业标准化生产水平全面提升,引领农户走绿色、高质量生产之路。

4.帮扶效应

新型农业经营主体不断涌现,为推动农村产业融合发展、提升农业竞争力和效益发挥着越来越重要的作用。新型农业经营主体生产经营过程中除了自家劳动力,还提供了大量的就业岗位,吸纳农村大量劳动力,拓展了农民增收渠道。尤其是对于贫困户或贫困地区而言,通过提供就业或产业帮扶带动,形成产业扶贫辐射效应,带动贫困户或贫困地区增收致富。对于分散的农户,新型农业经营主体还会提供生产性服务,给予农户技术或政策信息方面的指导,增强农户生产经营和理性决策的能力,使农业生产效率和效益得到提高,实现市场"弱者"向"强者"的转化,为贫困人口脱贫致富打下坚实基础,促进农业、农村长远发展。帮扶效应还体现在新型农业经营主体之间和地区之间,发展好的经营主体或地区通过融合发展方式,带动经营能力弱的主体或地区,充分发挥这些主体或地区的后发优势,实现合作共赢。以承包户为基础、以合作经济组织为纽带、以龙头企业为骨干的农业经营格局,有力地支持了传统农业提档升级。

5.强化效应

发展新型农业经营主体,既保证"中国粮食,中国饭碗"安全,又能积极推动脱贫攻坚和乡村全面振兴,尤其是在产业振兴过程中,新型农业经营主体发挥着重要的示范引领作用。新型农业经营主体充分发挥自身优势,相互促进,融合发展,横向上拓展农业功能,纵向上延伸农业产业链,并能够将新技术、新模式引入农业,强化了农业产业基础。新型农业经营主体的快速发展,对当地基础设施和新农村建设也具有较强的强化作用。[①] 新型农业经营主体生产经营活动的顺利开展,也需要基础设施、硬件环境的保障,因此新型农业经营主体也会积极参与当地基础设施建设,比如道路、水利设施建设等,为农业发展和美丽乡村建设作出更大贡献。

通过上述分析可知,传统农户长期受传统耕作习惯的影响,其生产决策行为在很大程度上制约着现代农业的发展,农业投入意愿和动力不足,不利于农业高质量发展。而新型农业经营主体在推动农业供给侧结构性改革进程中扮演着重要角色,对市场变化敏感,能够采用先进的生产技术和管理方法为市场提供农产品供给,同时又能够推动产业融合发展,延伸农业产业链,提升农业价值链。因此,新型农业经营主体成为新时代推动农业高质量发展的重要力量。

三、产业融合:实现农业高质量发展的关键

(一)农村产业融合发展动因分析

我国农村地区产业融合是为了满足社会、经济发展需要,发挥好新发展

---

① 李铜山,汪来喜.论全力推动农机专业合作社发展的综合效应和重要意义:以农业大省河南省为例[J].中国发展,2012,12(04):63-68.

理念指挥棒作用。创新为产业融合提供内在动力,开放为产业融合提供外部环境,绿色和协调为产业融合指明方向,共享充分保证农户分享产业融合带来的切实利益。

1. 农村社会发展需求

新经济形势下,我国经济逐步向重质量、求效益的方向转变,越来越注重经济发展与社会、自然发展相协调。目前大部分农民外出务工,造成一系列农村空心化、留守儿童等社会问题,比如留守儿童心理问题、"三观"问题,长此以往,不利于社会的和谐稳定,尤其不利于农村地区的和谐稳定。产业融合可以促进农村经济发展,带动农村地区就业,实现农村剩余劳动力就地消化,使农民能够充分分享经济发展的成果,促进农民增收,缓解上述问题,实现城乡、产业、经济社会和自然协调发展。

2. 农业经济发展需求

近年来,我国粮食产业国际竞争力持续下降,粮食核心生产区承载着我国粮食安全的重任,但经济发展水平相对落后。如何通过产业融合实现延链补链,提升粮食产业竞争力,提高农民种粮积极性,促进农民增收,增强粮食核心生产区经济发展动力?新常态下我国经济增速放缓,农民非农收入来源动力不足,非农收入来源受到制约,如何进一步促进农民增收成为亟待解决的问题。在土地、水资源等约束下,资源稀缺等问题存在,亟待第二、第三产业发展助力农业发展。随着居民收入水平的提高,粮食市场处于紧平衡状态,国内生产粮食绝对数量较充裕与居民需求结构之间存在矛盾,这对我国农业发展提出更高要求。

3. 创新驱动

创新为实现产业融合提供了内在动力。科学、合理的制度设计是推动我国经济和社会发展的有力保障。要以供给侧结构性改革促进现代农业发展,以第二、第三产业推动农业发展。

(二)农村产业融合作用机理分析

20世纪70年代,随着技术创新与扩散产业间融合成为一种新的经济现象,产业间的边界趋于模糊化。日本产业经济学家植草益指出,产业融合是采用技术革新的方式,弱化行业间的限制壁垒,从而推动不同行业企业之间的合作。三次产业相互依赖和相互制约,构成复杂的经济体系。根据产业结构演变规律,随着社会经济发展,第二、第三产业的发展将会带动第一产业的发展,产业边界也逐渐模糊,尤其是随着科技的发展,这一现象日益明显。

1.农村产业融合主体

目前,对于产业融合主体和客体的研究较少。能否正确理解产业融合主体和客体,直接关系着产业融合政策的实施效果。如果对农村产业融合主体把握不准确,可能会导致相关政策作用主体不精准,从而导致政策效果大打折扣。

主体是实践和认识活动的载体。农村产业融合主体是产业融合发展的直接推动者。产业的发展离不开各行各业的企业,因此企业是产业融合的主体,企业运行的好坏直接影响到行业或产业的发展。但是,并非所有的企业都是农村产业融合主体,只有技术或产品与农业存在关联的企业才真正是农村产业融合的主体,这些企业的运营能够直接或间接带动农业和农村的发展。农村产业融合发展的主阵地在农村,要以农业为基础,促进农村地区发展,实现农民增收,推进乡村全面振兴。因此,农村产业融合发展离不开农户及新型农业经营主体的参与,农户和新型农业经营主体也是农村产业融合的主体。制定产业政策要根据产业发展战略,切实考虑产业融合主体的切身利益,激发企业和农业经营主体的积极性,实现资源优化配置,提升农业竞争力,增强农村地区的发展活力。

2.农村产业融合客体

客体是主体实践活动和认识活动指向的目标。农村产业融合的客体为产业融合主体直接作用的对象,即产品。这里所说的产品包括有形产品和无形产品。有形产品主要指农产品及其加工产品;无形产品主要有科教、旅游、农村电商等,为消费者带来精神层面的享受和服务。随着科技的发展,不同产业重新组合,不同产业属性和边界趋于模糊,伴随而生的是具有多个产业属性或功能的产品,如农耕文化、农村电商、农旅+电商等。因此,要从供给侧发力为消费者提供新的产品和体验,拉动消费者日益增长的物质文化需求。

3.作用机制

目前,我国农村产业融合主要还是基于形式上的融合,融合的深度和广度尚不足,虽然也具有一定成效,但是在实施过程中各产业发展及资源配置不协调,不能形成帕累托最优,势必造成大量资源浪费。随着经济及科学技术不断发展,产业之间的关联性越来越强,产业之间相互依赖、相互促进。农村三次产业系统类似三个互相咬合的齿轮(见图4-3),形成一个有机整体。三次产业要实现协同发展,三个齿轮的转速必须协调一致。如果其中一个齿轮转速不一致,那么其他一个或两个齿轮的转动会受到限制,齿轮间就会出现磨齿,即使整个系统仍然能够维持正常运转,但是在运转过程中齿轮之间的阻力会增大,会对齿轮造成一定的磨损,从而导致机械效率低下,资源配置不合理,动力浪费。如果三个齿轮能够协调转动,齿轮间能够很好实现匹配,资源配置合理,则会提高系统机械效率,降低不必要的能耗。

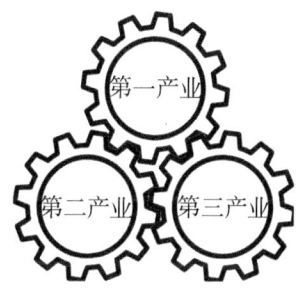

图4-3 农村产业融合作用机理示意图

三个齿轮转动协调需要有一个磨合过程,如果其中一个或两个齿轮转动速度快,另外的齿轮速度不匹配,虽然会带动另外的齿轮转动,但是对于整个系统而言,运转的阻力加大,运转过程势必会造成能量的损失。产业发展过程也是如此,农村产业融合发展也要求三次产业协同发展,在形式融合的前提下,不断提升其融合内涵,协调其动力作用机制,充分发挥融合主体的主观能动性,促使三次产业协调发展,避免资源浪费。

农村产业融合内在机制包含三个部分:激励机制、动力机制及障碍机制。激励机制和动力机制主要是针对产业融合主体而言的,它们是产业融合的推动者,在产业融合过程中起着决定性的作用。那么,融合主体为什么要进行跨产业经济活动呢?根本性原因就是产业融合产生的激励机制和动力机制。激励机制激发融合主体的积极性,而动力机制为产业融合主体从事相关经济活动提供动力来源。但是在实践过程中也存在诸多不确定性和现实问题,产业融合进程中也会遇到一些障碍,制约着产业融合发展。

农村产业融合激励机制包括外部性激励和内部性激励两个方面。外部性激励主要来自科技创新和分工,科技创新促使各部门之间的联系日益增强,而分工重塑企业边界和企业行为,提升企业运营效率,提升产业融合内涵。内部性激励主要指融合主体即企业或新型农业经营主体的内生性动力,比如共生、协同及"羊群效应"。动力机制主要指融合主体之间的竞争和协同。产业融合主体作为理性的经济主体,其决策均考虑自身效用最大化或成本最小化,因此存在竞争关系。但是,作为经济系统的组成单元,产业融合主体的发展又必须以其他主体存在为前提,比如为其他主体提供所需产品或服务,或需要其他主体提供要素(原材料、资金或服务等)。因此产业融合主体之间还存在协同关系,不同融合主体共享现有资源,分工协作,这样才能创造更大价值,更能提升农业竞争力。

农村产业有机融合需要具备一定的前提条件,比如制度环境、科技环境和经济环境等。如果这些条件具备,将能够推动产业融合发展;反之,将阻碍产业融合进程。因此,产业融合内在机制还存在障碍机制,分析其障碍机制能够有效地降低其负面效应。影响农村产业融合进程的因素主要有制度因素(包括产业政策、土地制度、户籍制度等)、供给因素(即企业能力等)、消费需求因素等。

(三)农村产业融合发展推动农业高质量发展的逻辑

当前国际宏观经济形势和国际粮食市场变化不确定性增强,保障国家粮食安全必须立足国内,在耕地资源约束下,必须稳定耕地资源面积,依托科技进步打破资源环境的约束,提升农业发展质量。然而,农业比较收益较低,尤其是粮食产业,传统农户经营方式生产成本高而比较收益较低,导致农户种粮积极性不高。根据产业经济学的"微笑曲线"理论,在整个产业链中,产品的附加值主要集中在两端产品的设计和销售上,而中间的产品附加值则是最低的。农业经营主体要获得更多的附加值,就必须在科技和营销模式两个方面进行创新。产业价值链是农业产业链的价值形式,主要反映农业产业链中各节点的价值属性,而"微笑曲线"理论的关键就是必须找到产品附加值所在的点,即对于价值链的判断,找到这个点之后就可以通过创新驱动提升农业产业附加值,实现农业产业链、创新链、价值链"三链"协同。

产业融合发展突破了传统产业的技术、业务、市场、经营的界限,突破了地域界限,推动了地区的协调发展。农村产业融合改变了传统农业生产与服务方式,催生了诸多新型业态,为消费者提供更优质的产品与服务体验。要实现农产品及服务的更新换代,就要深化农业供给侧结构性改革,带动需求结构升级。随着社会主要矛盾发生变化,供给与需求之间相互带动,助推产业结构优化升级。农业发展需要以新发展理念为指引,通过科技创新、消费需求结构优化和农业功能拓展,向多元化发展,与第二、第三产业融合,实现产业链延伸,催生休闲农业、现代农业、"互联网+"农业等新兴业态,按照"横向拓展、纵向延伸"路径,从广度、深度两方面延伸和完善农业产业链,通过对农业价值链进行创新,使资源得到最大程度的优化,从而使农业的发展潜能得到发挥,改善农业生态环境,同时又拓宽农业就业空间和增效空间。因此,农村三次产业融合发展能够拓宽发展空间,提升农业发展水平和产业竞争力,促进农业向更高质量发展。农村产业融合发展以农业为基础,以科技创新为驱动力,拓展和延伸农业产业链条,吸引社会资本流向农业部门,通过市场竞争机制优胜劣汰,不断吸纳更多优质资源流向农业、农村,通过农业部门自组织运行机制,实现农业经济系统良好运转,进而促进农村经济发展。

农村产业融合发展推动农业高质量发展的作用机制如图 4-4 所示。

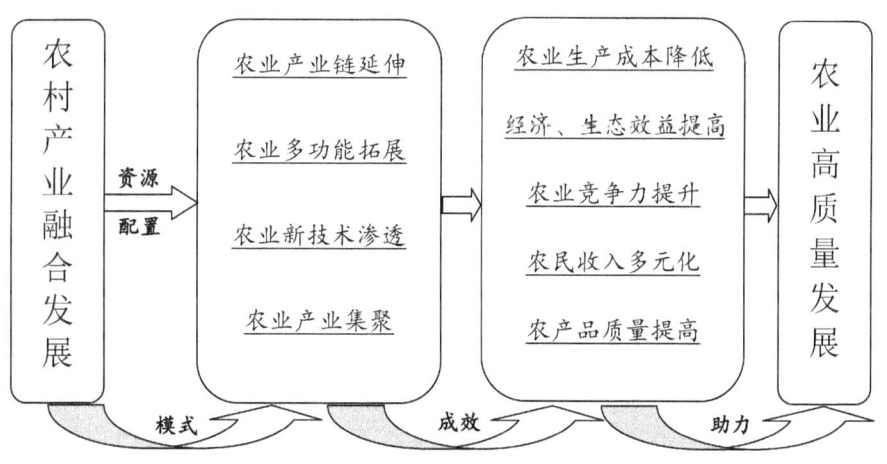

图 4-4 农村产业融合发展推动农业高质量发展的作用机制

四、农业高质量发展的内在逻辑

(一) 约束条件

农业生产活动在经济发展的不同时期会面临不同的约束,尤其是资源环境的约束。由于土地资源的稀缺性,不同国家在经济发展的不同时期均会面临土地资源的约束。然而,随着社会、经济条件的变化,约束条件也会随之发生变化。在不同的约束条件下,农户作为理性的农业生产经营的经济主体,会根据自身资源条件作出相应的决策,农户决策行为在既定的条件下对自身而言往往是最优的。农户会根据外部条件或自身条件的变化,制定合理的生产经营决策。在农业技术落后的时期,劳动力资源相对充足,农户会选择投入家庭劳动力来从事生产经营活动,而非农业机械;随着新的农业技术不断涌现,劳动力逐渐转向非农产业,新的要素市场和生产组织形式逐渐形成。这导致了收获季节农户家庭劳动力相对短缺,从而会选择资本替代人力劳动。在小农经济转型时期,农户生产决策行为受资源禀赋的约束,农业生产面临的各种约束会相对趋紧或放松,对农户生产决策所产生的作用也会发生变化。农业的增长是一个动态的要素替代过程,劳动力转移导致的要素禀赋的变化本可以诱导集约劳动技术的应用和扩散,从而带来要素替代和农业增长,但现实中存在的若干约束条件往往成为这种理性行为的障碍。①

1.资源约束

土地和水资源是我国农业发展的重要资源和物质基础,然而目前我国耕地资源和水资源日益趋紧。随着工业化的不断推进,耕地资源不断减少,人地矛盾将更加突出。同时,由于长期以来忽视对土地与水资源的保护和合理利用,水土流失、土地荒漠化日趋严重,农业用水浪费现象普遍,水资源有效利用率很低。在资源约束趋紧的背景下,农户会尝试增加各种资本投入以期打破其约束,提高资源利用率,充分发挥其效能,提高农业发展质量。然而农户小规模经营制约着农户选择先进的农业技术,更倾向于选择劳动使用型技术,影响农业生产效率,在一定程度上阻碍了资本使用型技术的

---

① 杨宇,李容.劳动力转移、要素替代及其约束条件[J].南京农业大学学报(社会科学版),2015,15(02):44-50+125.

发展。

2. 市场约束

市场化水平影响着生产资料的购买和农产品的流通,市场化水平较低的地区,往往就会伴随着较滞后的农业生产社会化服务,不利于农户在市场上购买到所需要的资本和技术,影响农户增加资本替代劳动。由于资源稀缺性的改变,导致要素的相对价格变动,从而使技术进步成为可能;同时,微观生产主体则可以利用价格信号,通过市场机制以较低的、相对富裕的要素取代较高的、稀缺的要素,并努力应用节约使用相对稀缺要素的技术[①]。市场化水平较低导致资金和劳动力资源配置的不合理和低效率,市场价格无法正确反映出资金和劳动力的供求状况,资本和劳动力价格的差异对农户不会形成采用资本替代劳动行为的诱导,不健全的市场反而会减弱农户使用资本替代劳动的意愿;反之,完善的要素市场会有利于农户要素配置决策的制定,理性的农户会选择价格更低的资本替代劳动。同时,农户分散经营,不利于农业技术的推广和应用,将农户组织起来,成本也会较高且效果也不理想。

3. 组织约束

农户作为独立决策的经济主体,分散独立从事农业生产经营活动,与其他农业生产经营主体之间尚未形成稳定的合作关系。这种分散的经营方式造成"经营规模小、流通不畅、效益不高"等问题,导致农户投资边际效率递减,不利于农业技术的推广。分散经营增加了农户获取资本和技术要素的成本,较高的交易成本严重弱化农户的投资意愿。尤其是在农业劳动力转移的背景下,青壮年劳动力逐渐转向非农产业和城镇,停留在农业部门的剩余劳动力年龄偏高且妇女居多,在农业投资方面决策能力不强,就会制约替代劳动的行为决策,不利于农业机械化程度和生产效率的提高。

(二)内在逻辑机理

通过前文分析可知,农业发展过程中存在资源、市场和组织的约束。随着农业发展面临的内外部环境发生变化,约束条件表征也会随之变化,约束对农业发展会趋紧或适度放松。农业发展虽然会面临一些约束,但是约束

---

① 林毅夫,沈明高.我国农业技术变迁的一般经验和政策含义[J].经济社会体制比较,1990(02):10-18.

条件并非永恒不变,当然,土地或其他不可再生资源硬性约束除外。耕地资源会随着工业化和城镇化进程加快而日益趋紧,但是农业技术进步能够拓展农业发展空间,在一定程度上能够弱化资源环境约束。随着市场化程度和组织化程度的提高,市场约束和组织约束也会逐渐放松。随着内外部环境的变化,劳动力转移和技术升级,劳动力成本上升而资本价格相对下降,理性的农业生产经营主体就会选择资本替代劳动,提高资源整体优化配置效率和效益(具体见图4-5)。纵观世界发达国家农业现代化的实现过程,也是由传统农业低效率生产逐渐向高质量发展迈进。随着工业化进程的加快,农业发展逐渐与其他部门发展不协调,从而制约着现代化进程的速度,同时"石油农业"对农业生态环境的影响日益凸显,农业高质量发展成为农业发展的必然趋势。

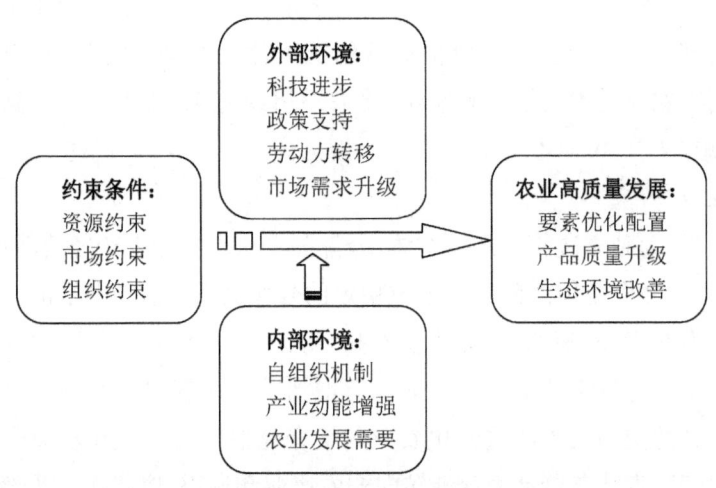

图4-5　农业高质量发展内在逻辑机理

一个国家或地区国民经济结构经历过程均为:由农业占首要地位到工业占首要地位、传统农业国向现代工业国的转变。工业化过程中工业部门产值和劳动力比重持续上升,而农业部门产值和劳动力比重则持续下降。工业化一般分为初期、中期和后期,初期和中期重点围绕发展轻工业和重工业,中后期基本实现工业化。工业化初期,以农业为主,工业处于初级阶段,农业生产率较低,这一阶段在农业基础上重点发展轻工业,即以劳动密集型产业为主。工业化初期阶段,也是农业起步阶段,以农户家庭分散经营为主,没有其他产业组织形式,市场化水平较低,对农业发展约束相对较大,农业技术也较为落后。在这一阶段,土地和劳动力是最基本和最重要的生产要素,而技术和管理水平比较低,与技术相关的资本投入几乎为零①(见图4-6)。随着工业化进程的加快,农业技术逐渐得到提高,非农产业较高工资对农户吸引力增强,理性的经济主体就会转向非农产业,带动农户收入水平的提高。由于劳动力流动,农业部门劳动力数量下降,而且留在农业部门的劳动力总体技术水平偏低,农业部门对资本替代需求增加,亟须新的组织形式来推动农业的发展。于是,各个国家由于本国农业发展实际需要,出现了越来越多的农业合作社、家庭农场、龙头企业等主体,对农户的带动和服务作用也越来越强,农业机械化水平和劳动生产率逐步提高。在这一阶段,国家对农业支持力度相对也比较大,为推动农业转型升级提供了良好的政策环境。在政府推动下,市场化改革逐渐深入,市场化水平也越来越高,市场约束和组织约束逐渐放松。但是,总体来看这一阶段农业发展主要还是依靠高投入、高消耗,农业快速发展也引发一系列问题,比如农业生态环境恶化、农产品安全问题等;同时一系列新的问题逐渐凸显,比如体制机制不顺、农业技术人员缺乏、小规模经营等。

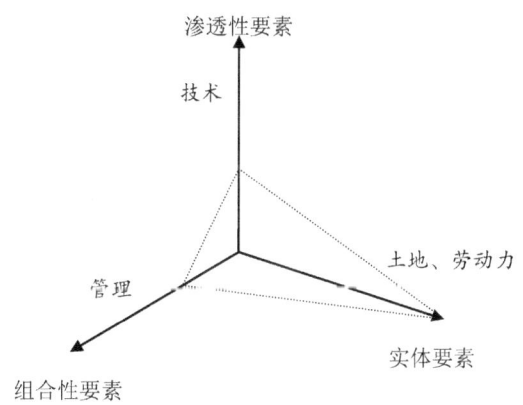

图 4-6 传统农业阶段要素特征

工业化中后期,农业发展得到极大的进步,为实现农业向更高质量发展奠定了坚实基础,产业组织化程度有所提升,农业技术明显进步,农户生产决策行为也越来越理性。但是,基于家庭资源禀赋所做出的收入最大化理

---

① 关付新,张改清,等.中部粮食主产区现代农户发展问题研究[M].北京:经济管理出版社,2016.

性决策,将优质要素非农化,使得现代农业要素外流,削弱了现代农业微观基础。随着消费者对农产品的要求越来越高,传统农户分散经营组织化、标准化程度较低,为市场提供的农产品品质不一。有效地将农户组织起来,提高生产经营的标准化程度,培育新型经营主体,成为农业高质量发展的现实选择。新型经营主体组织化程度较高,能够将小农户和大市场有机衔接,为农户提供更全面的生产性服务,对农户生产进行指导,有利于农业机械化程度的提高和农业绿色发展,实现农业提质增效,提高农业生态效益。

实证篇

中国农业高质量发展的全景透析

第五章　改革开放以来中国农业高质量发展的历史演进

1978年,在十一届三中全会上,党和国家对我国农业经济问题进行深入探讨,开启了农业改革新纪元,也开启了我国改革开放的大门。随着改革的不断深入,政策红利逐渐得到释放,激发了农业发展活力和农民生产积极性,也逐渐改变了"以粮为纲"的局面,目前已进入以农业供给侧结构性改革和乡村全面振兴为契机的全面发展阶段。随着改革开放的不断深入,我国农产品供应已告别了短缺时代,农产品供需格局发生了根本性的改变,农业发展进入了一个新的发展阶段。农业生产结构从单一的种植业向多元化经营格局演变。

改革开放40多年来,我国农业取得了举世瞩目的成就,随着农业经营制度、科技体制及农产品流通体制不断变革,农业综合生产能力稳步提升,农业结构不断优化升级,农民收入也逐步提高。但是,中国农业依赖生产要素驱动发展模式没有转变,农业全要素贡献率不高,仍存在诸如资源环境约束趋紧、农业结构不合理、国家粮食安全风险依然存在等问题,制约着我国农业高质量发展。从历史演化来看,我国农业发展取得了明显成效,但从现实考量还存在较多的问题和瓶颈,制约了我国农业增效、农民增收、农村增绿。分析我国农业发展的历史演化,有助于为加快制定中国农业高质量发展政策提供借鉴。

一、改革开放以来中国农业经济发展的演变历程

改革开放后,随着农业和农村经济改革与发展,农业经济得到了长足的

发展。但是农业经济的增长并非直线上升,不同年份的增幅并不相等,根据农业经济增长变化的特点和原因,可将其划分为六个阶段:第一阶段,1978~1990年;第二阶段,1991~1996年;第三阶段,1997~2003年;第四阶段,2004~2011年;第五阶段,2012~2017年(见图5-1)。总结每个阶段的特点和原因,把握农业经济增长的规律性,有利于理解现阶段农业经济问题本质,有利于采取有效措施促进农业经济高质量发展。

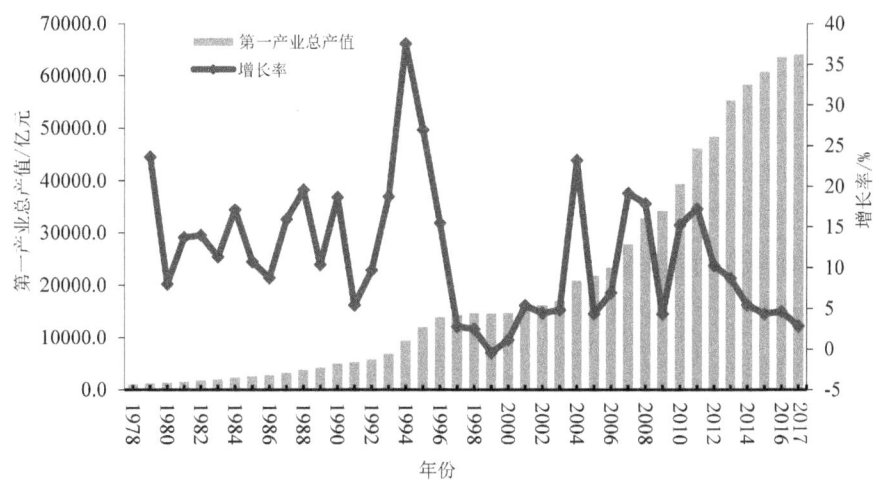

图5-1 1978~2017年第一产业总产值及其增长率阶段性变化趋势

(一)超常速增长阶段(1978~1990年)

由图5-1可以直观地看出,改革开放初期阶段,我国农业总产值增速一直保持较高位,除个别年份外均在10%以上。在此阶段我国农业总产值由1978年的1117.5亿元增至1990年的4954.3亿元,增长3倍多,年均增速达到13.2%。主要原因为:1978年党的十一届三中全会的召开吹响了改革开放的号角,改革的春风吹向农村、吹向农业,在制度创新因素主导下农业生产潜力充分释放出来,农业产值较改革开放前以空前的增速大幅提升。西奥多·W.舒尔茨(2006)等认为,传统农业发展的动力在于劳动力和土地等初始资源禀赋的推动。[①] 家庭联产承包责任制的全面推行,充分调动了农民生产的积极性。同时,我国逐步推进土地制度改革,1984年中央一号文件中将土地承包权确立为15年,保障了农民承包土地的稳固性,有利于农户

---

① 舒尔茨.改造传统农业[M].北京:商务印书馆,2006.

长期对耕地的投入,提高耕地的利用效率和效益,提高粮食单位面积产量。

随着农产品市场化改革不断深入,国家逐步对粮棉油等大宗农产品实施"双轨制"的市场化改革模式,于 1985 年废除了统购制度,启动"双轨制"。1979 年,国家 18 种主要农副产品的收购价上调,平均上涨 24.8%,其中粮食的统购价格提高 20%,超购部分在这个基础上再加价 50%,提高了农产品市场竞争力,实现农业资源优化配置,同时农业结构也得到优化和调整,农业经济实现了全面高速增长。

(二)反弹回升阶段(1991~1996 年)

这一时期,我国农村、农业改革逐渐由计划经济向市场经济过渡,市场机制逐渐成为资源配置的主要形式,因此农产品市场价格成为农业生产者决策的基础,由市场定价的农产品比例从 1978 年的 6% 增加至 1991 年的 58%,1999 年又增至 83%[①],促进了国内粮食市场的发育、农业的发展及农民的增收。1991 年开始,我国农业增速大幅反弹,农业总产值由 5146.43 亿元增至 1994 年的 9169.22 亿元,达到历史最高水平。主要归因于家庭联产承包责任制对农业增长持续发挥作用、土地承包权的稳定及市场化改革,充分发挥了市场配置作用,调动了农民的生产积极性。随后两年农业产值增长速度由峰值降至 15.46%,但仍高于上一时期年均增速,绝对值稳步增至 13539.8 亿元。总体来看,这一时期前期农业经济总值增速大幅反弹,增速仍然处于高位,这一时期农业经济总值年均增速为 21%,明显高于上一时期。此阶段农业经济产值增速反弹回升的主要原因有:一是农业丰收,粮食和其他主要农产品产量大幅提高,对农民增收贡献较大;二是农产品价格提高,1994 年和 1996 年国家先后提高了农副产品收购价格,提价幅度约为 40%,农产品提价增加了农民收入,其增长的幅度约为 28%;三是农产品市场化改革,加快了农产品市场化流通。

(三)增速持续走低阶段(1997~2003 年)

我国农业发展进入新阶段以后,农业发展深层次问题也随之显现,改革的重点也发生了变化,将农业和农村发展纳入国民经济通盘格局中,统筹考虑在工业化中期怎样协调好"以工促农、以城带乡"问题,构建城乡协调发

---

① 蒋庭松,梁希震,王晓霞,等.加入 WTO 与中国粮食安全[J].管理世界,2004(03):82-94.

展的长效机制。这一时期也可以看成农业改革的深度调整期,农民税负逐步减轻,流通体制也逐渐在调整、完善,农业全面开放,农产品市场逐步走向国际,我国农业发展步入后WTO时代,农产品进出口贸易体制也日臻完善,我国农业发展面临空前的挑战和新的发展机遇。

这一阶段,我国第一产业总值基本平稳,稳中略有上升,由14265.2亿元增至16970.2亿元,年均增速约为3%,创历史新低,其中1999年第一产业总值较上年反而有所下降,增速为负值,达到波谷位置。这一时期农业经济增长的明显特点就是增长乏力,增速大幅下滑。这一时期农业经济增速持续走低的主要原因有两点。一是农产品供求状况发生了根本性的变化,即出现了阶段性供过于求,大量农副产品出现"卖出难",农产品价格持续下跌,导致增产不增收,主要农产品生产滑坡。1996年,我国粮食产量突破5亿吨,但是随着农产品供给增加,农产品价格下滑,出现增产不增收的现象,严重挫伤了农民的种粮积极性,随后几年粮食产量出现负增长。为了保护农民切实利益,政府部门于1998年进行粮食流通体制改革。但是改革成效不明显,并未达到预期效果,政策执行3年后逐渐放宽松,于2004年正式退出[1]。这一时期是我国市场化改革深化阶段,也是我国农业发展的阵痛期,改革带来的成效并非立竿见影,会有一定的时间滞后。当然,改革是不断探索的过程,也不可能一帆风顺,也会在不断纠错中及时调整方向。这一时期农产品流通体系和粮食价格体系初步建立,为后期农业发展奠定了坚实的基础。二是受宏观经济影响,经济增长速度放缓,使得农产品需求增长和价格提高。

(四)增速大幅波动阶段(2004~2011年)

改革经过上一时期调整之后,成效有所显现,这一阶段第一产业总值增速较上一阶段明显回升,但是波动较大,增速不稳定。第一产业总值由20904.3亿元增至44781.5亿元,7年间生产总值翻了一番,年均增速达到11.5%,较上一阶段显著提升,但是尚未达到前两个阶段水平。这一时期农业经济发展主要特点为生产总值持续增长,增速较上一时期总体明显回升,但是波动较大,波幅最大达到17.3%。此阶段农业经济增长加速的原因主

---

[1] 黄季焜.四十年中国农业发展改革和未来政策选择[J].农业技术经济,2018(03):4-15.

要有:一是政策红利逐渐释放和制度改革驱动。中央加大了解决"三农"问题的力度,2004~2011年先后发布八个中央一号文件,推动农业和农村快速发展,实现了农业结构稳步调整,使农村经济得到稳步发展。"三补贴、两减免"政策,不仅可以激发农民种粮的积极性,而且可以直接增加农民收入,减轻了农民的负担,提高了政策性收入。2006年废除农业税,同时逐步增加农业补贴。2006~2011年农资补贴增长了近10倍,良种补贴和农机购置补贴增速明显,农业支持政策对农业经济增长起到了显著的推动作用。但是这一时期生产成本也大幅上升,在一定程度上抵消了农业补贴的部分作用效果。二是以粮食为主的农产品产量逐渐增长,全国粮食总产量从2003年跌入谷底后开始回升,连续8年增产,在2011年达到了57121万吨。三是农产品价格持续回升,农产品生产者价格指数除2009年(97.6%)较上年略有下降外,其他年份均逐年上升。

(五)增速波动减弱阶段(2012~2017年)

2012~2017年,第一产业总值稳步增长,但是增长相对乏力,增速大幅下滑,第一产业生产总值由49084.6亿元增至62099.5亿元,年均增速仅为4.8%,略高于第三阶段,远低于其他阶段。此阶段农业经济增速逐步下滑的原因主要有:一是"三高"(高成本、高补贴、高价格)问题凸显。自2004年我国实施最低收购价格和临时收储制度以来,我国农业得到了长足的发展,取得了丰硕的成绩,但是同时也积累了许多矛盾,导致农产品市场扭曲,市场不能有效发挥作用。"三高"问题的背后隐藏着更深层次的矛盾,即资源配置错位和资源环境压力趋紧。从2008年到2015年,受利益驱动,我国玉米种植面积不断扩大,从而豆类种植面积不断缩小,导致农产品供需结构失衡。同时,农业增长导致农业生态资源环境亮起"红灯",比如地下水超采,农药、化肥利用率不高(分别为40%、35%),耕地重金属污染,等等。二是农民收入增长乏力,农户种粮积极性不高。经济下行压力增加,小规模经营、成本推动、农产品有效供给不足等导致农业竞争力不强,种粮比较收益低,农户种粮积极性降低,诸多方面原因造成2012年以来我国粮食产量增速整体呈现下滑趋势。三是三大要素(人、地、钱)供给与农业高质量发展需求不匹配。舒尔茨认为,土地本身并不是使人贫困的主要因素,而人的能力和素质却是决定贫富的关键。① 近年来,我国新型经营主体培育成效明显,但是新型职业农民短缺问题依然突出。随着青壮年劳动力流出,农民平均年龄偏高,文化程度偏低,劳动力主要以妇女为主。目前,我国农民的平均年龄在 50 岁以上,接受初中及以下教育的约占 80%,农村妇女约占劳动力的 60%。土地要素是农业发展的源泉,是农民的"命根子"。盘活土地要素资源是降低农业生产成本、提升农业竞争力的关键。近年来,随着"三权"分置制度逐步完善,土地流转有序推进。但是目前我国农业仍然以散户分散经营为主导,不利于农业现代化水平的提高。随着城镇化的推进,非农化用地现象日趋严重,导致耕地面积逐渐减少,增加了保障国家粮食安全的不确定风险,也导致农业新业态、新产业发展面临用地困难。金融支持不足也是制约农业高质量发展的因素之一。当前金融机构在我国农村地区的"抽水机"角色尚未转变,金融支持与农业发展地位不相称,导致农业发展投入不足。

二、改革开放以来中国粮食产量变动的历史阶段

农业作为国民经济的基础,对国民经济发展起重要的支撑作用,其发展问题直接关乎社会的长期稳定。然而农业的发展又离不开粮食生产,粮食是国民生存之本,在农业中占主导地位,粮食生产的稳定性及安全性关系到国民的生活质量。粮食安全问题历来备受各国政府高度重视,充裕的粮食产量是一个国家粮食安全的基础。粮食产量的大幅波动必然会给粮食安全带来较大的隐患,导致国民经济的波动。对我国粮食产量变化趋势进行分析,能够总结我国农业发展的成果,把握粮食产量变化阶段性特征,为构建粮食高质量稳定增长的长效机制提供有益的启示。

由图 5-2 可以直观看出,改革开放 40 年来我国粮食产量整体呈现稳步增长趋势,但是还具有明显波动性。总体来看,波动频率和波动幅度均呈现收敛趋势,这也表明我国粮食产量稳定性增强,切实有效地保障了国家粮食安全。2004 年之前,我国粮食产量波动比较明显,并且每隔两三年就会出现负增长,1999~2001 年连续三年出现负增长。2004 年中央一号文件将

---

① 舒尔茨.论人力资本投资[M].北京:北京经济学院出版社,1990.

"三农"重新锁定为关键词,确定了全党工作的重心,这也是18年来中央一号文件对"三农"问题的再次定位,拉开了新时期重农、强农、惠农的序幕。从2004年到2022年,党中央先后发布了19次以"三农"为主题的一号文件,这充分表明党中央对"三农"问题的高度重视。随着政策向农业倾斜,为农业发展提供了前所未有的发展机遇和空间,粮食产量稳步提高,2003~2014年连续12年增加,增速较为稳定,波动频率和幅度明显减小。

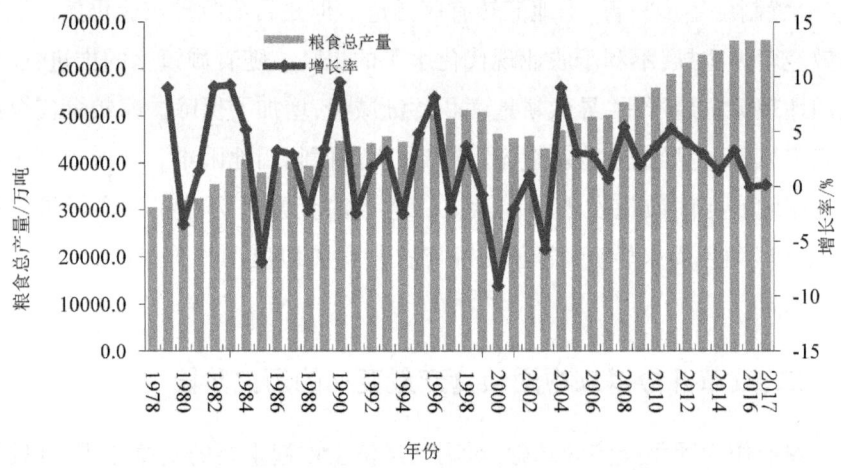

图5-2 1978~2017年中国粮食产量及其增长率阶段性变化趋势

1978年以来,我国粮食产量变化存在明显波动,并且波动呈现出一定的阶段性特征。考察波动的周期可以从波峰到波峰,也可以从波谷到波谷,或者按波动过程中相邻的两个相同状态的时期间隔来衡量,不过一般利用前两种方法更容易把握。本节利用"峰-峰"法对我国粮食产量波动状况进行分析。1978~2017年这一时期,我国农户家庭经营收入共出现5次周期性波动,其中第5个波动周期仍在继续。因此,具体可将粮食产量变化划分为五个时间段:第一阶段,1978~1983年;第二阶段,1984~1990年;第三阶段,1991~1996年;第四阶段,1997~2004年;第五阶段,2005年以来(见图5-2)。

(一)要素驱动阶段(1978~1983年)

这一时期是我国农村、农业改革的探索阶段,也是突破阶段。我国粮食总产量总体快速增加,由30476.5万吨增至38727.5万吨,年均增速约为5%。1978年底安徽省凤阳县小岗村率先实行"大包干",调动了村民生产积极性,提高了土地利用效率和效益,随后"包产到户"和"包干到户"等经营制度在全国普遍得到推广。农户成为农业生产经营的主体,深化了农村基本生产单位的预算约束和激励机制,提高了农业生产内在动力,使我国的粮食产量实现了超常规增长。这一阶段粮食生产除了制度创新驱动,主要还归因于要素驱动。这一时期农户生产积极性被充分调动起来,劳动生产率大幅提升,对农业的投资也显著增加,化肥施用量由884万吨增至1659.8万吨,翻了将近一番,年均增速约为13%;机械总动力从11749.9万千瓦增加至18022.1万千瓦,年均增速约为9%。因为农业具有弱质性,受自然条件影响较大,1980年我国受灾面积大幅增加,达到5000万公顷,成灾面积占比达到59.5%,达到十年来最高水平,同时耕地灌溉面积也出现负增长,导致当年粮食产量负增长。

(二)政策和制度创新驱动阶段(1984~1990年)

这一阶段粮食总产量由40730.5万吨增至44624.3万吨,年均增速约为1.5%,较上一阶段明显降低,但是大多年份仍保持正向增长。1984年,家庭联产承包责任制在全国普遍推广,普及率达到99%以上,同年国家将土地承包期规定为15年以上,家庭联产承包责任制成为我国一项最基本的生产经营制度。1984年农业产出按照生产函数估算,有近一半(46.89%)来自农业经济体制改革,化肥贡献率为近三分之一(32.2%)[①],我国迎来了农业增长的"黄金时期"。然而,1985年我国粮食产量大幅下滑,增速为-6.92%,主要原因可能为:一是耕地灌溉面积连续两年(1985年、1986年)出现负增长,其中1985年下滑幅度最大,达到空前最低点。二是农业结构优化调整,种植业比重逐渐下降。国家鼓励农户多元化生产经营,促进农林牧渔全面发展,满足市场多元化需求,粮食种植面积减少,由1984年的1.13亿公顷减少至1985年的1.09亿公顷,减少约3.5%。两方面主要原因共同作用导致当年粮食产量下滑幅度较大。随后年份开始反弹,粮食产量增速有所回升,到1990年达到空前最高点,为9.49%。这一时期粮食产量保持较高增长速度,主要原因为政策和制度创新驱动——1985年,国家改革农产品统购制度,实现"双轨制",提高了农户种粮和交售粮食的积极性。然而,这一时期在

---

① 宋洪远.中国农村改革三十年[M].北京:中国农业出版社,2008.

改革过程中也出现不协调的现象,比如农产品价格放开以后导致价格波动较大,引起农户和消费者不安,形成不良预期,农民的生产积极性降低,导致粮食产量波动较大。

(三)市场化驱动阶段(1991~1996年)

这一阶段我国粮食产量逐渐增加,由43529.3万吨增至50453.5万吨,粮食产量增速也大幅上升,由-2.45%增至8.13%,年均增速约为3%,较上一阶段有所增加。在经过前两个阶段农业发展和政策改革之后,我国经济体制主要由计划经济转向市场经济,为后期农业增长奠定了良好的物质基础,并形成了良好的制度、体制环境。1978~1990年,我国粮食供给能力显著提高,粮食消费量也快速增长,在供给和需求双轮驱动下,农业经济动力增强,农业生产要素效率提高,使市场在农产品产销环节开始发挥主要作用,促进了农业生产增速加快。经过这一阶段改革,我国农产品逐渐形成由市场机制配置农业资源和农产品,农产品供给由长期短缺转向供求基本平衡,但是受市场约束越来越强,农业同国民经济其他产业的关联性日益增强。

(四)多重因素叠加阶段(1997~2004年)

这一阶段粮食总产量波动幅度较大,1998年我国粮食总产量达到51229.5万吨,达到历史新高,但是随后几年在波动中下滑,多年出现负增长,其中2000年较上年下滑9.09个百分点。这一时期粮食产量变化最明显的特点就是大起大落,2000年增速跌至谷底以后又大幅度反弹,虽然个别年份有小幅波动。2004年,粮食产量虽然大幅回升至46947万吨,但仍未达到本阶段初的水平。

该时期粮食产量出现大起大落的原因主要有:一是受市场波动影响。1995年以来我国粮食多年丰收,加之进口量大幅增加,导致粮食供给量大于需求量,出现结构性过剩,随后又出现多年连续减产,在某种程度上也是对前期超常增长的合理回归。二是粮食价格持续低迷。1997~2003年,我国粮食价格持续下跌,粮食产量和价格双下跌,不利于农户形成稳定的预期,影响农户农业生产决策。三是旧的政策红利逐渐消失,新的政策红利开始显现。前几个阶段政策和制度创新滞后效应弱化,1992年以后我国改革重心逐渐由农村转移到城市,中央一号文件不再把重点放在农业问题上,但是2004年又重新关注"三农"问题,提出要集中力量支持粮食主产区,重点发展粮食产业,充分利用市场机制,搞活农产品流通。四是农业具有天然弱质性。1997年以来我国受灾面积居高不下,其中2000年达到最高,为5469万公顷,成灾面积和成灾率均达到历史新高,分别为3437万公顷和62.8%,随后均有所下降,尤其是成灾面积大幅下降。

(五)"量质效"并进阶段(2005年以来)

2005年至今,中央一号文件持续关注"三农"问题,为我国农业的发展提供前所未有的政策机遇(具体见表5-1)。同时,财政不断加大惠农支持力度。2005~2015年,我国粮食产量实现"十连增",成为我国乃至世界粮食史上的一个奇迹。这一阶段,我国粮食产量由48402.2万吨增至66060.3万吨,年均增速约为3.2%。这一阶段粮食产量增速波动幅度较小,相对较为稳定,粮食产量稳中有升。在一系列政策支持下,我国粮食生产水平迈上新台阶,农业结构和经济作物区域布局进一步优化,农业适度规模经营稳步推进,新型经营主体不断涌现,农业科技推广体系不断健全,农业生产效率和效益稳步提高,粮食生产实现"量质效"同步提高。

表5-1 2005~2022年中央一号文件聚焦"三农"

年份	要点	年份	要点
2005	提高农业综合生产能力	2014	深化改革,加快推进农业现代化
2006	强化新农村建设产业支撑	2015	加大改革创新力度,加快农业现代化建设
2007	积极发展现代农业	2016	提高农业质量效益和竞争力
2008	切实加强农业基础设施建设	2017	推进农业供给侧结构性改革
2009	大幅增加农业补贴	2018	全面部署实施乡村振兴战略
2010	完善农业补贴制度	2019	坚持农业农村优先发展
2011	加快水利改革	2020	抓好"三农"领域重点工作,确保如期实现全面小康
2012	加快农业科技创新	2021	全面推进乡村振兴,加快农业农村现代化
2013	加快发展现代农业	2022	全面推进乡村振兴重点工作

随着我国农业综合生产能力的不断提高,粮食产量逐年增加。但是,由于人口增长和人民生活水平的提高,我国粮食供给长期处于紧平衡状态。因此,粮食安全问题一直是我国乃至国际社会关注的焦点之一。但

是随着社会经济发展，人民生活质量提升，粮食安全的内涵也日益丰富，进入新时代形成了新的粮食安全观，由吃得饱向吃得好转变。与此同时，各国应积极参与到全球粮食治理中来，构建粮食安全治理体系，为全球粮食安全提供一个有利的大环境。但是，随着城镇化步伐加快，我国粮食生产受耕地、淡水资源的约束趋紧，连续增产的难度逐渐增大，增长的空间受限，因此，在新时代推进农业高质量发展显得尤为迫切和必要。要平衡市场和政府之间的关系，明确市场决定性作用，实现粮食产量稳定、藏粮于地、藏粮于技。

三、改革开放以来中国农业发展政策演变

农业政策是落实农业发展战略目标的压舱石，是农业资源配置的调节器，是调动农业经营主体积极性的指挥棒。小岗村"大包干"掀起了我国农业经营体制改革的浪潮，随后家庭联产承包责任制在全国普遍推广，农业生产力极大地释放出来，农业生产率大幅提高，粮食产量稳步增加。随着国家农业政策体系的不断构建和完善，我国农业取得了长足的发展，粮食产量逐渐由供给不足到紧平衡，农业结构也不断优化升级，农业发展质量也有了显著提升。但是，不同时期条件和环境发生变化时，我国农业发展面临的问题也不同，农业发展目标随之调整，具体农业政策也必须随之改变。与农业政策目标相匹配，构建相应的反馈机制，动态优化调整以适应不同时期农业发展需要，从供给侧进行改革，为有效保障农业高质量发展提供政策精准支持，为实现农业高质量发展指明方向。回顾改革开放40多年的发展历程，农业支持保护政策的发展始终与深化改革的实践紧密结合，这是我们党有关"三农"指导思想不断发展的生动写照（详见表5-2）。

表 5-2　改革开放以来不同时期我国农业政策指导思想

时期	指导思想
1978~1991 年	放活农村经营制度,调动农民生产积极性,改革流通体制
1992~1998 年	全面深化农业农村市场化改革,完善宏观调控制度体系
1999~2012 年	统筹城乡发展,调整工农、城乡关系
2013 年以来	以习近平总书记关于做好"三农"工作的重要论述为指引,农业支持保护的理念和内涵得到进一步丰富和发展

(一)改革破冰起航阶段(1978~1991 年)

1.农业经营制度变革

改革开放初期,短短几年间家庭联产承包责任制由试行已经普及到全国广大农村地区,也意味着人民公社制度的解体。家庭联产承包责任制的确立成为我国改革初期的核心内容,也是我国农业改革的突破。党的十一届三中全会以后,家庭联产承包责任制在部分地区试点推行,1981 年已经由 90%以上的生产队建立农业生产责任制。1982 年,中央一号文件明确提出包产到户、包干到户是社会主义集体经济的生产责任制。1983 年底,家庭联产承包责任制在全国范围内得到实施。1984 年,中央一号文件提出将土地承包期规定为 15 年以上。这样,家庭联产承包责任制被确立为中国农村一项最基本的生产经营制度,也标志着我国农村微观经济组织基础发生了本质改变。农业经营制度由改革前的所有权和经营权"两权"合一开始向"两权"分离家庭联产承包责任制转型。如果以生产函数进行估计,改革开放初期我国农业经营制度改革对农业的贡献达到 42.2%,由此可以看出,农业经营制度的变革对农业的发展和粮食生产起到了巨大的推动作用。

2.农产品流通制度变革

改革开放之前,我国粮食虽然也稳步增长,但是粮食供给仍然相对短缺,粮食流通主要采取统购统销模式。改革开放初期,统购统销制度不再适应市场需求,我国大幅提高粮食统购价格,并实现超购加价 50%的惠农政策,逐步减少统购的农产品数量和种类。1979~1984 年,我国统购的农产品种类由 180 种减少至 38 种,并实行议购议销模式,我国农产品交易逐渐由计划经济向市场经济过渡。1984 年,我国粮食由统购转变为合同订购,这也是粮食流通体制的一项重大变革。1985年,粮棉油等农副产品统购统销制度逐渐转变为以计划为主、以市场调节为辅的制度;同年,放松了对粮食流通的管控,实行"订购价+市场价"双轨制,粮食价格大幅提高。到1991年,除了棉花、烟草等部分农副产品,其他农副产品均实现市场购销模式,全国农副产品收购总额中由市场调节价格的比例高达81.8%[①]。农民成为市场交易的主体,维护了农民的切身利益。随着农产品流通体制的不断发展和完善,农产品价格稳步提高,价格与预期价值的差距逐步缩小,相对地缩小了我国工农产品"剪刀差",矫正了计划经济体制下的农业政策。1978~1990年,我国工农业产品"剪刀差"幅度由54.5%缩小为25.2%[②]。农产品价格"双轨制"是我国农产品流通制度改革的有益探索,也是价格政策到市场化过程的一个过渡政策,在本时期推动了我国农业的发展,并完善了农产品价格体系,为后期农业市场化改革积累了宝贵的经验。

3.财政支农政策变革

党的十一届三中全会的召开确立了我国农业基础地位,要集中力量发展农业。在改革开放初期,我国农业基础设施相对落后,严重制约了我国农业的发展。1980年开始,我国财政实行地方包干,尤其是农业基础设施建设包干于地方,国家单一的农业投资体制发生转变。国家允许乡镇企业税前列支1%用于支农,当时乡镇企业成为农业基础设施建设的骨干力量。随着国家、集体、农户多元农业投资主体新格局的形成,国家财政用于农业生产和基础设施建设方面的支出反而呈缩减趋势,1980~1987年,我国农业基础设施建设投资占基建投资总额的比重由11%下降至5.3%,1988年跌到谷底(2.9%)。1989年以来,财政支农投入有所增加,并建立了农业发展基金,但是农业生产资料投入依然不足,农业资金的匮乏加剧了农业的脆弱性。具体见表5-3。

---

① 曾欣龙,圣海忠,姜元,等.中国农产品流通体制改革六十年回顾与展望[J].江西农业大学学报(社会科学版),2011,10(01):127-132.

② 李岩,孙宝玉.我国农业政策演变及对农业经济的影响[J].农业经济,2012(05):22-23.

表 5-3 1978~1991 年财政支农政策梳理

年份	政策内容	文件名称
1979	夏粮上市起粮食统购价格提高20%,超购部分要在这个基础上再加价50%	党的十一届四中全会通过的《中共中央关于加快农业发展若干问题的决定》
1983	从14个方面分析了当前农村经济政策中的问题	中共中央《当前农村经济政策的若干问题》
1986	适当增加对农业基础设施建设和农业事业费的投资;国家将从征收的企业所得税、工商税等的增长部分中,拿出相当一部分来扶持农业的发展	中央一号文件
1988	根据我国农业和国民经济发展的需要,必须增加农业的资金投入。为了确保农业资金有一个稳定的来源,从1989年起,逐步建立农业发展基金,由各级财政纳入预算,列收列支,专款专用	《国务院关于建立农业发展基金增加农业资金投入的通知》

(二)改革迈向市场化阶段(1992~1998年)

1.农业经营制度变革

根据 Alchian 产权理论,"在产权明晰和稳定的条件下,市场交易行为才会自动产生"。地权的稳定有利于农户长期追加投资,提高耕地利用效率和效益,也有利于促进土地流转,确保转出农户切实利益,实现市场化交易,实现资源向更高效率部门或方向流动。1993 年,中共中央、国务院印发了《关于当前农业和农村经济发展的若干政策措施》,明确提出在第一轮 15 年的承包期满后,土地承包期将再延长 30 年,并明确提出在承包期内提倡"增人不增地,减人不减地"的办法。1997 年,中共中央办公厅、国务院办公厅印发《关于进一步稳定和完善农村土地承包关系的通知》,指出土地承包"大稳定,小调整"是以稳定为先决条件的,给承包土地的农户吃了定心丸,保持了农村土地制度的稳定。在这一时期我国农业实现了由短缺向供求基本平衡、丰年有余的历史性转变,为我国农业发展进入新的历史阶段奠定了坚实的基础。

2.农产品流通制度变革

1992 年,邓小平同志南方谈话后,农业改革向市场经济体制转轨,初步构建农产品市场体系。在此期间,国家实施了购销同价和"保量放价"政策,废除粮食统购制度,进行市场化改革,但是成效甚微。1997年,推行粮食收购价保护政策,加强对粮食市场的宏观调控。粮食收购价格保护政策的实施,使农民种粮积极性被充分调动,我国粮食产量稳步回升。但是,粮食产量增加仅是数量上的增长,粮食的品质整体上并没有显著提高。随后国家对粮食收购价保护政策进行动态调整,对粮食品种进行选择性的保护,鼓励农民优化种粮结构,增加粮食有效供给,推动了农业向更高质量的发展。

3.财政支农政策变革

随着农业经济的持续发展,资源浪费、水土流失、生态环境恶化等问题日益突出。为了改善农业生产环境,国家开始加大对农业基础设施的投入,大幅增加农业投资,坚持"多予少取"的支农政策,减轻农民负担。1989年我国建立农业发展基金以后,在全国范围内开展农业综合开发。90年代初以来,随着我国财政支农政策体系的不断完善,财政支农力度逐渐加大。1998年,财政部发行特别建设国债,加强农业基础设施的建设。

(三)改革纵深推进阶段(1999~2012年)

1.农业经营制度变革

1999年开始,我国农业改革稳步推进,针对本时期农业发展面临的深层次问题,农业政策也相应调整,并不断完善,主要以保护农业生产和促进农民增收为核心内容。1998年修订的《中华人民共和国土地管理法》明确指出农户承包耕地期限为30年,1999年修正的《中华人民共和国宪法》规定:我国农村集体经济组织的基本经营制度是"家庭承包经营为基础,统分结合的双层经营体制"。2007年出台的《中华人民共和国物权法》对农村集体土地承包经营权进行了界定,明确了农村集体土地承包经营权是一种益物权,受到法律保护,不容侵犯,并规定30年承包期满后,土地经营权人可以按照国家有关规定继续承包。2008年,党的十七届三中全会审议通过的《中共中央关于推进农村改革发展若干重大问题的决定》指出,赋予农民更加充分而有保障的土地承包经营权,现有土地承包关系要保持稳定并长久不变。2009年,我国农村开展土地承包经营权确权登记颁证试点工作。这一系列举措有效保障了土地承包关系的稳固,保障了农户土地承包经营的合法权益,有利于促进土地流转,实现农业规模化经营。

2.农产品流通体制变革

这一时期农产品流通体制改革主要体现在两个方面:一方面是粮食流通体制深化,采取粮食保护价收购政策,实行政策性和市场化运营分开的差异化的购销模式,逐步建立粮食价格体系。从2004年起,国家粮食收购和销售市场全面放开,并对不利于粮食自由流通的政策法规进行清理和调整,推动国有粮食企业改革,使其转变为以市场为主体,自负盈亏,实现资源有效配置。这项改革标志着我国农产品流通体制改革最后一道防线被打破,农产品市场改革宣告结束。另一方面是推动建立现代化农产品流通网络。2004年,国务院办公厅发布《关于进一步做好农村商品流通工作的意见》,明确指出要推动农产品生产资料、消费、流通等市场不断完善,为我国农产品流通网络的构建指明了方向,也提供了政策支持。2005年,我国实施"万村千乡市场工程",促进了农产品流通网络体系的优化。随着农产品流通体系构建实践过程中的不断探索,培育了诸如"公司+农户""专业合作社+农户""农超对接"等新型流通主体,在农产品流通过程中发挥着关键性作用,有效将农户和市场进行连接,通过建立双向反馈机制,及时将市场需求和农户诉求结合起来,以市场为导向,不断优化农业结构,为消费者提供高品质、足量的农产品,提升农业竞争力和效益,促进农民增收。

3.财政支农政策变革

(1)免征农业税

20世纪90年代开始,我国逐渐减轻农民负担,尝试对农村税费进行改革。这项改革于2000年在安徽省启动,其他省份选取部分市(县)为试点。2001年,江苏省全省被作为改革试点,并取得了明显成效。随后在全国大范围内开展试点。2004年,农业特产税首次被废除,吉林和黑龙江两省可以免征农业税。2006年开始在全国范围内取消农业税,这标志着我国延续了2600多年的"皇粮国税"时代的终结。

(2)对农民进行补贴

受发展阶段的制约,改革开放之前虽然也有零星的农业生产资料价格补贴等政策,但是相比之下农业补贴基本处于空白状态,改革开放以后国家对农业支持力度逐渐加大。2002年,我国尝试对东北地区大豆实施良种补贴。2004年,对种粮农民直接补贴进行试点。2004年,我国粮食收购市场全面放开,中央一号文件提出三大补贴政策,即对种粮农民直接补贴、良种补贴和农机具购置补贴,2006年增加农资综合补贴。2009年中央一号文件明确指出,要加大对农民直接补贴力度,同时提高补贴标准。2004~2011年,四项补贴由145亿元增至1406亿元,直接补贴制度在我国农业政策体系中的地位日益凸显,对推动农业发展起到重要的作用。2004~2012年,我国粮食产量实现"八连增",2012年我国粮食产量达到61222.6万吨,创历史新高。直接补贴还有利于推广农业科技、完善农业基础设施及改善农业生产、生态环境,在推动农业高质量发展方面发挥积极作用。

(3)支农力度逐渐增大

2003年,《中共中央关于完善社会主义市场经济体制若干问题的决定》指出,加强对农业的支持保护,加大各级财政对农业和农村的投资力度,加强粮食综合生产能力建设。2004年,我国提出"工业反哺农业",加大了财政支农的力度。2001~2009年,我国财政支农总额由1456.73亿元增至2900.87亿元,翻了一番,年均增速约为9%,其中2004年增速最快,达到33.24%。我国加入WTO以后,农产品市场逐步走向国际化。为了增强我国农产品国际竞争力,降低国际农产品对我国农业的影响,我国越来越重视以财政支持的方式推动农业的发展。

(4)将农村基础设施建设和社会事业纳入财政预算

农村基础设施不仅是农村经济社会发展的重要物质基础,也对农业的发展起到了一定的推动和支撑作用。比如农村地区道路、电力、通信网络等方面的建设,为农业的发展提供了保障。近些年来,财政投入成为我国新农村建设的重要资金来源。在此期间,国家大力推进城乡统筹发展,把农村义务教育纳入财政保障范围,并逐步建立新型农村合作医疗制度和养老保险制度,促进了农村社会公益事业的健康有序发展。

(四)习近平关于"三农"问题的新论断、新观点阶段(2013年以来)

党的十八大召开后,国内外经济形势错综复杂,经济发展面临的不确定因素增多,党中央、国务院将解决好"三农"问题作为全党工作的重中之重,制定了涉及农村经济、社会、文化、生态、民生等诸多方面的"三农"政策,调整农业发展方式,优化农业补贴政策体系,构建新形势下国家粮食安全新战略,以供给侧结构性改革为主线、农村产业融合发展为抓手,推动农业高质量发展,实现乡村全面振兴。党的十八大以来,习近平总书记在"三农"问题上作了一系列重要论述,形成了一系列新论断、新观点。

1. 农业经营制度变革

2013年中央一号文件提出要抓紧研究现有土地承包关系保持稳定并长久不变的具体实现形式,完善相关法律制度。土地承包经营权确权登记颁证工作要用五年时间基本完成。从2014年起,我国开启了新一轮土地制度改革,在全国33个地区进行试点改革。党的十九大报告提出要"巩固和完善农村基本经营制度,深化农村土地制度改革,完善承包地'三权'分置制度。保持土地承包关系稳定并长久不变,第二轮土地承包到期后再延长三十年"。2017年,《中华人民共和国农村土地承包法修正案(草案)》明确规定了"三权"分置、土地承包关系、土地经营入股等问题。从改革开放初期的"两权"合一到目前的"三权"分置,权力中心由经营权开始转向承包权①,切实保障了农户的财产收益,有利于农村产权要素流动,促进农地由分散向规模集聚。2017年和2018年是农村土地制度改革最关键的两年,2018年我国要彻底完成农村土地确权工作,要基本完成农村土地征收、集体经营性建设用地入市以及农村宅基地制度改革试点工作。

2. 农产品流通体制变革

价格形成机制是市场机制的核心,它直接决定着农民的生产积极性和农产品的稳定供给。近年来,粮食收购价格政策又一次向市场化方向转变,粮价主要由市场决定,实行"价补分离"。国家积极推动农产品价格形成机制改革,健全粮食等重要农产品收储制度,在稳定稻谷、小麦最低收购价政策的基础上,开展玉米收储"市场化收购+补贴"的改革,开启了棉花、大豆目标价格补贴试点,2017年还把大豆目标价格政策调整为"市场化收购+补贴"新机制。市场对资源配置决定性作用日益凸显。通过价格回归市场,能有效调节供求关系,激发市场活力,也让市场在结构调整中更好地起到导向作用。目前,在我国农业供给侧结构性改革的大背景下,作为其核心的价格形成机制改革是保障供应和优化的关键环节。2018年,我国小麦最低收购

---

① 郭海红,张在旭.改革开放四十年中国农业改革与农业动能[J].经济体制改革,2018(05):18-25.

价格首次小幅下调,稻谷最低收购价较大幅度下调,政策调控效果也逐步显现,小麦、早稻和稻谷播种面积分别减少0.9%、6.8%和1.8%;在保持玉米最低收购价政策框架的前提下,增强了政策弹性和灵活性,合理确定最低收购价水平。这一系列举措在一定程度上减轻了我国的资源环境压力,促进了经济结构调整,同时也有利于粮食库存消化。

粮食价格改革以来,我国粮食产量分化趋势比较显著,取得了明显的成效,稻谷和小麦的播种面积稳中略降,产量比较稳定,保障了口粮的绝对安全。2015~2018年玉米产量明显下降,大豆产量逐年增加,符合推进"粮改饲"和粮豆轮作的结构调整方向。2017年,我国稻谷和小麦种植面积分别为3075万公顷和2448万公顷,较2015年均有所下降,然而产量稳中有升,分别由21214.2万吨和13255.5万吨增至21267.6万吨和13424.1万吨。豆类播种面积总体呈上升趋势,由2013年的889万公顷增至2017年的1005万公顷,产量由1542.4万吨增至1841.6万吨。然而玉米播种面积2015~2020年逐年下滑,2017年降至4240万公顷,较2015年的4497万公顷减少了257万公顷。同期玉米产量也有所下降,由26499.2万吨降为25907.1万吨,但比2014年水平(24976.4万吨)要高。2021年,全国大豆产量约1640万吨,下降16.4%;稻谷产量约21284万吨,增幅0.5%;小麦产量约13694万吨,增长2.0%;玉米产量约27255万吨,增长4.6%。由此可以看出,在保障口粮安全的前提下,我国粮食结构逐渐在优化。然而,改革导致种粮农户承担的市场风险越来越大,粮食滞销或价格下跌将导致农民农业收入下降。如果补贴不到位,农民将承受较大损失。

3. 实施精准扶贫方略

计划经济体制下,我国构建了以"五保"制度和特困群体救济为主要内容的社会保障体系,农村贫困人口有所减少,但是按当年农村贫困标准衡量,1978年农村居民贫困发生率为97.5%,农村贫困人口规模7.7亿人。1984年,在全国范围内划定了18个贫困片区进行重点扶持,并开展了"以工代赈"贫困地区基础设施建设,在一定程度上缓解了农村贫困。1986年,国务院成立扶贫开发领导小组,同年开始实施贫困县制度,这标志着我国的扶贫思路由"人口瞄准"开始转向"区域瞄准"。1994年,国务院颁布了《国家八七扶贫攻坚计划》,提出要用7年左右时间基本解决我国农村8000万贫困人口的温饱问题,这是我国第一个有明确目标、明确对象、明确措施和明确期限的扶贫开发行动纲领。全面建成小康社会,最艰巨、最繁重的任务在农村,尤其是贫困地区。2013年,习近平总书记首次提出"精准扶贫"。2014年,国务院扶贫开发领导小组办公室公布了《建立精准扶贫工作机制实施方案》,对扶贫对象实施精确识别、精确帮扶、精确管理和精准考核。"精准扶贫"被提出以来,"精准扶贫、精准脱贫"思想为打赢脱贫攻坚战提供了重要理论指引和思想指南,我国脱贫工作取得了显著成效,提高了扶贫精准性、有效性和持续性。党的十八大以来我国脱贫攻坚战取得决定性进展,6000多万贫困人口稳定脱贫。2018年,全国贫困人口为1660万人,比2012年(9899万人)累计减少了8239万人,贫困发生率从10.2%下降至1.7%。2021年2月,我国脱贫攻坚战取得了全面胜利,现行标准下的9899万农村贫困人口全部脱贫,832个贫困县全部摘帽,12.8万个贫困村全部出列,区域性整体贫困得到解决,完成了消除绝对贫困的艰巨任务。

4. 实施乡村振兴战略

乡村振兴战略的提出,是农业农村发展理论和实践上的又一重大飞跃,为乡村的发展带来了前所未有的机遇。在粮食价格"天花板"和成本"地板"双重挤压下,我国农业增效、农民增收、粮食增产"三增"问题日益突出。2017年10月18日,党的十九大报告审时度势地提出要"实施乡村振兴战略"。乡村振兴战略的提出契合了时代发展的要求和我国社会主要矛盾的变化,为新时代乡村发展指明了方向,同时也为推进农村地区经济社会发展注入强大动力。2018年中央一号文件对实施乡村振兴战略作出全面部署,为新时代推动乡村振兴提供顶层设计。乡村振兴依托主体应该是农民,要充分发挥农民的主观能动性,增强农民自身的责任感和使命感。乡村振兴的产业基础是农业,根本路径是要促进城乡要素双向流动,以产业有机融合为抓手,提升农业产业竞争力,充分激活农业和农村活力。2022年中央一号文件又指出:"接续全面推进乡村振兴,确保农业稳产增产、农民稳步增收、农村稳定安宁。"由此可以看出,近年来乡村振兴成为国家政策关注的焦点和重点问题之一,乡村振兴战略的提出也为农业高质量发展提供了前所未有的发展机遇和政策支持。

第六章 中国农业高质量发展的现实考量

一、中国农业高质量发展的内在需求

(一)市场经济制度与农业高质量发展

将市场经济融入农业生产的各个环节,如生产、经营、流通环节,引导农业生产向符合市场要求的方向发展,通过市场机制配置资源,建立良好的供需关系是市场经济发展的必然要求。[1] 为了满足消费者多元化、高品质需求,农业高质量发展必须从供给侧进行改革。农业高质量发展最终目标是满足人民日益增长的美好生活需要,破解当前优质农产品供给不充足及农产品供给结构失衡方面的矛盾,构建新的市场供需均衡机制,确保农产品有效供给。

改革开放以来,内在需求增强和外在制度变迁的叠加,推动了我国农产品流通体制的变革。目前我国已经建立多元化的农产品流通体系,农产品供求及价格逐渐由市场调节,农户不仅成为改革的原动力,还是市场经济制度改革的参与者和受益者。建立健全农产品流通市场、土地流转市场及各种生产要素流通市场,实现农产品和生产要素的自由流动,充分发挥市场机制的决定性作用,是完善农村市场经济体系的内在要求,也是推动农业高质量发展的外生动力。

---

[1] 曾博,李江.农村土地流转市场的现实考量与制度构建[J].江西社会科学,2017,37(12):81-87.

(二)现代农业生产与农业高质量发展

当前,我国粮食供给已由短缺转向紧平衡状态。过去只追求粮食生产环节,注重高投入、高消耗、高产出,但粗放式经营方式已经不能适应目前我国农业发展要求。农业高质量发展是关系到我国现代化建设的重要战略问题。现代农业制度要求建立以市场经济为导向的农业生产要素投入机制,将现代农业制度与农业规模经济相结合,实现农业资源的最优化配置。加快建设现代农业,能够助力农业高质量发展。现代农业的发展离不开农业高质量发展,推动农业高质量发展能够加速农业现代化进程,为实现农业现代化提供必要条件。

(三)乡村全面振兴与农业高质量发展

实施乡村振兴战略,是中央着眼于"两个一百年"奋斗目标作出的重要战略安排,是新时代做好"三农"工作的总抓手。目前,我国正处在向第二个百年奋斗目标迈进时期,依旧面临一些严峻的考验。2021年,根据人口普查公报,我国有约5亿的农村人口,农民人均可支配收入为1.89万元,比上年增长9.7%,较城镇居民可支配收入低2.85万元,城乡收入比为2.5∶1。因此,要如期实现第二个百年奋斗目标,农业必须强起来,农民必须富起来,乡村必须美起来。农业产业兴旺是乡村振兴战略落地实施的关键,推动农业高质量发展能够吸引更多生产要素向农业农村流动,调动更广大生产经营主体的积极性,增强农业发展活力,助推乡村全面振兴。

1.农业高质量发展有助于推动农业变强

产业兴旺是乡村全面振兴的第一要务,产业兴旺的核心则是农业产业化。农业产业高质量发展把产业融合发展作为主线,借助乡村振兴战略发展机遇,打造"政策高地+投资洼地",引导更多资本、技术、人才等要素流向农业农村,推动生产要素在产业间、地区间、经营主体间优化配置,提高资源利用效率,促进农业生产力快速发展。着力培育新型农业经营主体,通过新型经营主体的拉动作用,逐渐改变农业弱质产业地位,提升农业附加值,构建现代农业产业体系,促进农业产业高质量发展,增强农业农村发展活力,为乡村全面振兴奠定坚实的物质基础。农业高质量发展倡导农业标准化、规模化、产业化的生产,以产业融合为抓手,以第二、第三产业带动农业的发展,拓宽或延伸产业链,完善农业价值链。通过产业链的横向拓展,重点培育休闲农业、景观农业、创意农业、会展农业、阳台农业等服务型农业新业态,深度挖掘农业资源潜力,调整农业结构,改善农业环境,增加农民收入。

2.农业高质量发展有助于改善农村生态环境

生态文明是乡村全面振兴的出发点和归宿。生态文明建设是关系人民福祉、关乎民族未来的长远大计。乡村是大树的根,城市是大树的枝叶,所有枝叶的能量最终都是要回归根的。农业高质量发展为乡村全面振兴奠定了良好的物质基础,丰富了农产品供给,确保国家粮食安全,是改变乡村面貌、生活环境和生产环境的原动力。要实现农业高质量发展,就要把生态文明建设当作抓手,打造生态宜居的新乡村,要加快形成产业特色鲜明、生态环境优美、设施配套完善、社会安定和谐、宜居宜业宜游的全域美丽乡村。

3.农业高质量发展有助于挖掘农民增收潜力

经济发展是乡村全面振兴及各方面协调发展的先决条件。经济基础决定上层建筑,农村地区农业是基础,自古就有"无农不稳、无工不富、无商不活"的说法。农业要发展,就需要第二、第三产业联合带动。把农村产业有机融合发展作为我国农村经济新的增长点,有助于推动产业升级,提升农业竞争力,促进农村地区经济发展,形成"地方财政收入增加→公共服务支出增加→公共基础设施(教育、医疗、交通、通信等方面)完善→吸引更多毕业生或优秀人才(人力资本积累)→为促进乡村经济发展奠定良好基础(优质劳动力、资金和科技等要素优化配置)"的良性循环,为推动农业经济高质量发展提供内生动力,有利于构建乡村可持续发展的内生增长机制。农业作为乡村全面振兴的主阵地,是农村经济发展的产业基础。农业高质量发展为农村经济发展提供内生动力,为实现乡村全面振兴奠定经济基础。农业高质量发展是一个循序渐进的过程,需要各部门、各环节之间的协调发展,需要各种生产要素相互匹配和协调。因此,可以采取梯度优先发展的思路,在条件允许(有一定产业基础)的地方先行实施,逐步带动周边地区经济发展,最终实现乡村经济、政治、文化、社会和生态文明"五位一体"全面发展,实现乡村全面振兴。

实施乡村振兴战略是新时代解决社会主要矛盾的迫切需要,是建设"强富美高"农村的重要支撑,农业高质量发展是实现农民富裕的必然路径。2018年,我国农民人均可支配收入仅为14617元,比城镇居民年人均可支配收入少24634元,绝对差距较上年略有增加,城乡居民收入比为2.69∶1。近年来,我国城乡居民收入比持续缩小,但依然达到2.34∶1。乡村全面振兴为农业、农村发展提供前所未有的发展机遇,农业高质量发展应该把握好新时代、新机遇,优化农业资源配置,提升农业竞争力和经济效益。截至2021年底,农业农村部名录管理的家庭农场超过390万个,全国依法登记注册的农民合作社超过220万家,农民合作社成员中普通农户占比为95.5%;全国市级以上农业产业化龙头企业带动近1400万农民实现稳定就业,各类农业产业化组织辐射带动1.27亿农户,户均年增收超过3500元。由此可见,农业高质量发展对于促进农业现代化和农民增收的作用日益突出。

(四)农业农村优先发展与农业高质量发展

2019年,中央一号文件明确提出:"落实农业农村优先发展总方针……牢固树立农业农村优先发展政策导向。"2021年,中央一号文件对新发展阶段优先发展农业农村、全面推进乡村振兴作出总体部署。由此可以看出,农业农村优先发展已经成为解决当前我国"三农"问题的政策焦点。农业高质量发展是农业农村优先发展的当务之急,是落实农业农村优先发展的重中之重,也是推动乡村振兴的重要着力点。农业高质量发展的首要目标就是稳定粮食产量,巩固和提高粮食生产能力,不断调整优化农业结构,提升农民增收能力。

从目前我国现实状况来看,与城市相比,农村较为落后,农民收入水平较低,生活质量不高,偏远山区和贫困地区问题更为严重,农业和农村存在很大发展空间。要实现逐步缩小城乡差距,关键在于"优先",从政策、财力、科技等方面优先支持农业、农村发展。政策是保障,为吸引诸多资源到农业部门、农村地区提供有效制度供给。然而,农村地区发展的关键还在于内因,因此要充分挖掘农业、农村经济发展动能,增强农业、农村发展内生动力,逐步形成推动农业、农村发展的长效机制。推动农业高质量发展能够有效解决上述关键问题,提升农民生活品质,增强农业、农村发展活力,促进农民增收。因此,农业农村优先发展重点在于农业,着力点在于推动农业高质量发展,而难点在于如何推动广大农村地区农业高质量发展。

(五)粮食安全与农业高质量发展

1.保障国家粮食安全的根本选择

粮食作为人类赖以生存和发展的必备资源,其重要性毋庸置疑。粮食安全问题对于一个国家或地区而言始终是一个非常重要的问题,关乎国计民生,具有重要的政治和经济意义。自从"粮食安全"这一概念被提出以来,随着社会经济的变迁,其内涵也逐渐丰富,粮食安全的内涵始终处于动态发展之中。准确把握新时代粮食安全内涵,对于一个国家或地区粮食安全保障起着关键的作用。近年来,我国粮食产量一直稳定在1.3万亿斤以上,农业发展稳中向好,为保障国家粮食安全奠定了坚实的物质基础,同时也为经济社会健康持续发展提供了有力支撑。到2020年,全国人均全年口粮消费135公斤、食用植物油12公斤、豆类13公斤、肉类29公斤、蛋类16公斤、奶类36公斤、水产品18公斤、蔬菜140公斤、水果60公斤。[①] 要保障国家粮食安全,就要构建多元化的全食物产业体系,这就要求要不断调整农业结构,推动其优化升级。而农业高质量发展就是要满足人民日益增长的美好生活需要,在保障粮食产量的前提下,优化农业结构,提升农产品品质,为消费者提供有效供给,充分保障国家粮食安全。

　　生产的终极目标是消费,生产出来的农产品如果不能满足消费者的质量需求,就会导致部分农产品滞销,导致资源浪费,严重损害农业经营主体的利益。农业经营主体是农产品供给方,其切实利益如果不能得到有效保障,就会影响生产积极性,粮食安全不确定性就会增强。粮食属性及其在中国的自然和社会经济条件下的典型化和复杂化,是造成我国"三粮"(粮食、粮农、粮区)问题的根本原因。

　　市场调节会存在一定的滞后。粮食生产者往往根据市场信号做出决策,而市场供求关系又在动态变化之中,这就会导致生产者先期做出的决策不是最优的,就会损害到生产者的利益。因此,保障国家粮食安全双重目标(粮食数量安全、粮食质量安全)的实现还需要政府这只"看得见的手"进行宏观调控,政府部门可以出台相应的政策,调节生产者和消费者的行为。具体目标实现机制见图6-1。

　　当前,我国粮食产业不管是总量还是质量均有明显提升,但是产业基础依然较为薄弱,粮食生产的资源环境承载力有限。2019年中央一号文件指出,

---

① 中华人民共和国中央人民政府.国务院办公厅关于印发中国食物与营养发展纲要(2014—2020年)的通知[EB/OL].(2014-02-10)[2023-10-25].https://www.gov.cn/zhengce/zhengceku/2014-02/10/content_8638.htm.

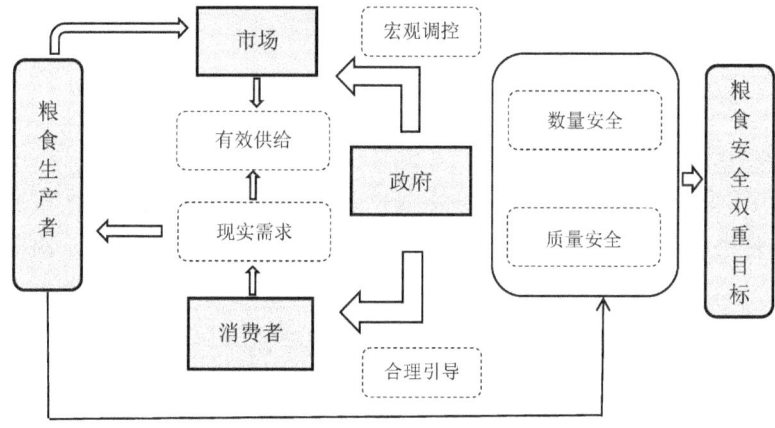

图 6-1 粮食安全双重目标实现机制

要抓好粮食生产,确保谷物基本自给、口粮绝对安全。2022 年中央一号文件再次强调,要重视粮食自给率,保障国家粮食安全。因此,农业高质量发展的最终目标是,既要向市场提供有效农产品供给,又要提升农业生产效率和效益,促进农民稳步增收,让农业成为有奔头的产业,农民成为体面的职业。

2.实施藏粮于地、藏粮于技战略的必然结果

受资源环境约束,我国粮食持续增产的压力越来越大,增产的空间越来越窄,同时生产成本不断提升,导致粮食经济效益偏低。基于上述背景,为确保国家粮食安全,"十三五"规划提出"藏粮于地、藏粮于技"战略。当前我国耕地面源污染形势严峻,耕地质量下降。为了更好地贯彻落实中央一号文件精神,实施"藏粮于地、藏粮于技"战略,确保土地的可持续发展能力,及时进行生态修复,恢复地力,从 2016 年到 2018 年我国轮作休耕试点已经从 616 万亩扩大到 2400 万亩。为健全耕地轮作休耕制度,2021 年试点规模扩大到 4000 万亩。目前,我国资源环境面临严峻挑战,化肥、农药、农膜过度和不合理使用,导致农业环境受到污染,不仅影响到农业发展环境,对农产品的品质也会造成影响。实施"藏粮于地、藏粮于技"战略是我国农业高质量发展的必然路径,是在资源环境约束下破解高产和优质二者矛盾的必然选择,"藏粮于地、藏粮于技"战略最终将会推动我国农业高质量发展,提升农业发展内涵。因此,农业高质量发展是"藏粮于地、藏粮于技"战略的必然结果。

二、中国农业高质量发展的基础条件

(一)农产品供给现状

1. 主要粮食作物供给现状

2018年,全国农产品供给总体上较为充裕,农产品市场运行基本保持稳定,价格水平也温和回升,大米和小麦收储制度改革初见成效。由表6-1也可以看出,我国2017~2019年小麦、大米产量和消费量基本平衡,2017/2018年度和2018/2019年度我国小麦库存消费比分别为108.4%和115.5%,大米库存消费比分别为65.9%和66.7%,远高于国际通行的评价标准即国际警戒水平(17%~18%)。由此可知我国小麦和大米库存绝对量是充裕的,暂时不用担心粮食安全方面的问题。

受收储制度改革后下游需求快速增长和种植面积调减叠加影响,我国玉米自2017年开始出现供给缺口。从表6-1可以看出,2017/2018年度和2018/2019年度我国玉米供给量存在一定的缺口,但是可以通过消化库存量弥补,2018、2019两年我国玉米库存消化继续保持较快进度,由0.80亿吨降至0.61亿吨,但是库存消费比分别为33.0%和24.3%,仍高于国际通行的评价标准即国际警戒水平(17%~18%)。随着东北地区玉米深加工产能逐步投入使用,2018/2019年度我国对玉米需求持续增长,存在一定的缺口,临储玉米继续保持较快的消化节奏。虽然临储玉米消化速度有所加快,但是玉米库存依然较高,市场粮源供应充足。

近年来,国家一直在调减玉米的播种面积,并引导大豆适度增产。2017年中央一号文件指出,粮食作物要继续调减非优势区籽粒玉米,增加优质食用大豆等。但由于国内大豆供需缺口巨大,由表6-1可以看出,2017/2018年度和2018/2019年度国内大豆供需缺口呈扩大趋势,库存消费比分别为18.6%和16.2%,在国际警戒水平徘徊,表明目前我国大豆库存并不是很充裕,尚存在粮食安全方面的隐患。

表 6-1 中国农产品供需平衡表　　　　（单位：百万吨）

时间	品种	供给			需求		出口	期末库存
		期初库存	产量	进口	总消费	其中压榨消费		
2018/2019 年度	大豆	20.64	14.10	103.00	118.40	102.00	0.15	19.19
2017/2018 年度	大豆	20.39	14.20	97.00	110.80	95.00	0.15	20.64
2018/2019 年度	大米	93.99	142.20	5.50	144.00		1.70	95.99
2017/2018 年度	大米	86.50	145.99	5.50	142.70		1.30	93.99
时间	品种	供给			需求		出口	期末库存
		期初库存	产量	进口	总消费	其中饲料消费		
2018/2019 年度	小麦	126.82	129.00	4.00	120.00	15.00	1.20	138.62
2017/2018 年度	小麦	111.05	129.77	4.00	117.00	13.50	1.00	126.82
时间	品种	供给			需求		出口	期末库存
		期初库存	产量	进口	总消费	其中饲料消费		
2018/2019 年度	玉米	79.55	225.00	5.00	249.00	172.00	0.05	60.50
2017/2018 年度	玉米	100.71	215.89	4.00	241.00	167.00	0.05	79.55

数据来源：美国农业部网站。

2.肉类产品供给现状

随着我国社会经济的发展，人民的收入水平和对生活品质的追求也越来越高，目前国内消费者正向食物链高端攀升，对肉类产品需求不断增长。近年来，我国肉类产品生产总量也日益增加，2017年我国肉类产品产量为8654.4万吨，其中猪肉、牛肉和羊肉分别为5451.8万吨、634.6万吨和471.1万吨，人均猪肉、牛肉和羊肉产量分别为38.94千克、4.53千克和3.36千克；肉类产品人均消费量为23.6千克，其中猪肉、牛肉和羊肉人均消费量分别为19.5千克、0.9千克和1.0千克。由此可以看出，目前我国肉类产品供给比较充裕，能够满足国内消费者需求。总体上看，近年来，中国肉类消费整体增加，猪肉消费仍然是肉类消费的主流，禽肉、鱼肉等白肉的消费量正在不断增长。因此，我国肉类产品供给应该根据消费者需求变化进行动态调整。目前虽然我国消费者仍以猪肉消费为主，但是对猪肉的需求量稳中有降，对牛肉、羊肉、鱼肉等产品的需求日益增长，高质量发展应满足消费者多元需求。

3.果蔬产品供给现状

我国果品种植总面积和总产量居世界第一,其中瓜果类产量占全球的比重超过64%,因此我国也是水果贸易大国。为了满足国内消费者多元化、高品质需求,每年我国从国外进口大量水果,当前中国水果进口额和出口额全球占比在6%左右。近年来,水果人均消费量稳步上升,由2013年的37.8千克增至2017年的45.6千克,年均增速为4.8%,消费总量由5168.2万吨增至6384.5万吨,我国水果产量由22748.1万吨增至25241.9万吨,能够满足国内消费者需求。不过,还需要通过国际市场调剂余缺,以满足国内多样性需求。

由图6-2可以看出,1998~2021年我国蔬菜产量呈稳步上升趋势,由38492万吨增至77549万吨。对蔬菜产业结构进行调整和优化之后,初步形成区域化布局。近年来,由于农产品供给侧结构性改革、脱贫攻坚战推进以及乡村振兴战略实施,蔬菜生产供应量明显增加,其增加量远大于蔬菜需求增加量,所以蔬菜市场价格运行依然表现为供应宽松、价格低迷。

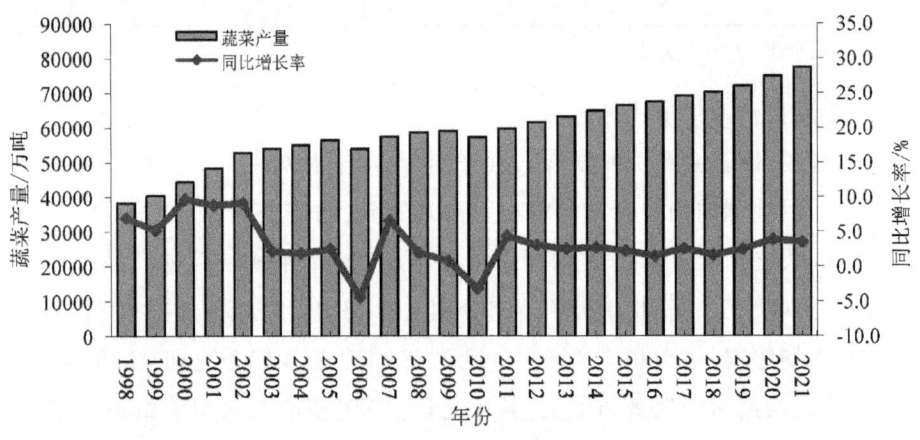

图6-2　1998~2021年我国蔬菜产量走势

(二)政策供给现状

农业政策的调整离不开既定的历史条件,需要与社会经济发展水平相匹配。改革开放以来,随着我国社会经济环境的变化,农业发展目标也随之变化(具体见表6-2),具体农业政策也不断灵活调整,农业政策体系逐渐趋于完善、合理。目前,我国农业改革面临许多新情况、新问题,比如农业现代化与家庭小规模经营的矛盾、保障国家粮食安全与农民增收的矛盾、农村金融需求与供给的矛盾及资源和环境"硬约束"加剧等。深化农村、农业改革,明确农业高质量发展的目标和任务,有助于推进农业供给侧结构性改革,有利于实施和推进乡村振兴战略。

表6-2 改革开放以来我国政策目标

时期	政策目标
改革开放初期	以解决粮食总量不足为目标,坚持"以粮为纲,全面发展"的方针
20世纪80年代初至90年代初	以丰富人民的"菜篮子"为目标,调整农业生产结构
20世纪90年代初至1998年	以适应市场需求为目标,发展"高产优质高效"农业
1998~2003年	以提高农产品竞争力为目标,农业结构战略性调整
2003~2016年	以提高粮食综合生产能力为目标,发挥农业多功能作用
2017年以来	以满足人民日益增长的美好生活需要为目标,进行农业供给侧结构性改革,并实施乡村振兴战略

1.价格支持政策

改革开放以来,我国粮食产量出现了三个较明显的周期性波动,随着政策的调整和完善,我国粮食产量波动呈现收敛趋势,振幅越来越小,粮食产量趋于稳定,粮食安全不确定性降低,有效保障了国家粮食安全。改革开放40多年来,根据粮食产量波动,我国农产品价格支持政策演变大致可以分为以下6个阶段:1979~1984年,快速发展阶段;1985~1989年,徘徊阶段;1990~1998年,持续发展阶段;1999~2003年,逐步下滑阶段;2004~2012年,反弹回升阶段;2013年至今,稳定调整阶段(具体内容见表6-3)。

表 6-3 改革开放以来我国农产品价格支持政策主要内容

阶段	政策主要内容
1979~1984 年	1979 年,连续提高粮食统购价格,实行超购加价 50%的激励政策
1985~1989 年	1985 年中央一号文件规定,取消粮食统购,改为合同定购和市场收购;定购粮按"倒三七"比例计价(即三成按原统购价,七成按原超购价);定购以外的粮食可以自由上市,如市场粮价低于原统购价,国家仍按原统购价敞开收购,保护农民利益。 1986 年,分地区、分品种小幅度调高粮食合同定购价格。 1989 年,将合同定购粮食的收购价格平均提高 18%
1990~1998 年	1990 年,敞开收购议价粮,建立国家专项粮食储备制度,分配专项储备粮计划指标时向主产区倾斜; 1993 年,明确中央政府实行保护价收购范围,要求地方政府制定国家定购和专项储备粮食的保护价,建立粮食风险调节基金; 1998 年以来,确定"三项政策、一项改革",即按保护价敞开收购农民余粮,粮食顺价销售制度,加强粮食收购资金和粮食市场管理;推进粮食购销企业自身改革
1999~2003 年	坚持保护价收购制度,适当调整保护价收购范围;探索与深化粮食流通体制改革
2004~2012 年	2004、2005 年,国家对稻谷实行最低收购价政策,取代保护价收购政策; 2006 年,稻谷、小麦实行最低收购价政策; 2007 年,在内蒙古和东北三省实行玉米临时收储政策; 2008 年,在内蒙古和东北三省实行大豆临时收储政策; 2009 年,在 17 个油菜籽主产区实行托市收购政策; 2011 年起,国家开始对棉花实行临时收储政策
2013 年至今	2014 年,取消了棉花、大豆临时收储政策,并启动目标价格补贴试点,探索对玉米实行"市场化收购+生产者补贴"; 2015 年,不再实行油菜籽临时收储,改由地方政府负责组织企业收购,中央财政给予部分主产区适当支持,下调东北地区玉米临时收储价格; 2016 年,全面取消玉米临时收储,调整为"市场化收购+生产者补贴"的新机制,下调稻谷最低收购价; 2018 年,下调小麦最低收购价,对有关稻谷主产省份给予适当补贴支持; 2019 年中央一号文件指出,要"按照更好发挥市场机制作用取向,完善稻谷和小麦最低收购价政策。完善玉米和大豆生产者补贴政策"

资料来源:根据文献资料整理。

由表 6-3 可以看出,改革开放以来,我国农产品价格体制改革不断深化,目前已经形成了比较完善的价格支持政策体系。鉴于农产品自身的特殊性,农产品价格体制的改革需要处理好市场配置资源的决定性作用和政府宏观调控作用的关系,使"看得见的手"和"看不见的手"得到充分的协调。在各个阶段,改革都是在不断摸索中前进的,其效果有待于时间的检验,政策的调整需要充分考虑国家财力水平和外部经济环境的限制,兼顾稳定市场供给、保障农民利益、提高资源配置效率等政策目标。

2.农业投入政策

"三农"问题始终是我国党和政府关注的焦点之一,破解"三农"问题亟须政策扶持和财政支持。相比于改革初期,改革开放以来农业投入运行方式发生了根本性变化。由于农业天然弱质性、高风险性及农业领域比较收益较低,难以吸引大规模社会资本进入,资金投入不足严重制约着农业发展,因此还需要政府财政资金的支持。改革开放以来,投入资金来源趋于多元化,逐渐由过去计划分配转向通过市场进行配置。国家逐渐加大支农惠农力度,同时逐步探索农业投融资机制,促进资源更高效率配置。

改革开放初期,人民公社时期农业建设投入机制逐步瓦解,农业投入比重不断下滑。为了扭转这一局面,1988 年,国务院发布了《国务院关于建立农业发展基金增加农业资金投入的通知》,提出从 1989 年起逐步建立农业发展基金,专门用于农业综合开发和基础设施建设投资。进入新世纪以后,我国各级财政对农业投入持续增加。2000 年,启动农村税费改革,财政加大农业投入力度,大幅减轻农民筹资负担,国债资金成为农业基础设施建设投资的主要来源。2004 年,中央加大预算内经常性建设投资力度,国债资金投入规模逐步缩小,但是基建投资规模有增无减。2005 年,财政部发布《财政部关于做好财政支农资金整合试点工作的通知》。2006 年,财政部印发《关于进一步推进支农资金整合工作的指导意见》,要求各省份因地制宜开展整合试点工作,将不同农口部门涉农资金进行集中,统筹安排,提高财政支农资金使用效益。2006~2010 年,中央一号文件连续五年提出"三个高于"(财政支农资金增量高于上年,国债和预算内资金用于农村建设的比重高于上年,直接用于改善农村生产生活条件的资金高于上年),对财政支农资金规模作出规定。2010 年中央一号文件指出,要继续加大国家对农业农村的投入力度。2019年中央一号文件提出了"增加总量、优化存量、提高效能"的原则意见。总体来看,当前我国已经形成较为成熟完善的农业支持政策,为保障农业高质量发展提供了政策和资金支持。

3. 农业补贴政策

随着国家支农惠农政策的不断完善,农业补贴逐渐被国家作为财政支农的重要手段,补贴方式日趋多元化,并且补贴的力度逐年加大,已经成为我国农业支持保护政策的重要组成部分。2002年,我国实施了三项农业直接补贴政策,补贴形式由价格支持"暗补"转变为对农民收入的"直补"。2006年,开始实施农资综合补贴。2014年,开始探索农业直补制度的改革。2016年起全面推行"三补合一"改革工作。

2017年,中央财政为扶持159万农户购置机具187万台(套),投入农机购置补贴资金186亿元,中央财政用于政策性农业保险的财政补贴金额增加到179.04亿元。今后补贴制度改革的长期方向是发展政策性农业保险。总体来看,当前我国农业补贴范围不断拓展,补贴形式多样化,补贴数额大幅增加,助力了农业高质量发展,调动了农民的生产积极性,保障了农产品的有效供给。

4. 农村金融保险政策

改革开放初期,我国零星出台了一些农村金融方面的政策,但尚未形成完善的政策体系。1996年,国务院发布《国务院关于农村金融体制改革的决定》,初步确立政策性、商业性、合作性"三元"农村金融供给格局。2003年以来,国家不断对农村信用社进行改革,要求农村信用社不断明晰产权,确定支农目标。2005年以来,国家先后出台一系列政策。2007年,我国全面启动政策性农业保险,形成政府引导、商业公司运作、农民自愿参与的格局。2015年中央一号文件明确提出,将主要粮食作物制种保险纳入中央财政保费补贴目录。2016年中央一号文件强调,要将农业保险作为支持农业的重要手段,同年中国保监会和国务院扶贫开发领导小组办公室发布《关于做好保险业助推脱贫攻坚工作的意见》。2017年中央一号文件提出"探索建立农产品收入保险制度"。2018年中央一号文件提出"探索开展稻谷、小麦、玉米三大粮食作物完全成本保险和收入保险试点"。截至2022年,我国农业保险已经覆盖所有省份和地区,承保农作物超过190种,其中三大主粮承包面积覆盖率达到70%以上。今后应在"扩面、增品、提标"等方面增加有效供给,加快构建普惠性农业保险体系,增强农业保险服务"三农"的能力,提高农业防灾减灾能力,稳定粮食产量和切实保障农民收入,从供给侧进行改革,为推动农业高质量发展保驾护航。

(三)生产要素供给现状

当前我国农业已经进入高质量发展阶段,生产要素的供给必须满足农业高质量发展对生产要素的需求;否则,就会阻碍高质量发展的进程。

1. 土地要素

我国耕地资源不富裕以及受长期以来的耕地政策的影响,导致人均耕地面积较少,农地细碎化,进而导致农业规模化经营发展面临困境。土地流转是当前农村土地改革的必然趋势。我国传统散户经营模式效率较低,导致农业生产成本不断增加,影响农业生产力的提高。土地流转是解决当前中国农村经济发展的关键因素,解决好土地流转问题对于促进农民增收、农村经济发展以及现代农业发展具有重要意义,而农业适度规模经营是我国由传统农业向现代农业转型的必由之路和现实选择。为了有序推进土地流转,规范土地流转市场,促进农业适度规模经营,我国对土地流转政策进行积极探索。改革开放以来我国陆续出台了一系列相关政策,相关政策、法律体系逐渐完善,并取得了明显成效。表6-4列举了2015~2019年我国土地流转政策。

表6-4 2015~2019年我国土地流转政策

时间	文件	主要内容
2015年	中央一号文件	引导土地经营权规范有序流转,创新土地流转和规模经营方式,积极开展多种形式的适度规模经营
2016年	中央一号文件	积极培育家庭农场、专业大户、农民合作社等新型农业经营主体,支持多种类型的新型农业服务主体开展代耕代种等专业化、规模化服务
2016年	《关于完善农村土地所有权承包权经营权分置办法的意见》	将土地承包经营权分为承包权和经营权,实行"三权"分置,着力推进农业现代化

续表

时间	文件	主要内容
2016年	《农村土地经营权流转交易市场运行规范（试行）》	明确市场交易主体、条件和品种，规范交易具体事项，更加注重保护农民的权益
2017年	中央一号文件	深化农村集体产权制度改革，落实农村土地集体所有权、农户承包权、土地经营权"三权"分置办法
2019年	中央一号文件	深化农村土地制度改革，完善落实集体所有权、稳定农户承包权、放活土地经营权的法律法规和政策体系，深入推进农村集体产权制度改革

2018年底，除了少数边疆民族地区，全国土地确权工作基本完成。产权制度明晰有利于土地流转，为维护农户利益提供了制度保障，同时也为农业适度规模经营扫清障碍。近年来，随着土地流转市场的不断完善，我国不同地区应结合当地实际，形成不同的土地流转形式。2010年我国土地流转面积约为1.25亿亩，2016年达到4.79亿亩，是2010年的3.83倍，年均增速达到25%。土地流转面积占家庭承包经营耕地面积的比例也稳步上升，2010年仅为14.7%，2016年达到35.1%，土地流转面积超过我国家庭承包经营耕地面积的三分之一。截至2017年6月底，我国土地流转面积达到了4.97亿亩，占家庭承包经营耕地面积的比例增加到36.5%。2021年底，我国土地流转面积高达5.55亿亩。由此可以看出，我国耕地逐渐以较快的速度流向新型农业经营主体，土地经营的规模在逐渐扩大，集约化程度越来越高，土地资源配置效率和产出效率显著提高，为推动农业高质量发展奠定了坚实的基础。通过土地流转提高新型农业经营主体的规模化经营水平，来提升我国农业的发展质量。2012~2018年我国土地流转面积趋势如图6-3。实际上，我国土地流转依然存在许多问题，比如土地流转操作流程不规范、政府部门参与度低、风险保障体系欠缺等，阻碍着土地流转的进程，因此亟须进一步建立健全土地流转市场。

2.人力资源要素

舒尔茨从农业发展的角度研究了人力资本。他认为，土地本身并不是使人贫困的主要因素，而人的能力和素质却是决定贫富的关键。[1] 人力资

---

[1] 舒尔茨.论人力资本投资[M].北京:北京经济学院出版社,1990.

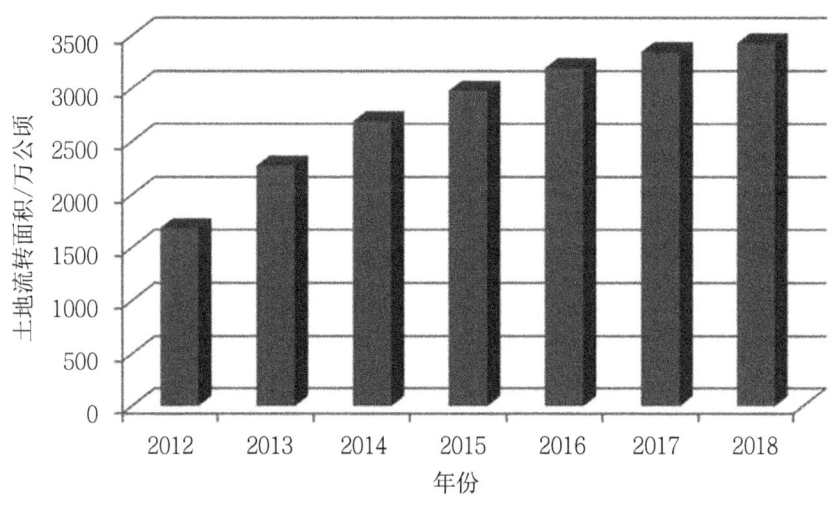

图 6-3 2012~2018 年我国土地流转面积趋势图

本要素可以通过城乡双向流动解决,即农村过剩人口向城市转移,获取稳定的工资性收入,城市具有涉农知识和技术的高层次人才向农村流动,实现人力要素优化配置。农村过剩劳动力向城市转移受城镇较高收入水平和较高生活质量的吸引。然而,正是因为农村地区乡土气息浓厚,导致城市高学历、高层次人才对其望而却步、望而生畏,即便农村地区具有优越的生态环境。农村地区培养出来的大学生较少愿意再回乡,城市中的大学生更不愿意出城,造成农村地区人才不断流失,人力资本存量递减。人力资本在经济发展过程中起着至关重要的作用,在农业发展过程中亦是如此。怎样解决人的因素,成为目前推进农村高质量发展进程中必须解决的现实问题。目前,我国农村和城市诸多差距导致人才向城市集中,在一定程度上促进了农业农村的快速发展,尤其是加速了土地流转,扩大了农地生产规模,但也产生了诸如乡村人口结构严重失衡,留守在乡村的大多数是老人、妇女、儿童等社会问题,造成乡村地区人才空心化。因此,推进农业高质量发展的首要任务应该是解决人这一要素,即解决如何吸引人才回流的问题。

目前人才供给与农业高质量发展对人才的需求之间存在结构性失衡。我国农业从业人员数量庞大,有 2.6 亿农户,其中 2.3 亿是承包农户。我国国情决定了在相当长一个时期普通农户仍是农业生产的基本面,农业生产者年龄偏高,受教育水平偏低,不利于农业高质量发展。2016 年底,全国农村实用人才总量近1900万人,但乡村就业人员总数的比例还不足5%。虽然新型职业农民数量已突破1500万人,但是总量仍然不足,尤其是青年后备力量严重缺乏。因此,各地区相关部门应出台相关政策,吸引青壮年劳动力回流,引进更多涉农人才到农业部门。

3. 技术要素

科学技术是第一生产力。随着农业科技的快速发展,我国农业发生了翻天覆地的变化。比如大数据、人工智能、遥感技术的快速发展,改变了过去"靠天吃饭"的状况;纳米农药和水肥一体化技术,推动农业发展更加绿色;遗传改良技术的发展,可以大幅提升农产品产量;等等。目前,传统农业发展方式已经不能适应新时代发展的要求,农业发展面临的挑战日渐增多,我国已经进入了要依靠科技实现质量兴农、效益兴农、绿色兴农的发展阶段。

2017年,我国主要农作物良种基本实现全覆盖,保障了国家粮食安全,促进农民增收和农业绿色发展。当前,我国已经建成了比较完善的农业科技体系,从农业科技研发、推广到农业科技成果转化,各个环节能够较好衔接,科技进步对农业经济增长的贡献率稳步提高。但是农业科技供给仍不能满足高质量发展需要,当前我国农业科技投入相对不足,成为制约我国农业科技发展的重要因素。因此,应加大农业供给侧结构性改革力度,强化农业科技工作人员的培训力度,增加农业科技推广人员有效供给,充分保障高质量发展对科技工作人员的需求。

4. 农业产业化组织

近年来,我国农业产业化组织的数量持续增加,规模持续扩大,市场竞争和发展带动能力也显著增强。2016年底,我国农业产业化组织数量达41.7万个,较上年增加8.01%,其中农业产业化龙头企业达到13.03万个,同比增长1.27%。龙头企业将农户和市场有效连通起来,充分发挥农产品供需市场的纽带作用,对农业发展带动作用日趋增强,对周边地区经济辐射力和示范作用也稳步提高。未来,农业龙头企业在推动农业高质量发展过程中肩负着带动农户走向市场、拓展或延长农业产业链、发展农业产业化的使命。因此,各地区应紧密围绕农业供给侧结构性改革,因地制宜培养具有地方特色的产业化龙头企业,充分发挥其在农业高质量发展过程中的带动作用。

2017年是《中华人民共和国农民专业合作社法》实施10周年,这10年同时也是我国农民合作社快速发展的"黄金十年"。在这10年期间,我国农民合作社数量大幅增加,经营范围不断拓展,经营成效日益明显。截至2017年9月,我国依法登记的农民合作社数量达196.9万家,是2007年的76倍,增速非常快,主要原因在于我国出台了扶持农民合作社发展的一系列制度,为推动农民合作社发展提供了制度保障。

综上所述可知,近年来我国农业产业化组织取得了长足发展,对我国现代农业发展起到重要的推动作用。但是其发展过程中仍然存在着不少问题,这些问题会制约我国农业产业化组织的发展。乡村振兴战略被提出以来,我国相关部门围绕这一战略进行具体部署,为新型农业经营主体的培育提供了重大机遇。农业产业化发展目前已经成为促进我国现代农业提质增效、农民持续稳定增收的有效手段。如何把握好当前发展新机遇,推动农业产业化组织创新,提高农业新型经营主体经营能力和质量,推动农业发展质量再上一个新台阶,成为目前亟须解决的现实问题。

三、中国农业高质量发展面临的挑战和机遇

乡村振兴战略的实施给农业产业发展带来难得的新机遇,同时,农业产业发展也面临着诸多困难和挑战。只有勇于抓住新机遇,积极有为地应对各种困难和挑战,切实增强农业产业内生发展动力,才能加快农业高质量发展,为乡村全面振兴奠定坚实的基础。

(一)面临的突出挑战

1.农业资源环境约束趋紧

随着工业化和城镇化的快速发展,我国工业用水和居民总量显著增加,用水结构也发生了明显变化。这既导致农业用水比重明显下降,也导致地表生态环境用水被大量挤占,地下水长期大量超采并伴生严重的地面沉降。未来农业用水与非农用水之间的矛盾、农业产业发展与生态文明建设之间的矛盾仍会十分突出,水资源短缺问题日益严重。

土地是农业生产最基本的生产资料,其规模和质量直接关乎人类的生存与农业可持续发展。有统计资料表明,在人类赖以生存的物质资料中,

80%的热量、75%以上的蛋白质和大部分纤维均来自土地。然而，随着农业生产活动的进行，土地资源长期透支，导致耕地污染、耕地质量下降、土壤板结等问题日益凸显，近年来我国"镉大米""毒生姜""砷中毒"等事件就是有力的例证，这也为农产品质量带来安全隐患。由表6-5可知，全国无污染耕地面积占调查耕地面积的比例为91.8%，其中晋豫地区和京津冀鲁地区这一比例相对最高，青藏地区、西北地区和东北地区次之，而西南地区和闽粤琼地区耕地污染情况较为严重，西南地区和闽粤琼地区耕地污染面积占比分别达到22.3%和21.1%，均超过本次调查耕地面积的五分之一。

表6-5　全国无重金属污染耕地分布状况

地区	无污染耕地面积/亿亩	占调查耕地面积比例/%	地区	无污染耕地面积/亿亩	占调查耕地面积比例/%
全国	12.72	91.8	东北地区	2.46	97.6
晋豫地区	1.86	99.1	京津冀鲁地区	2.23	99.1
闽粤琼地区	0.42	78.9	青藏地区	0.04	98.2
西北地区	1.02	98.4	西南地区	1.15	77.7
湘鄂皖赣地区	2.01	82.5	苏浙沪地区	1.50	91.2

数据来源：《中国耕地地球化学调查报告（2015年）》。

当前我国部分农产品供给大于需求，能够满足国内消费者需要。但是农业产能中部分是不健康、不可持续的，是以透支生态环境为代价的，并且产能透支带来的后果也逐步显现，导致农业高质量发展动能逐步下降。新时代，我国农业粗放经营对农村自然生态环境带来前所未有的压力和挑战，农业高投入和低产出现象并存。化肥、农药、农用薄膜等使用量日趋增加，城市污染物和工业污染物的违规排放和农业面源污染，也已对水资源造成严重污染。水土资源的污染，已成为农产品生产与安全的主要不利因素，不仅造成农产品安全隐患，对自然生态环境也带来空前压力，造成农村地区生态环境和农民生活环境恶化以及农产品安全问题，农民增收效果和生活质量在很大程度上打折扣。同时，当前我国水资源人均占有量仅为世界平均值的四分之一，且地理分布与时间和空间上对水资源需求不匹配。农业灌溉用水缺口较大，用水效率低，农业高质量发展受到的资源环境约束更加凸显。总体来看，目前我国不合理的农业供给结构给资源环境带来巨大的压力，造成资源错配，耕地质量下降、面源污染严重、农业生态环境脆弱等成为制约农业高质量发展的短板。通过提高专业合作化水平,促进农业专业化经营,实现资源优化配置,降低组织成本和交易成本。同时,加快推进农村产业融合发展,积极培育新业态,实现农业价值增值,通过降本和增效两种方式进一步提高农民农业收入。"小康全面不全面,生态环境质量是关键。"提高生态环境质量,不仅关系到我国农业经济成功转型升级,更关系到人民福祉,关乎整个民族的未来。党的十八大以来,以习近平同志为核心的党中央,将生态环境质量的改善融入经济社会发展,习总书记强调要坚守底线原则,"在生态环境保护问题上,就是要不能越雷池一步,否则就应该受到惩罚"。

2.产业化程度不高

种植业规模偏小,以及由此伴生的规模效应缺失,是我国农产品国际竞争力不足的重要原因。① 当前,我国新型农业经营主体培育已取得了明显成效,并初步形成规模,正处于发展的关键期。截至 2017 年 6 月,我国家庭农场已超过 87 万家,依法登记的农民合作社有 188.8 万家,农业产业化经营组织有 38.6 万个,农业社会化服务组织超过 115 万个。2021 年,我国家庭农场、农民合作社分别达到 390 万个、220 万家。但是新型经营主体在成长过程中也面临诸多困难,比如农业比较收益下降、成本上升、资金和人才短缺等。再者,目前我国农业经营仍以家庭分散经营为主导,农业比较收益低的现实导致农户生产积极性不高。作为理性的经济主体,部分农户就会在农闲时间转向非农产业务工,进而导致对农田经营管理远远不够,农业粗放式经营。鉴于上述现实背景,农业适度规模经营成为破解农业问题的关键。农业适度规模经营,能够有效降低农业生产成本,形成规模经济效益,突破目前规模瓶颈,拓展农民增收空间。

截至 2015 年底,全国经营耕地 10 亩以下的农户数量仍然多达 2.1 亿户,占全部农户的 79.6%。2016 年全国土地流转面积为 4.71 亿亩,占家庭承包耕地面积的比重为 35.1%,只比上年增加了 1.8 个百分点,远低于 2012~2014 年 4 个百分点以上的年均增速,一些农民想出租土地却无人接手。2011~2016 年,全国经营耕地 50 亩以上的农户数量从 276 万户增加至

---

① 辛翔飞,王济民.乡村振兴下农业振兴的机遇、挑战与对策[J].宏观经济管理,2020(01):28-35.

376.2万户,足足增多了100.2万户。2011~2016年,我国规模化的农户数量增长较快,但是人均经营规模较发达国家仍有很大差距。2014年,美国和日本农业就业者人均耕地面积分别为1011.02亩和27.55亩,而我国仅为9.37亩,近两年仍会有所增加,但是与农业资源条件相近的日本仍有较大差距,这也可以看出我国农业规模化种植仍存在很大的发展潜力。

现代农业产业化在我国起步比较晚,相比于国外发展尚处于初级阶段。近年来,随着经济的发展和农业生产结构的调整,以及新型农业经营主体的培育,我国农业产业组织结构不断优化,产业组织数量、规模、质量均大幅提升,有效提升了我国农业产业化水平。但是,目前我国农业产业化程度整体不高,主要体现在以下三个方面:

(1)农产品附加值较低。农户生产活动决策主要是在有限理性前提下做出的最优选择,农户生产经营活动考虑的是自身成本最小化或是收益最大化,关注的并非市场的需求,这就导致小农户供给与大市场需求之间存在结构性失衡。农户缺乏现代化生产、管理理念,受文化程度制约,不能有效通过信息渠道把握市场供求变化,农户生产跟风现象严重,造成最终收益与预期不一致,进而影响下一期生产过程中农户决策。绝大多数农户家庭经营农产品供给品种单一,受技术水平约束不能进行精深加工,只能供给较初级的农产品,导致农产品附加值不高。

(2)农业生产组织化程度比较低。2013年中央一号文件提出要支持提高农业生产组织化程度。为贯彻落实中央一号文件精神,随后财政部印发了《关于支持农民合作组织发展促进农业生产经营体制创新的意见》,指出要加大对农民合作组织扶持力度,对农业产业化组织给予财政支持,为推动我国农业产业化组织发展提供了良好的机遇,农业产业化组织也迎来了快速发展时期。但是仍存在农业产业组织不规范、农业组织化程度不高、带动能力不强等问题,导致农业生产资源错配、利用效率不高和浪费,不利于农产品竞争力的提升。同时,组织化程度低不仅会增加农产品库存调控的难度,也不利于农产品市场健康、有序地发展。

(3)农业产业链不完整。2015年中央一号文件首次提出推进农村一二三产业融合发展(以下简称"农村产业融合发展")。2016年1月国务院办公厅发布《关于推进农村一二三产业融合发展的指导意见》,对农村产业融合发展进行具体部署。2016年和2017年中央一号文件又连续强调要推进我国农村产业融合发展。农村产业融合发展近两年虽取得了明显成效,但是尚处于探索发展阶段,总体来看产业融合的程度低、层次浅、规模效应不明显,农村地区第二、第三产业总量偏小,对农业拉动作用有限,导致产业链条较短,融合深度不足。因此当前我国新型农业经营主体大多处于产业价值链中低端,各产业链条不完整且呈分割状态,产业链之间衔接不精准,进而影响到农业发展的质量。

3.供求关系失衡

当前,我国人民对美好生活需要日益提高,我国农业农产品高质量供给面临更大挑战。随着消费者及出口商对农产品质量要求越来越高,农产品质量和安全问题受到广大消费者和出口商的重视,而农产品生产、流通及加工过程中的安全控制和品质提升将成为保障农产品品质和质量安全的重大挑战。过去从事农业活动的人更多关注生产环节,即产量的高低、良种的选育、化肥的选择等,最终主要还是解决产量的问题,解决人民"吃得饱"的问题。目前在解决"吃得饱"问题的前提下,更应该考虑如何让消费者"吃得好""吃得放心",满足消费者中高端需求。

我国农业失衡主要表现在价格和供需方面。价格方面,近年来我国农产品生产成本持续上升,尤其是人工成本和土地成本过高,导致农产品价格居高不下,大多农产品国内价格高于进口价格,造成国内价格和国际市场农产品价格不平衡局面;供需方面,主要表现为供需失衡,有些农产品大量进口,比如大豆,近年来我国每年都需要从国际市场进口大量大豆,供给严重依赖进口。2017年,我国大豆消费量超过1.11亿吨,然而国内大豆产量仅约为1500万吨,仍需要通过国际市场弥补国内9600万吨的缺口;优质强筋小麦国内供给短板一直存在,国内供给短缺,市场供需失衡,导致优质小麦价格上行压力较大。近年来,我国优质小麦需求增长较快,国内优质小麦供给缺口较大,大量进口优质小麦成为常态。我国优质小麦产量在300万~450万吨,需求量在500万~750万吨,每年存在250万吨左右的缺口。还有一些农产品出现过剩,比如玉米,目前玉米库存约3亿吨,一年需求约2亿吨。由此可见,当前我国农业供给侧结构性改革任务艰巨,农业高质量发展仍面临较大压力和严峻挑战,同时也更突显我国农业高质量发展的必要性和现实性。推进农业供给侧结构性改革,关键是要解决好农业结构性失衡。造成农产品供大于求、成本高、环境资源消耗大的主要原因是农业粗放式经营和不注重长远发展的思路。① 导致目前结构性失衡的原因还在于我国对农产品的收购政策,它强化了对行为主体增加粮食产量而忽视质量的激励。因此,必须进一步推动我国农业高质量发展,提高农业生产效率与效益,不断优化农业结构,提高农产品供给质量,以充分保障国内农产品需求。

近年来,我国农村一二三产业融合发展呈现良好势头,一些地方的乡村旅游和农业休闲体验等业态发展迅猛。但是,农村一二三产业融合发展总体上还处于刚刚起步阶段,多数农村的产业还局限于农业生产领域②。农产品结构性短缺与结构性过剩并存,农业产业发展项目同质化现象仍然较为突出。

4.区域间发展不平衡不充分

东部沿海地区区位优、行动快,农村已经成功实现了乡村工业化,成为沿海城市经济带的有机组成部分。西部地区缺少区位优势,错失乡村工业发展机遇,农村第二、第三产业发展明显滞后。随着我国农业对外开放的扩大,全国范围内农业都直接面临国际市场波动带来的冲击,沿海地区更有条件利用国内外两种资源和两个市场优化本地区的农业发展模式,扩大高价值农产品生产和出口,从而提高农业资源的回报率;而西部、内陆地区目前大都仍以生产大宗农产品为主,大宗农产品国内主要消费市场可以用进口产品替代本国产品,其农业发展面临的竞争压力将更大。③ 另外,当前我国还存在着一批自然条件差、经济基础薄弱、贫困程度较深的贫困地区,2019年末全国仍有551万贫困人口未脱贫,这部分人口大多是高龄、缺乏劳动能力的特殊贫困群体,基本上都需要依靠社会保障兜底来脱贫。

5.农民收入持续增长乏力

新时期,我国宏观经济增速减缓,就业形势日趋严峻。虽然经济总体规模一直在扩大,但是对于劳动力的需求增速下滑,再加上目前我国处于经济结构调整时期,对于劳动力技能的要求越来越高,农民工整体素质偏低,与

---

① 瑞娜.浅谈中央一号文件中提及的农业供给侧改革[J].农业机械,2016(03):52-53.
② 李国祥.实现乡村产业兴旺必须正确认识和处理的若干重大关系[J].中州学刊,2018(01):32-38.
③ 田维明,高颖,张宁宁.入世以来我国农业和农产品贸易发展情况及存在的突出问题分析[J].农业经济问题,2013,34(11):13-18.

市场需求不适应,造成用工需求和供给结构性不平衡。农民工外出务工数量增速减缓,导致其工资性收入增幅下降,对农民收入增长的贡献率下滑。

限于国内资源条件和经营规模,务农劳动力收入水平仍远低于非农业劳动力。尤其是近年来在国际市场大宗农产品价格走低背景下,我国粮食等农产品市场竞争力不断下降,国内外粮价倒挂导致国内粮食进口规模迅速扩大,粮食等农产品价格下降,经济效益变差。经济效益低下已严重影响到新型农业经营主体的积极性和农业的可持续发展。

由图6-4可以直观看出,2011~2017年,我国农民工总量呈稳步增长趋势,由2011年的2.53亿人增至2017年的2.87亿人,年均增速约为2.1%。增速变化整体呈现下滑趋势,增速由2011年的4.4%下滑至2015年波谷的1.3%,近两年略有反弹,2017年增至1.7%,但也未达到2014年的水平(1.9%),也低于年均增速(2.1%)。2021年,外出农民工为17172万人,比上年增加213万人,增长约1.3%;本地农民工为12079万人,比上年增加478万人,增长约4.1%。从目前趋势来看,未来短时期内农民工数量增速不会有明显起伏,农民工非农就业渠道仍不会太宽,工资性收入增速不会太明显。基于这样的背景,可以通过供给侧结构性改革,推动农村产业融合发展,积极培育农业新业态,提高农业竞争力和经济效益。

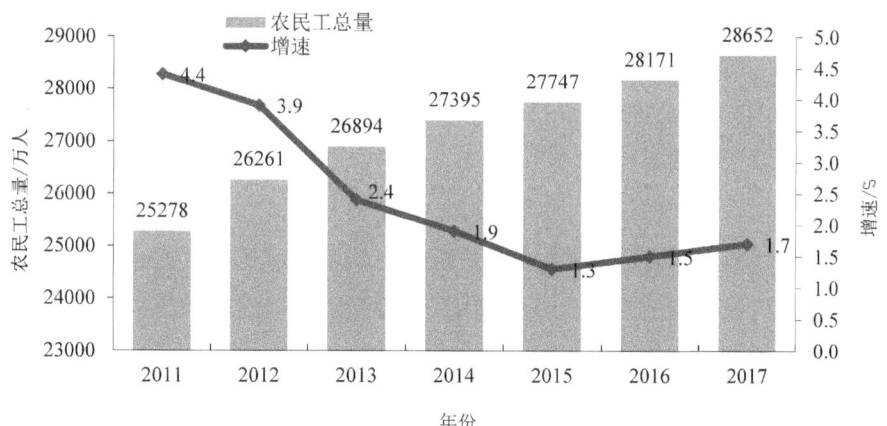

图6-4　2011~2017年中国农民工总量及增速变化趋势

农业竞争力弱化使种粮收益、农业综合收益降低,严重影响到农户种粮积极性和国家粮食安全,制约了农业高质量发展。当前我国农业生产经营仍然以传统散户经营为主,户均耕地面积较小,在较大程度上不利于农业适度规模经营,制约了农业现代化、产业化经营,不利于资源优化配置、农户收入的提高。农村人口数量依然比较庞大,人均耕地资源十分有限,农地资源配置远未达到最佳的状况,是缺乏效率的,远未达到帕累托最优。目前,部分农户决策行为不理性,比如宁可让土地撂荒、对土地粗放经营管理,也不愿意出让土地,而有土地流入意愿的农户却没能拿到心仪的土地和希望的土地面积,甚至根本得不到想要转入的土地,导致耕地资源利用效率、土地收益率较低。这对农户而言,不利于增收;对社会而言,既不利于土地资源合理配置,也不利于农业现代化的发展,对国家粮食安全也形成隐患。2013年,我国农民人均收入为9430元,其中家庭经营收入为3935元。2017年,农民人均收入增至13432元,家庭经营收入为5028元。人均收入增速近五年来一直稳定在6%以上,2017年为7.3%,然而农民家庭经营收入增速总体呈下滑趋势,2014年为7.7%,2017年降至6.0%。近年来家庭经营收入增速低于农民人均收入增速,在一定程度上制约了我国农民收入的增长,由此也暴露出近年来我国农业经济效益较低,农业增收乏力,传统农业发展动力不足。因此,必须尽快转变农业发展方式,确保农产品有效供给,提升农业发展质量,充分挖掘农民的农业收入增长潜力。

6.农业支持和保障体系相对薄弱

加快农业高质量发展,亟须改变我国农业基础设施薄弱的状况,需要国家持续加大对农业基础性、平台性设施等投入力度。然而,现阶段国家财力基础仍然比较薄弱,而各行各业尤其是民生领域都迫切需要国家财力支持,虽然国家将农业农村放在优先发展地位,但基于整个国家的统筹协调发展,中央财力能够用于农业公共投入的资金在较长时期内难以满足农业产业发展的需要。

(二)面临的新机遇

党的十九大报告指出我国进入新时代,对促进农民增收提出了新的要求,同时也为农民增收提供了前所未有的发展机遇。国家相关部门为促进农民增收创造了一个尤为宽松的环境。各地区应把握好新时代发展机遇,谋划好顶层设计,加快农业高质量发展步伐,促进农民稳步增收。

1.抓住政策机遇,创新驱动发展

乡村振兴战略的实施,给我国农业高质量发展提供了重大的政策机遇。基于农业产业在乡村振兴中的重要地位和作用,以及现阶段农业产业发展中存在的新问题、新矛盾,党中央、国务院在《乡村振兴战略规划(2018—2022年)》(简称《战略规划》)和2019年中央一号文件(简称《若干意见》)中构建了具有全面性、精准性的农业产业发展政策支持体系(具体见表6-6)。同时,中央各部门和各地方政府围绕落实党中央、国务院确定的方针政策,从本部门、本区域的实际情况出发,提出了更为细化的政策措施。

表6-6 近年来农业相关政策

政策文件	政策目标
《战略规划》	夯实农业生产能力基础,健全粮食安全保障机制
《国家质量兴农战略规划(2018—2022年)》	推进农业供给侧结构性改革,大力推进农业绿色化、优质化、特色化、品牌化
《关于建立健全城乡融合发展体制机制和政策体系的意见》	坚决破除妨碍城乡要素自由流动和平等交换的体制机制壁垒,促进各类要素更多向乡村流动
《关于打赢脱贫攻坚战三年行动的指导意见》	着力加大向深度贫困地区政策倾斜力度,特色产业扶贫、生态扶贫、金融扶贫向深度贫困地区倾斜
《财政部贯彻落实实施乡村振兴战略的意见》	建立健全实施乡村振兴战略多元投入保障制度,构建完善财政支持实施乡村振兴战略政策体系,着力提升财政资金管理水平和政策成效,切实加强组织保障
《关于坚持和完善中国特色社会主义制度 推进国家治理体系和治理能力现代化若干重大问题的决定》	完善农业农村优先发展和保障国家粮食安全的制度政策,健全城乡融合发展体制机制

2018年以来,中央与地方政府围绕农业产业发展实施支持政策,既保持了以往政策的连续性,又体现了适应农业产业振兴需要的加强性和创新性;既有综合性、全局性、根本性、普惠性政策,又有专项性、重点性、差异性政策。这一系列支持政策的实施,有利于农产品结构的调整优化和特色优势产业的发展壮大,以及优质农产品的规模化和产业化发展;有利于提高农

业发展的基础建设水平,提高科技进步对农业发展的贡献率,提高农业队伍素质,激发创新创业活力。上述政策,为保障农业高质量发展提供了要素、机制、制度等多方位的支持,夯实了农业发展基础。

2.洞察市场机遇,保障有效供给

2022年我国人均国内生产总值达到12741美元,居民消费层次正由基本小康型向全面小康型转变。党的十九大报告规划了我国中远期发展蓝图:从2020年到2035年,在全面建成小康社会的基础上,再奋斗十五年,基本实现社会主义现代化;从2035年到本世纪中叶,在基本实现现代化的基础上,再奋斗十五年,把我国建成富强民主文明和谐美丽的社会主义现代化强国。在实现上述目标的过程中,随着居民收入水平不断提高,中等收入群体不断壮大,城乡居民生活水平差距不断缩小,国内消费需求增长将为农业产业发展提供巨大的市场。

现阶段,我国居民消费层次尚处于温饱型与全面小康水平之间,中高端粮、棉、油、水果及肉、蛋、奶等农产品的市场消费空间明显偏窄。随着国民经济的持续发展,居民消费将实现全面小康并进而向实现共同富裕的水平提升。在此过程中,优质农产品的市场需求空间必然随之扩大,这无疑将对农业产业的转型升级产生巨大的拉动效应。此外,随着消费能力的提升和消费观念的转变,我国居民旅游休闲消费需求有了明显增长,这对国内乡村旅游和农业休闲体验等新业态的发展产生了强大的促进作用。我国居民消费领域由以往传统的"衣、食、住、行"向现代旅游休闲领域拓展,这将为发掘农业新功能、新价值,发展休闲观光、文化体验、健康养老等生态产业提供日益广阔的市场空间。

(1)农产品需求量快速增加。随着居民收入增加、人民生活质量稳步提高及消费结构不断优化升级,对农产品数量和品质的要求也越来越高,已经由过去"吃得饱"向"要吃好"方向转变,更加关注健康多元化,尤其是对优质、绿色、品牌农产品的需求量快速增长,对农业发展提出更高的要求。

近年来,我国居民谷物人均消费量呈下滑趋势,而薯类和豆类人均消费量呈上升态势。2013年,我国居民人均谷物消费量为169.8千克,2017年减少为144.8千克,而人均薯类和豆类消费量分别由2.7千克和6.0千克增至2.8千克和7.1千克,人均肉禽蛋类及蔬菜水果消费量也稳步上升。当前我国居民日均摄入食物总热量为2980千卡①,略高于发展中国家平均水平(2668千卡),但是与发达国家(3331千卡)还存在一定差距,由此也可以看出我国消费者对农产品,尤其是对优质农产品的需求还有很大的提升空间,从需求方面来看,也显示我国消费者对优质农产品消费仍具有很大的消费潜力,同时对我国农业高质量发展也提出更高的要求。因此需要加快调整农业结构步伐,优化农产品供给结构,缓解农产品需求和供给间结构性失衡状况。

(2)服务型需求明显上升。随着我国经济的迅速发展,居民对生活品质的需求日益增长,居民的消费结构逐渐由过去的生存型转向了发展型和享受型,同时生活压力也随之增大,也亟须能有一个生态环境好的去处缓解压力。因此,节假日或双休日期间越来越多的人选择到城市周边游玩,对休闲观光农业的需求持续扩张和升级,从而推动休闲观光农业的发展。

2015年中央一号文件再次聚焦"三农",并首次提出推进农村一二三产业融合发展。2016年1月4日,国务院办公厅紧接着又发布《关于推进农村一二三产业融合发展的指导意见》。"十三五"规划建议中再次提到要推动农村一二三产业融合发展,并提出要构建现代农业经营体系。这一系列举措足以说明党中央对推进农村一二三产业融合发展的高度重视。从农村产业融合被提出以来,全国广大农村地区积极推进农村产业融合发展,并形成众多典型的融合模式。通过农业多功能拓展,赋予原有产业新的附加功能,挖掘乡村生态休闲、旅游观光、文化传承等价值,增加农业发展增值环节和空间;将农业与旅游业有机融合,拓展农业功能,实现农业传统生产功能逐渐向生态、旅游、教育、科普等服务功能转变。近年来,我国农村地区休闲观光农业呈现多元化的发展,各个地区也形成了不同的发展模式,为消费者提供不同的消费体验。

(3)新型需求日益显现。当前,技术快速发展催生出一大批新产品、新服务、新模式和新业态,消费者会产生新的消费需求。随着我国农业科技的进步,农业部门为消费者提供越来越多高品质、新品种的农产品,能够多元化满足消费者新的需求。同时,电子商务和移动技术的井喷式发展,创新出越来越多的营销手段和模式,在很大程度上激发了消费者潜在的消费欲望,

---

① 千卡为非法定单位,1千卡≈4186焦耳。

消费者借助新的营销模式购买所需的农产品,享受不同的购物体验。

农村产业融合的推进,以及广大地区不断深化农业供给侧结构性改革,也催生了越来越多的新模式及新业态,比如田园综合体、休闲农业、景观农业、创意农业、植物工厂等,满足了消费者对美好环境和休闲生活的需求。高新技术渗透型模式促进资源要素向农业各个环节渗透融合,使产业边界逐渐模糊化,衍生出智慧农业、生物农业、植物工厂等新业态,使农业生产具有"类工业"的产业属性,为现代农业发展提供技术支持和路径(见图6-5)。

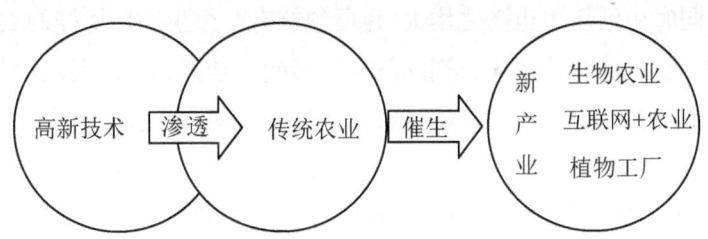

图6-5 技术渗透型融合路径示意图

3.抢抓乡村振兴战略机遇,增强农民幸福感

在粮食价格"天花板"和成本"地板"双重挤压下,我国"三增"(农业增效、农民增收、粮食增产)问题日益严重。2017年10月18日,党的十九大报告审时度势提出"实施乡村振兴战略"。乡村振兴战略为新时代乡村发展指明了方向,也将为推动农村地区经济社会发展注入强大动力。

2018年中央一号文件对实施乡村振兴战略作出了全面部署,这也是中央一号文件连续15年聚焦"三农"问题。乡村振兴战略首要目标就是要实现产业兴旺。农村地区基础产业就是农业,实现农村地区产业兴旺,提升农业竞争力,实现农业增值,其根本路径就是推进农村产业融合发展。以往我国农业就是小农业,主要以种植业为主。步入新时代以后,农业产业业态会有明显变化,原有产业业态升级,或培育更多新型业态,提升农业附加值。尤其是2015年中央一号文件提出推进农村一二三产业融合发展以后,我国农村产业融合发展初见成效,这为新时代产业融合发展奠定了良好的基础。通过产业融合发展,延长农业产业链,完善供应链,拓展生态链,提高农产品附加值,让广大农民充分享受到经济社会跨越发展的成果和红利,真正实现农业增效、农民增收。

乡村振兴战略目标是全方位的,即要实现"产业兴旺、生态宜居、乡风文明、治理有效、生活富裕";既立足当下,又放眼长远;既注重局部,又全面协调。要抓住乡村振兴的历史机遇,在推进新时代"三农"工作中实现新作为,真正实现农业提效、农村增茂、农民增收,真正让农民成为一种体面的职业、农村有体面的生活、农民有体面的收入,增强农民的幸福感和归属感。

4.新型农业经营主体"破茧",提高农业发展质量效益

新型农业经营主体是现代农业发展的主力军和突击队,是实施乡村振兴战略的重要力量。2017年5月31日,中共中央办公厅、国务院办公厅印发《关于加快构建政策体系培育新型农业经营主体的意见》,对培育新型农业经营主体作出顶层设计和具体部署,构建完备的政策体系支持该项工作的开展,通过持续增强新型农业经营主体适应市场能力和带动农民增收致富能力,有效增加新型农业经营主体辐射范围的农民的收入,提高农业发展质量效益。

截至2016年底,全国农业产业化经营组织达到41.7万个,较2015年底增加8.01%。其中,农业产业化龙头企业达13.03万家,同比增长了1.27%。农业产业化龙头企业年销售收入约9.73万亿元,增长了5.91%,比规模以上工业企业主营业务收入增速高1%。截至2018年2月,全国依法登记的农民专业合作社达204.4万家,是2012年的3倍,入社农户约占全国农户总数的48.1%。目前,新型农业经营主体已进入高速发展新阶段,在新时代呈现出快速发展新特点。新型农业经营主体尤其是产业化经营组织,产业化、专业化经营水平较高,能够降低生产成本和组织成本,对产业发展带动作用显著,对周边地区辐射作用强。目前,我国仍有近2.6亿农户,因此农业发展需要新型经营主体和农户共同促进。小农户抗风险能力较弱,需要加快新型经营主体培育,带动小农户发展,这也是中国式现代化的现实选择。

5.把握数字经济机遇,提升农业高质量发展内涵

近年来,随着消费者消费多元化,各民族饮食文化日趋融合,对农产品品质的要求越来越高。然而,在现实生活中还存在诸多农产品质量安全问题,主要原因有新型农业经营主体追求个人利益最大化、监管不够、劣币驱逐良币等,形成了"技术缺陷+社会参与不足"不良循环,因此对农产品质量有效跟踪和追索问题成为急需解决的现实问题。数字技术为破解这一问题

带来了曙光。运用数字技术可以将生产者、监管机构、平台服务商、消费者联系起来,建立从生产源头到消费者的全程溯源闭环。

要把握好数字经济赋予传统农业的新机遇,实现传统农业全产业链改造升级,提升农业高质量发展内涵。数字技术的发展催生了新型农业生产业态,尤其是订单农业,为高品质农业增加了"数字"元素,提高了农产品的附加值,从生产到流通各环节有效保障了农产品质量安全,满足消费者多元化、高品质消费需求。由图6-6可以看出,近年来我国数字经济总体规模呈现高速上升态势,占GDP比重也稳步增长,2017年达到近三分之一(32.9%),这表明数字技术已经逐渐成为推动我国经济发展的重要动力,也将成为拉动我国农业高质量发展的强劲动能之一。2019年中央一号文件提出,要实施数字乡村战略,深入推进"互联网+农业",扩大农业物联网示范应用范围。由此可知,数字经济也成为我国农业政策关注的焦点之一,未来数字经济将成为助推农业高质量发展的引擎,为农业发展提供广阔的发展空间和机遇。2021年,我国数字产业化规模为8.35万亿元,同比增长11.9%,占数字经济的比重为18.3%,占GDP的比重为7.3%,数字产业化发展正经历由量的扩张到质的提升的转变。

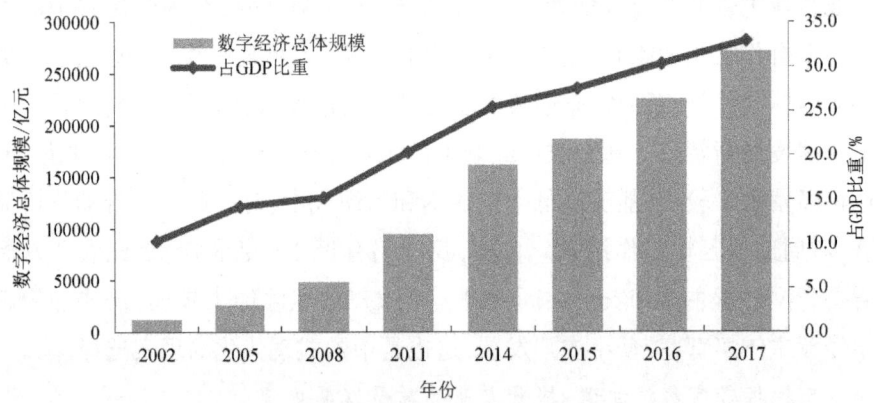

图6-6 2002~2017年我国数字经济总体规模及其占GDP比重变化

进入新时代,伴随着"互联网+"行动计划的逐步实施,互联网的引擎作用日益凸显。近两年,全国互联网普及程度逐步提高,为农民"互联网+农业"创造了条件。2018年6月,我国互联网用户达8.02亿人,普及率为57.7%;手机网民规模达7.88亿人,用户中使用手机上网的人群占比高达

98.3%。其中我国农村网民占比为26.3%,数量为2.11亿人;城镇网民占比为73.7%,数量为5.91亿。近年来,我国网民数量快速增加,尤其是农村地区网民的数量。农村信息化水平的提高,除为农户提供信息渠道之外,对农民思维模式、购物方式、销售方式也形成较大的冲击。新生代农民返乡创业,通过互联网平台帮助农户销售、推广农产品,促使农产品需求增加,有助于现代农业发展。

第七章　中国农业高质量发展水平综合评价

当前,我国农业面临成本、价格和生态三大压力,农业发展方式亟待转变。如何在资源、环境、生态系统的严峻形势下,保障重要农产品的有效供给,实现农业资源的永续利用,是我国农业高质量发展道路上亟待解决的现实难题。农业资源可持续利用的实现有利于充分提升农业资源的经济、社会、生态效益,对当下及未来长期有效地缓解三大压力具有重要意义。农业高质量发展综合评价不仅能为农业资源可持续利用与管理提供科学依据,也能为农业相关工程合理规划和正常运行提供保障。建立科学合理实用的农业高质量发展评价指标体系,既是评价农业资源的基础工作,也能为农业资源研究提供导向和推动力。

一、构建评价指标体系的意义和原则

(一)构建评价指标体系的意义

随着居民经济条件的改善,农产品消费不断升级,人们对于农产品的需求愈发多样化,对农业环境质量的期望值也越来越高。但是,由于过去的粗放式经营管理,造成了农业环境的日益恶化。因此,农业高质量发展水平综合评价是保护农业环境、发展可持续农业的形势的要求,对改善生态环境、保障社会经济稳定发展具有重大战略意义,对全面建成小康社会、加快构建和谐社会具有重要现实意义。因此要加快构建与农业高质量发展需要配套的政策和制度支撑。建立可行的转变经济发展方式科学评价考核体系,已成为加快农业制度创新的重要工作内容。构建评价指标体系能够客观地对我国农业高质量发展水平进行测度,为国家和各级政府宏观管理提供客观依据。

经济增长质量是经济增长数量达到一定阶段的产物,没有经济增长的数量积累,不可能谈及经济增长质量[1],农业经济发展到一定阶段,必然会对农业发展质量提出更高要求,进而挖掘新的农业经济增长点。"高质量发展"被提出以后,经济学界和实务工作部门从多个维度对其进行了理论和实证方面的研究。但由于研究时间尚不长,目前直接涉及农业高质量发展的文献不是很多,涉及农业高质量发展评价指标体系方面的文献资料更不多见。张智等[2]从粮食综合生产能力、资源与要素利用水平、生产与经营管理水平、生产效果与效益水平、可持续发展潜力等5个维度构建了农业高质量发展评价指标体系,运用灰色关联模型,结合山东省数据进行实证分析,研究发现目前山东省各地区农业发展质量总体水平不高,制约农业发展的短板普遍存在,并提出促进山东省农业提质增效、协调发展的对策建议。

从前人的研究成果看,大量研究已着眼于农业发展水平和农业生态环境方面的测度评价,但鲜有文献通过构建评价指标体系对不同区域农业高质量发展进行量化表征。农业可持续发展、农业现代化及农业生态环境质量与农业高质量发展是紧密联系的,其核心均为质量,主体均为农业经济,但各有侧重。农业可持续发展的重点是对农业资源的有效管理,即如何保持农业资源的可持续性;农业现代化主要强调农业基础设施的迭代,即用现代科技装备改造传统农业;农业生态环境质量更重视对农业生态系统的保护,减少农业经济发展对生态的负外部性,是农业可持续发展的重要内容;而农业高质量发展强调了质量要素在农业经济发展过程中的重要性和前沿性,从"发展"的视角对农业经济成效质量进行考察,内涵更为广泛,对农业发展的要求更高,因此可以将其视为前三者思想理论的升华。

现有的文献虽然较少有直接研究农业高质量发展综合水平高低的,但是其研究所涉及的可持续发展、农业现代化及农业生态环境等内容均是农业高质量发展在个别方面的体现,具有较大的学术参考价值和应用价值,可

---

[1] 任保平.经济增长质量:理论阐释、基本命题与伦理原则[J].学术月刊,2012,44(02):63-70.
[2] 张智,王美露,王宝振.农业高质量发展水平测度研究[C]//中国统计教育学会.2018年(第六届)全国统计建模大赛论文集.国家统计局山东调查总队,2018:136-160.

为农业高质量发展评价提供重要的借鉴。随着社会经济的不断发展,科学技术水平显著提高,农业高质量发展的重要性日益凸显,其含义进一步丰富,因此评价体系也在国内外学者的讨论和争议中逐步完善。评价体系需要在农业高质量发展过程中运用和检验,不仅要追求发展过程,还要追求发展结果;不仅要具有可操作性,为当下高质量发展状态赋能,还要具有前瞻性,挖掘经济高质量发展潜力。构建农业高质量发展评价指标体系,不仅从理论上丰富了农业经济学,也通过实际数据直观地反映我国各地区农业发展质量的水平,对各地区结合实际情况总结农业发展中的不足,探索适合当地农业高质量发展之路具有重要的现实意义。本文在前人研究的基础上,进行一些改进,尝试建立一套农业高质量发展评价指标体系,力图为政府相关部门进行宏观经济管理提供科学合理的参考依据。

(二)构建评价指标体系的原则

科学、客观和合理的农业高质量发展评价体系应该成为农业发展效益的监视器,能够对农业资源使用进行动态监测和诊断,及时地发现农业资源使用的偏误,指导农业资源的利用,为进一步推进农业资源持续利用提供科学依据。在结合评价指标体系建立的一般原则基础上,根据农业资源这一特定评价目标所具有的特殊性,在设计评价指标体系时应遵循以下原则。

1.科学性原则

指标体系的科学性意味着指标体系必须建立在一定的科学理论基础之上,并根据客观对象本身的性质、特点、关系和运动过程来设计。科学性是确保评价结果准确有效的基础。因此,在制定农业高质量发展评价指标体系时,应保证其指标、标准和程序的科学性,考虑其构成要素和整体结构的合理性,从多个维度与视角制定若干反映农业资源利用状况和效益的指标,同时指标应具有良好的可靠性、独立性、代表性和统计性。

2.可操作性原则

指标体系的可操作性是指要选用合适的定量指标和定性指标。定量指标数据要具有可获得性、高可用性和可比性;定性指标要有详细、清晰的考核标准,使其简便、易懂、客观、可量化。指标的选取既要考虑农业特性,又要兼顾各区域共性;既能够纵向可测,准确把握某地区农业发展趋势,具有前瞻性,又要横向可比,对同一时期不同区域农业发展质量进行测度和比较。指标的选取需要考虑数据的可得性。本研究指标数据主要来自统计年鉴或者官方网站公布的数据,同时考虑到各地区统计年鉴指标存在一定的差异性,对于缺乏统计数据的指标采取相似指标代替,这样就增强了指标体系的可操作性。

3.层次性原则

农业高质量发展涵盖社会、经济和环境三大系统,每一个系统又可以用不同的指标反映。综合三大系统多层次指标,围绕农业高质量发展评价的目的展开,层层递进,最终合成一个多层次立体化的指标体系,从而客观真实地反映评价意图和农业高质量发展成效。

4.动态性原则

动态性是农业发展时间性的主要特征之一,也是农业资源价值流的外在表现形式,农业资源价值流的变化过程本身也是一个动态过程。因此,指标的设置必须结合农业资源随时间动态变化的特点,将时间因素显性或隐性地包含在体系之中,使评价模型具有"活性"。

5.客观实用性原则

鉴于农业资源的特殊性,要全面反映其内涵可能需要众多指标,而对于一些影响不大的指标的考察,会消耗大量人力和财力。因此,农业高质量发展评价指标要以统计指标为基础,设计指标时要通过筛选去掉大而空、带有主观色彩、不可量化等类型的指标,突出重点,重视每个指标的实用性,同时保证指标公正客观,从而减少人的主观因素对评价结果的影响。

二、评价指标体系的构建

(一)评价指标体系构建思路

本研究构建了农业投入水平、农业产出水平、农业经济系统稳定性、农村社会发展水平、区域协调共享及生态文明建设等六大要素模块(二级指标),从多个维度展开,经过多次研讨,考虑数据来源的可得性、可靠性,最终确定29个三级指标,构成一个横向可比、纵向可测的农业高质量发展综合评价指标体系(具体如表7-1)。在评价指标定位上,主要强调农业发展的质量,因为质量是农业高质量发展的前提。有别于过去的农业发展模式,农业高质量发展模式更侧重农业发展的内涵,旨在让农业更强、农村更美、农民更富。

(二)指标的选取

农业高质量发展直接关乎农业、农村、农民的发展,是一个经济、社会与自然和谐发展的复杂系统,系统内各个环节、各个方面不协调将直接影响到农业发展的质量。因此,农业高质量发展评价应该以农业发展为重点,同时推动农村社会发展,综合考虑社会、经济及生态等各个方面,全方位增强农民的幸福感和获得感。在指标的筛选过程中,通过综合运用理论分析法、专家咨询法、频度统计法构建指标体系,对指标进行动态调整、筛选。

1. 农业投入水平

农业投入水平对农产品质量有直接影响,是农业高质量发展的基础。农业资源投入的数量、质量和结构的合理性决定了农业生产效率和农业经济效益水平的高低。农业投入水平主要考虑到人力资本、技术、土地、财政等方面投入绝对水平和质量,高质量、高效率的投入是确保高质量发展的前提和内在要求,为农业稳定、高效地发展提供适宜的物质、技术条件。农业投入水平具体可由有效灌溉率、单位面积机械总动力、人均耕地面积、人均财政支农投入、农户基础设施投资、节水灌溉面积占灌溉面积比重、农业科技人员比重等7个指标来反映。

2. 农业产出水平

农业产出水平能够直接反映农业发展质量的高低和成效,不仅能够反映农业发展数量上的绝对水平,更能够考察投入要素的效率和效益,衡量农业产业结构的优化调整。在旧模式下,农业经济增长主要依靠资源要素的大规模投入,通过积累资源要素量来实现经济量变,忽视了经济高质量发展的要素合理配置问题,造成了农业发展过程中资源要素投入产出比和资源配置效率低下。新时代农业高质量发展要求提质增效,提高农业资源要素的综合利用率和生产要素的经济效益,实现集约式发展。农业产出水平具体可由土地产出率、人均粮食产量、成本收益率、农业固定资产投资回报率、单位用水量粮食产量及农林牧渔服务业产值占农业产值比重等6个指标来衡量。

3. 农业经济系统稳定性

经济稳定增长是一个地区、国家乃至全球经济增长的基本前提,是经济高质量发展的具体体现。① 衡量农业高质量发展的关键指标之一就是农业经济系统稳定性。系统缺乏稳定性,就表明农业发展在某些方面还存在不协调、不完善的问题,意味着系统的不确定性增强,从而导致农业经济发展的风险增加,农业经济发展就不会持久和稳固。目前中国经济增长稳定程度仍有很大提升空间,2016年和2017年,我国农业生产资料价格指数变化较为稳定,表明生产资料价格比较稳定,农业生产资料成本没有明显增加,这有助于农民收入的稳定。然而,农产品生产价格指数变化幅度较大,2013年环比指数为103.2%,2014年则降为99.8%,2016年达到103.4%,2017年则明显下滑至96.5%,波动比较明显。农产品价格在农业发展中具有"风向"作用,也是农户决策的重要风向标,稳定的价格有助于农户形成良好的预期,有利于农户农业生产决策。因此,通过健全农产品价格形成机制,调整农产品市场,可以有效地推进农业从量变到质变。农业产值主要由价格和产量两方面决定,产量稳定也是农业经济系统稳定的一个重要方面。产量稳定有助于对未来农业发展作出准确预测,有利于保障国家粮食安全,确保国内农产品有效供给。农业经济系统稳定性主要从生产资料价格波动、产量稳定性和农产品价格波动等3个方面来考察。

4.农村社会发展水平

实现人的生存与发展是农业高质量发展的最终目的,因此要将人民放在农业高质量发展的最前沿,让农民共享农业高质量发展成果,改善农民生活环境,提高生活质量。农业高质量发展不能仅考虑农业产业本身发展的质量,还应该关注农村社会的发展,农村社会发展水平的高低能够直接反映农民是否切实分享到农业高质量发展的成果。农村社会发展水平具体由农民家庭经营收入、农村恩格尔系数、农民消费水平和城镇化水平等4个指标来衡量。

5.区域协调共享

协调是农业经济持续健康发展的内在要求,农业经济的区域均衡协调发展有利于充分发挥国家整个农业系统的效能。改革开放以来,我国农业和农村均发生翻天覆地的变化,农业经济稳步增长,粮食综合生产能力逐渐提升,农村面貌也焕然一新,农民生活质量越来越高,小康社会稳步推进。但是仍存

---

① 魏敏,李书昊.新时代中国经济高质量发展水平的测度研究[J].数量经济技术经济研究,2018,35(11):3-20.

在不协调的地方,比如城乡之间、产业之间、区域之间的不协调,这些不协调问题成为我国农业高质量发展的瓶颈。共享是中国特色社会主义的本质要求,是中国共产党造福人民群众、赢得人民群众的法宝。新时代推动农业高质量发展应强调"协调"和"共享"理念,确保农业高质量发展的成果在各地区充分共享,逐步缩小城乡、区域之间的收入和消费差距,提高农民的生活质量,激活劳动力资源,为农业高质量发展提供动力支持。区域协调共享具体由地区收入共享水平、地区消费共享水平和城乡收入协调水平等3个指标来衡量。

6.生态文明建设

当前农业发展的资源环境约束日趋严峻,过去为了追求高产量,化肥、农药、农膜等使用量过大,工业化快速推进造成的面源污染问题日益突出,造成耕地质量下降,农田肥力下降,农业生态环境问题对农业高质量发展构成严重威胁。新时代农业高质量发展就是要改变过去高投入、高消耗的发展方式,因此必须重视生态文明建设,倡导绿色发展和低碳发展模式,减轻农业污染,减少不安全因素,减轻农业生态环境的压力,提高农产品品质。生态文明建设具体可由人均水资源量、化肥使用强度、农药使用强度、农用薄膜使用强度、森林覆盖率和农作物受灾率等6个指标来衡量。

表7-1 农业高质量发展综合评价指标体系

一级指标	二级指标及权重	三级指标及权重	指标衡量方式	单位	指标属性
目标层	农业投入水平 0.087	有效灌溉率 0.088	有效灌溉面积/耕地总面积标准值	%	正向指标
		单位面积机械总动力 0.093	机械总动力/耕地总面积标准值	kW·h/hm²	逆向指标
		人均耕地面积 0.162	耕地总面积/农业从业人数	hm²/人	正向指标
		人均财政支农投入 0.241	财政支出(农林水事务)/农业从业人数	元/人	正向指标
		农户基础设施投资 0.131	农户基础设施投资额	亿元	正向指标
		节水灌溉面积占灌溉面积比重 0.090	节水灌溉面积/灌溉面积	%	正向指标
		农业科技人员比重 0.195	农业科技人员/农业从业人数	人/万人	正向指标

续表

一级指标	二级指标及权重	三级指标及权重	指标衡量方式	单位	指标属性
目标层	农业产出水平 0.280	土地产出率 0.078	粮食总产量/耕地面积	t/hm²	正向指标
		人均粮食产量 0.248	粮食总产量/农业从业人数	kg/人	正向指标
		成本收益率 0.169	每亩总产值/总成本	%	正向指标
		农业固定资产投资回报率 0.221	农业GDP/农林牧渔业固定资本投资额	%	正向指标
		单位用水量粮食产量 0.118	粮食产量/农业用水量	kg/m³	正向指标
		农林牧渔服务业产值占农业产值比重 0.166	农林牧渔服务业产值/农业总产值	%	正向指标
	农业经济系统稳定性 0.051	生产资料价格波动 0.234	农业生产资料价格指数		逆向指标
		产量稳定性 0.441	(当年粮食产量−上年粮食产量)/上年粮食产量		逆向指标
		农产品价格波动 0.325	生产者价格指数		逆向指标
	农村社会发展水平 0.151	农民家庭经营收入 0.371	农村居民家庭人均可支配收入	元/人	正向指标
		农村恩格尔系数 0.238	农村居民食品消费支出/总消费支出	%	逆向指标
		农民消费水平 0.219	农村居民家庭人均消费支出	元/人	正向指标
		城镇化水平 0.172	城镇化率	%	正向指标
	区域协调共享 0.151	地区收入共享水平 0.427	各省(区、市)人均第一产业产值/全国人均第一产业产值	%	正向指标
		地区消费共享水平 0.278	各省(区、市)农村居民消费水平/全国农村居民平均消费水平		正向指标
		城乡收入协调水平 0.295	城乡收入比		逆向指标

续表

一级指标	二级指标及权重	三级指标及权重	指标衡量方式	单位	指标属性
目标层	生态文明建设 0.280	人均水资源量 0.312	地下水资源量/农业从业人数	m³/人	正向指标
		化肥使用强度 0.152	化肥使用量/耕地面积	kg/hm²	逆向指标
		农药使用强度 0.148	农药使用量/耕地面积	kg/hm²	逆向指标
		农用薄膜使用强度 0.130	农膜使用量/耕地面积	t/hm²	逆向指标
		森林覆盖率 0.191	森林面积/土地总面积	%	正向指标
		农作物受灾率 0.067	成灾面积/耕地面积	%	逆向指标

注：数字为指标权重。

三、农业高质量发展综合评价模型的构建

（一）指标标准化处理

由于在既定的评价指标体系中，评价指标体系的量纲、指标的功能以及指标间数量存在较大差异，无法对不同指标进行直接的定量比较，绝对指标和相对指标之间也不具有可比性，因此，需要对绝对指标进行标准化处理，这样才能使各指标间具有可比性。统计指标进行标准化处理公式如下：

$$X_{无量纲值} = \begin{cases} \dfrac{X_{实际值} - X_{min}}{X_{max} - X_{min}}, & X_{实际值}为正向指标 \\ \dfrac{X_{max} - X_{实际值}}{X_{max} - X_{min}}, & X_{实际值}为逆向指标 \end{cases}$$

式中，$X_{max} = \max[X_{实际值}]$，$X_{min} = \min[X_{实际值}]$。

（二）指标权重的确定方法及测算结果

评价指标权重的确定在综合评判中有关键作用，权重的大小反映了各指标的相对重要性，对评价结果非常重要，权重确定的合理性将直接影响评判结果。从纵向看，评价指标权重反映了该指标变化对农业高质量发展水平变化的贡献程度；从横向看，评价指标的权重衡量了该指标在同一评价指

标层次中的重要性。赋权方法大致分为两类:一类是主观赋权法,如层次分析法、专家咨询法、经验判断法等;另一类是客观赋权法,如模糊方程求解法、熵权法、主成分分析法等。由于影响农业高质量发展的因素多且关系复杂,为了避免过多的主观因素干扰,本文综合考虑采用主客观相结合的方法,即运用熵权法和层次分析法相结合的手段,使指标赋权达到主观与客观的统一,其评价结果更加合理、可信。

1. 层次分析法

(1) 层次分析法概述

层次分析法(Analytic Hierarchy Process,简称 AHP)是美国运筹学家 T. L. Saaty 教授于 20 世纪 70 年代初期提出的,是一种简单、灵活且实用的多标准决策方法,可用于对定性问题进行定量分析。它的特点是将复杂问题中的各种要素划分为相互关联的有序层次,使之条理化,根据特定客观现实的主观判断结构(基本上是成对比较),直接有效地将专家意见与分析者的客观判断结合起来,并对每层次要素成对比较的重要性进行量化,然后用数学方法计算权重,反映每个层次元素的相对重要性顺序。

(2) 层次分析法分析步骤

首先,选择专家,由专家评估指标的重要性,形成判断矩阵。需要注意的是,在分配权重时,专家团队应包括各相关领域的权威代表,以便尽可能地整合各方的意见,减少主观判断的影响。

根据每个专家的判断矩阵进行简单的加权平均综合,产生综合判断矩阵。综合判断矩阵可表示如下:

$$A = \begin{bmatrix} a_{11} & a_{12} & \cdots & a_{1n} \\ a_{21} & a_{22} & \cdots & a_{2n} \\ \vdots & \vdots & & \vdots \\ a_{n1} & a_{n2} & \cdots & a_{nn} \end{bmatrix}$$

标度设置:为了对各因素之间进行两两比较得到量化的判断矩阵,引入 1~9 的标度。心理专家的研究表明,人们区分信息等级的极限能力为 7±2,据此制定了下表。

表 7-2　标度及其定义

标度	定　义
1	i 因素与 j 因素同样重要
3	i 因素比 j 因素略微重要
5	i 因素比 j 因素较为重要
7	i 因素比 j 因素明显重要
9	i 因素比 j 因素绝对重要
2,4,6,8	介于上述两相邻重要程度之间对应的标度值

注：若 j 因素与 i 因素比较，得到判断值为 $a_{ji}=1/a_{ij}, a_{ii}=1$。

其次，通过判断矩阵 A 计算特征值和特征向量，最大特征值对应的特征向量即为各指标权重。一般来说，利用 AHP 计算判断矩阵的最大特征值和特征向量，并不需要很高的精度，故用近似法计算即可。本研究选择方根法求解特征值和特征向量，具体步骤如下：

①计算判断矩阵每行所有元素的几何平均值：

$$\overline{w}_i = \sqrt[n]{\prod_{j=1}^{n} a_{ij}}, \ i=1,2,\cdots,n$$

得到 $\overline{w} = (\overline{w}_1, \overline{w}_2, \cdots, \overline{w}_n)^T$。

②对 $\overline{w}_i$ 进行归一化处理，即计算：

$$w_i = \overline{w}_i / \sum_{i=1}^{n} \overline{w}_i, \ i=1,2,\cdots,n$$

得到 $w = (w_1, w_2, \cdots, w_n)^T$，即为所求特征向量的近似值，这也是要素的相对权重。

③计算判别矩阵的最大特征值 λ_{max}：

$$\lambda_{max} = \frac{1}{n} \sum_{i=1}^{n} \frac{(A\overline{w})_i}{\overline{w}_i}$$

其中 $(A\overline{w})_i$ 为向量 $A\overline{w}$ 的第 i 个元素。

④计算判别矩阵一致性指标，检验其一致性：

检验其一致性判断指标为 CI，计算公式为：

$$CI = \frac{\lambda_{max} - n}{n-1}$$

一般情况下，CI 越接近 0，就可认为判断矩阵 A 的一致性越好，据此计算的指标权重向量 w 越可以被接受，否则需要重新按上述步骤进行两两比较判断。判断矩阵维数 n 越大，判断的一致性就越差，故应放宽对高维判断矩阵一致性的要求。于是引入修正值 RI（见表7-3），并取更为合理的 CR 为衡量判别矩阵一致性的指标。一般来说，如果 $CR<0.1$，则认为该判断矩阵通过一致性检验。其计算公式如下：

$$CR = CI/RI$$

表7-3 矩阵阶数一致性指标修正值 RI

n	1	2	3	4	5	6	7	8	9	10	11
RI	0	0	0.58	0.90	1.12	1.24	1.32	1.41	1.45	1.49	1.51

2. 熵权法

熵权法步骤：

第一步，指标归一化处理。

设有 m 个评价指标，n 个评价等级。

$$\begin{bmatrix} P_1 \\ P_2 \\ \vdots \\ P_3 \end{bmatrix} = \begin{bmatrix} P_{11} & P_{12} & \cdots & P_{1m} \\ P_{21} & P_{22} & \cdots & P_{2m} \\ \vdots & \vdots & & \vdots \\ P_{n1} & P_{n2} & \cdots & P_{nm} \end{bmatrix}$$

第二步，确认各权重的指标。

计算 P_{ij} 并确定隶属度矩阵，即第 j 个指标等级下第 i 个评价指标对象指标值的比重。

$$P_{ij} = r_{ij} / \sum_{i=1}^{n} r_{ij}$$

第三步，计算第 j 个指标下的熵值 E_j。

$$E_j = \ln \frac{1}{n} \sum_{i=1}^{m} P_{ij} \cdot \ln P_{ij}, \ i=1,2,\cdots,m$$

第四步，计算第 i 项的变异系数 g_i。

$$g_i = 1 - E_i, \ i=1,2,\cdots,m$$

第五步,计算第 i 项的权重 w_i:

$$w_i = g_i / \sum_{i=1}^{m} g_i, 0 \leq w_i \leq 1, \sum_{i=1}^{m} w_i = 1$$

3.权重测算结果

分别用层次分析法和熵权法来衡量评价体系指标权重,由测算结果发现,部分指标权重主客观赋权差异较大。考虑到主客观赋权方法同等重要,对于两种方法测算的结果进行加权,每种方法赋权均为50%,计算出最终指标权重。二级指标权重最终值见表7-1。

(三)农业高质量发展综合评价模型

$$\boldsymbol{R} = \boldsymbol{W} \cdot \boldsymbol{X}$$

式中,$\boldsymbol{R} = (r_1, r_2, \cdots, r_n)$ 为 n 个水平年或 n 个不同地区的综合评价结果向量;$\boldsymbol{W} = (w_1, w_2, \cdots, w_m)$ 为 m 个评价指标的权重向量;$\boldsymbol{X} = (x_{ij})_{m \times n}$ 为 n 个水平年或 n 个不同地区各指标的无量纲化数据矩阵。

四、中国农业高质量发展的纵向测度

(一)数据来源

考虑到数据的可得性,本研究数据样本选取2003~2017年的数据,数据来源于历年《中国统计年鉴》《中国农村统计年鉴》《中国科技统计年鉴》《全国农产品成本收益资料汇编》。

(二)综合指数评价

参考了国内外在农业现代化、休闲农业、绿色农业等方面的相关研究,本研究按照综合评价得分把农业高质量发展划分为四个阶段,即准备阶段(<0.3)、起步阶段(0.3~0.5)、初步实现阶段(0.5~0.9)、完全实现阶段(>0.9)。从图7-1可以直观看出,2003~2017年我国农业高质量发展综合评价指数总体呈稳步上升趋势,这表明在各方面因素综合作用下,我国农业发展质量总体趋势是在向好的方向不断发展,并且优化效果比较显著。特别是,2012年中央一号文件指出要"加快推进农业科技创新,持续增强农产品供给保障能力"以后,综合评价指数呈现出快速上升的趋势。

2003~2011年,虽然我国农业投入水平、农村社会发展水平及区域协调共享水平均稳步提升,但是农业发展质量仍呈现小幅波动,主要原因是农业

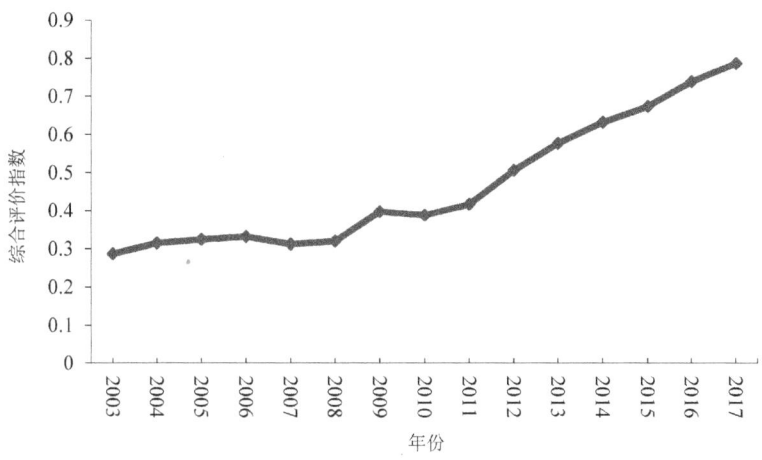

图 7-1　2003~2017 年中国农业高质量发展综合水平

经济系统不稳定,农业产出水平和生态文明建设波动较大,这三股力量制约着我国农业高质量发展综合评价指数优化的步幅。2012 年以后,随着我国农业由传统农业逐渐向现代农业转型,农业产出数量和质量稳步提升,农业经济系统也日趋稳定,为推动农业高质量发展提供了充足的回旋余地。为保障粮食安全,建设生态文明和美丽中国,近年来国家通过推动农业投入品减量、鼓励合理利用农业废弃物、加强农业资源保护、开展农村人居环境整治等工作,逐步加大农业资源和生态环境保护力度。我国农业资源环境突出问题得到初步遏制,生态文明建设取得明显成效,诸多因素向好共同推动农业高质量发展。2017 年,我国农业高质量发展综合评价指数由 2003 年的 0.28 增至 0.79,表明我国农业发展质量取得了明显成效,但是仍有较大提升空间。研究结果表明,我国农业高质量发展仍处于初步实现阶段。近年来,我国生态环境问题突出,农业发展质量不高、竞争力不强,农民增收乏力等问题依然存在。

(三)分项指数评价

1.农业投入水平

改革开放以来,我国农业蓬勃发展,为国民经济增长提供了物质基础。由图 7-2 可以直观看出,2003 年以来我国农业投入水平总体呈现快速上升趋势,由 0.09 增至 2017 年的 0.92。2009 年,由于单位面积机械总动力下降和节水灌溉面积占比大幅下滑,双重因素制约导致我国农业投入水平略有

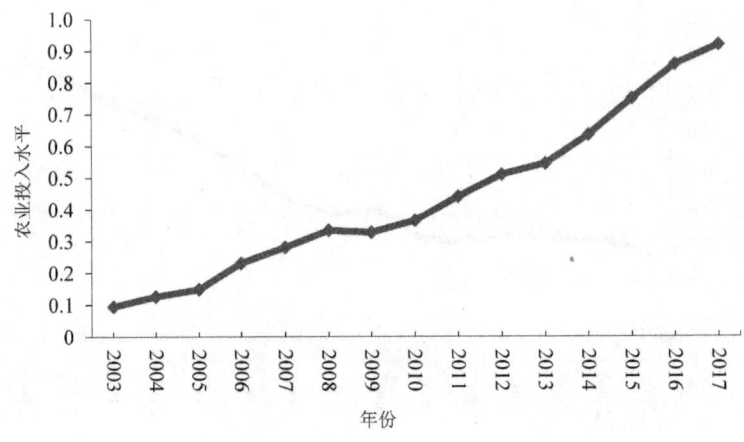

图 7-2　2003~2017 年中国农业投入水平变化趋势

下滑,由上年的 0.334 降为 0.327,随后又稳步回升。

总体来看,近年来我国农业发展基础设施日益完善,农业有效灌溉率及节水灌溉面积占比稳步增加,分别由 2003 年的 35.44% 和 36.00% 增至 2017 年的 40.77% 和 50.61%,水资源压力随着资源利用效率的大幅提升,在一定程度上得到缓解。随着我国劳动力逐渐向城镇、非农产业转移,我国农业经营规模也逐步扩大,人均耕地面积明显增加,由 0.095 公顷增至 0.097 公顷。我国农业长期以来以提高土地产出率为目标,坚持走科技发展的道路推进农业高质量发展,主要采取现代高产品种、资源高效利用技术和现代化学投入技术。新形势下,我国农业由以单产高产为导向的数量型发展阶段转向以品质为导向的高质量发展阶段,技术进步逐渐向资源节约型技术与劳动节约型技术并重的方向发展,加快推进农业机械化,单位面积机械总动力逐渐提高,农业科技人员数量也稳步增加。在农业供给侧结构性改革过程中,我国通过创建国家农业科技创新联盟,有效提升了农业质量效益竞争力。2017 年,我国农业科技贡献率达到 57.5%,比五年前提高 4 个百分点,但是与科技贡献率普遍高于 70% 的发达国家相比还有一定的差距。中央财政明确表示要始终把解决好"三农"问题作为重中之重的工作,公共财政更大力度向"三农"倾斜,我国财政支农政策体系不断健全,力度逐步加大,政策精准度和效度也明显提升。

通过上述分析可知,近年来我国农业各方面的投入均明显提升,当前农业农村基础设施建设提档升级,农业科技进步贡献率逐步提高,财政支农力度和精准度明显提升,农业科技人员数量和质量同步提升,诸多因素共同推动我国农业投入水平的大幅提升。但是在科技贡献率、农业科技人员绝对数量、农业经营规模等方面与发达国家相比仍存在较大提升空间。因此,在注重农业投入要素增量的同时,更应该重视其质量,为农业发展提供持续、高质量的生产要素供给,增强农业发展动力。

2.农业产出水平

我国农业发展近年来取得了显著成效,粮食综合生产能力稳步上升,有效保障了国家粮食安全。同时,农业生产结构不断优化,农业生产性服务业规模也逐年扩大,诸多因素相互作用共同促进我国农业产出水平大幅提升。由图7-3可以直观看出,2003~2012年,我国农业产出水平呈明显波动变化特征,主要原因有以下三个方面:一是成本收益率存在波动。若考虑农户时间成本因素,粮食生产收益尚不足以弥补成本,从事农业生产活动边际成本也随着土地流转成本和劳动力成本的上涨而不断攀升,使得农业生产成本螺旋上升,种粮比较收益下降,不利于提高农户的生产积极性,这也是导致农户撂荒、弃耕的主要原因。二是农业固定资产投资回报率总体呈现下滑趋势,个别年份有小幅波动。三是农业对GDP的贡献率波动明显,波动频率比较高,2003年为3.0%,2007年下滑至2.7%,2008年增至5.2%,2011年又下滑到4.0%。在此期间,虽然其他方面要素投入产出率均有所上升,但是在诸多因素共同作用下,农业产出总指数有明显波动。

2012~2017年,我国农业产出水平指数快速提升,由0.43增至0.61。由此可以看出,我国近年来农业发展成效比较显著,农业发展质量逐步提高,已经实现由过去只重视农业产出数量转向质和量并重。这一阶段我国农业产出水平快速提升的原因主要有以下两个方面:一是我国农业生产要素(劳动力和土地)利用效率逐步提高,农业生产性服务业产值稳步增加,农业产业结构进一步优化,完善的社会服务为农业生产提供可靠保障。2012年以来,我国人均粮食产量由452.1千克增至473.9千克,粮食单位面积产量由5353千克/公顷增至5607千克/公顷,我国农业产出水平在多方面积极因素的影响下快速提升。通过第三产业带动农业发展,全面提升农业产出效率和效益。二是成本收益率和农业固定资产投资回报率趋于稳定。

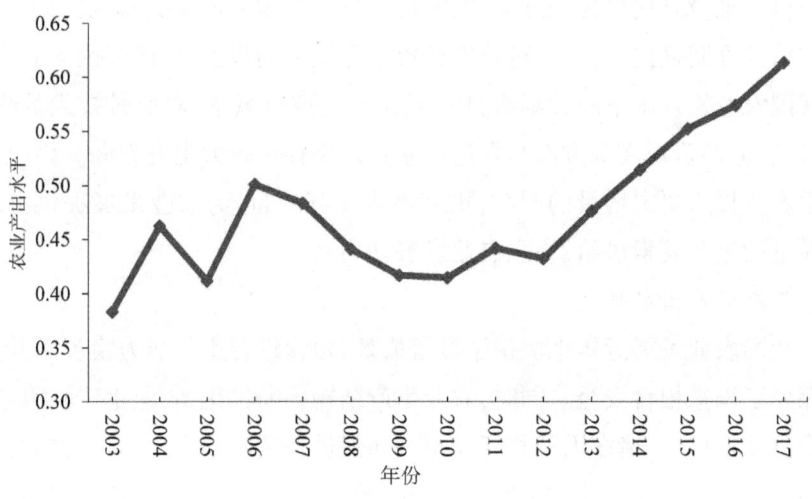

图 7-3 2003~2017 年中国农业产出水平变化趋势

虽然这两个指标总体呈现下滑趋势,但是相比于前一时期下滑幅度明显偏小,对农业产出总体水平制约作用有限。

总体来看,当前我国农业产出水平提高较为明显,尤其是 2012 年以来,农业科技要素在推动农业发展过程中发挥的作用逐步显现,并且对农业增长的贡献率也显著提高。随着我国农业生产资源配置效率的提高,我国农业产出水平也明显提升,但是相比于发达国家依然较低,2017 年也仅为 0.61,仍存在很大的提升空间。随着农业劳动力的转移和土地流转市场的完善,农业经营规模将会在现代农业发展中不断扩大。再者,在乡村振兴战略背景下,农村产业融合发展有助于拓宽现代农业发展空间,破解传统农区社会效益高、经济效益低的问题,促进农村地区农业增效、农民增收及粮食增产。

3. 农业经济系统稳定性

农业经济系统稳定性关系到系统能否实现预定的目标,可以用来考量农业经济发展质量。经济系统不稳定会增加运行过程中的风险,因此对于不稳定的系统应该采取控制措施,确保经济系统良好运行,提高资源配置效率。由图 7-4 可以直观看出,2003~2011 年我国农业经济系统稳定性指数波动频率和振幅均较明显,2011 年以来农业经济系统稳定性指数基本呈上升趋势,稳中向好。

2003~2011 年,农业经济系统波动明显的主要原因有以下三个方面:一

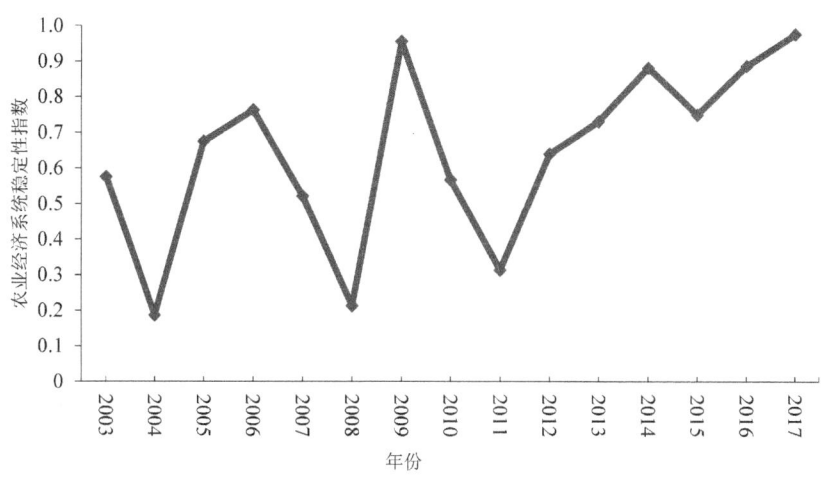

图 7-4 2003~2017 年中国农业经济系统稳定性指数变化趋势

是农业生产资料价格波动较大。2003年,我国农业生产资料价格环比指数为101.4%,2004年增至110.6%,随后年份略有下滑,但是到2008年较上年又有大幅增加,增至120.3%,达到历史峰值,2009年略有下降(97.5%),2011年又增至111.3%。2003年以来,国家逐步取消尿素等农业生产资料免征50%增值税的优惠政策,导致农民生产成本增加,农业生产资料价格攀升,与农产品价格上涨给农民增加的收益相抵,农业生产经济效益降低,在一定程度上也挫伤了农民的生产积极性。农业生产资料价格波动明显,不利于农民形成良好的市场预期,直接影响到农民生产经营决策,不利于农业生产的稳定。二是产出波动较为明显。2003年,我国粮食总产量较上年有所下降,降幅为5.77%;2004年又大幅反弹,增速达到短期峰值9%;随后粮食总产量虽然逐年递增,但是到2007年增速又降至1.22%;随后至2011年又有明显波动,波动幅度为5.25%。这一阶段我国粮食生产实现了八连增,但是年均增长幅度差别较为明显,波动相对较大。三是生产者价格指数波动幅度较大。2003年,我国农业生产者价格环比指数为104.4%,2004年增至113.1%,随后两年较为稳定,在101%左右,但是2007年陡增至118.5%。生产者价格指数变动在很大程度上受生产资料价格指数变动影响,农产品的成本价格决定了农产品最低价,因此农产品生产成本的上升必然导致农产品价格上涨。在生产资料价格抬升的形势下,农产品价格也随之上涨,消费者消费成本进而增加,工人必然要求增加工资,导致生产企业成本上升,进而又影响到农业生产资料价格,形成不良循环,导致生产资料价格和农产品价格螺旋式上升,不利于农业经济系统稳定。

2011~2017年,农业生产资料价格环比指数趋于稳定,尤其是2015~2017年,基本稳定在100.3%左右,波动幅度较小;生产者价格指数波幅也呈收敛趋势,农产品价格相对比较稳定,没有出现大起大落,有利于农民预期的形成,引导农业产业结构优化调整,有助于农民制定生产经营决策。这一阶段粮食产量整体呈现稳定趋势,增长幅度逐渐放缓,产出稳定性增强。这一阶段我国粮食产量多年连续保持在6亿吨以上,粮食供给相对富裕,为保障我国粮食安全奠定了坚实基础,同时也为推动我国农业高质量发展提供了充足的回旋余地。在保障国家粮食安全前提下,要以市场为导向,以科技创新为引领,以农村产业融合为抓手,逐步优化农业生产结构,确保农产品有效、稳定供给,提升农业竞争力。

4. 农村社会发展水平

农业高质量发展成果最终要体现在惠及于民,并且农业发展质量的提升也为农村社会发展奠定坚实的经济基础和物质条件。因此,农村社会发展水平也是衡量农业高质量发展水平的重要方面。由图7-5可以看出,2003~2017年,我国农村社会发展水平指数呈稳步上升趋势,并且发展速度从2010年开始较前期明显加快,主要原因是各项指标均向好的方向发展。2003~2017年,我国农民人均可支配收入和人均消费支出快速上升,分别由2690元和2050元增至13432元和10955元,年均增速分别达12.17%和12.72%;人均消费支出增速略快于人均可支配收入增速;农村恩格尔系数由43.9%逐步降至31.2%,按照联合国粮农组织提出的标准[1],我国已经可以被列入富裕国家。近年来,农民收入水平显著提高,社会保障体系逐步完善,我国农民消费方式和消费观念发生了明显的变化;消费支出占比逐年上涨,生活由过去温饱型逐渐向小康型、健康型和享受型转变,逐渐从苦行者社会转为消费者社会;消费需求也越来越高,由过去注重物质方面的需要向更高精神层面的需要过渡,农民生活品质逐渐改善。新型城镇化为经济增长提供持久动力,存在可挖掘的内需潜力,这既是经济的增长点,更是提升

---

[1] 划分标准:恩格尔系数在59%以上为贫困,50%~59%为温饱,40%~50%为小康,30%~40%为富裕,低于30%为最富裕。

农业发展质量的切入点和关键点。近年来,我国城镇化率逐年提升,但仍远低于发达国家。农村劳动力向城镇转移为推动规模经营提供了前提条件。

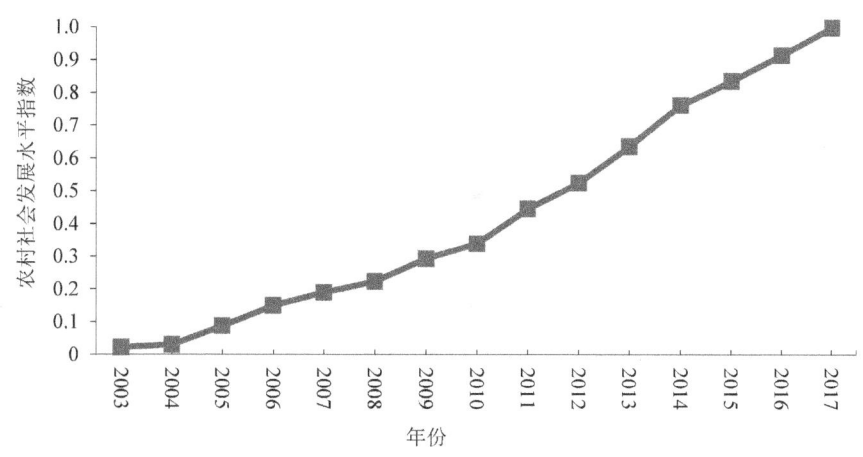

图 7-5　2003~2017 年中国农村社会发展水平指数变化趋势

5. 区域协调共享

图 7-6 直观呈现了我国区域协调共享指数总体稳步上升的趋势。2003~2010 年,区域协调共享水平相对较低,指数增长较慢,并且呈现一定波动。2010 年以来,我国区域协调共享指数呈快速上升趋势,表明我国农村区域协调共享水平显著提高,各区域加强协作,合作共赢,让改革红利更多惠及全民,农村居民人均可支配收入增长较快,由 2013 年的 9430 元增至 2017 年的 13432 元,年均增速达到 9.2%,明显高于经济增速。2003~2007 年我国城乡居民收入差距总体仍不断扩大,城乡居民收入的比值由 3.12 增至 3.14;2008 年以来,逐步缩小,2017 年降至 2.71,城乡收入协调水平显著提高,主要原因是政府部门充分发挥再分配调节功能,对保障和改善民生给予更多支持,农村居民收入增速高于城镇居民收入增速,进一步缩小了城乡居民收入差距。近年来,我国进入经济新常态,宏观经济形势平稳回落,增速稳中有降。然而,我国农业仍保持良好发展态势,进入黄金发展时期,粮食产量实现"十一连增",农民收入增长也呈现"十一连快"的特点。新型城镇化步伐的加快,从需求侧对农业经济起到重要的拉动作用,促进城乡要素双向流动,为农业发展注入新的生产要素。但是从地区收入共享指数来看,2015~2017 年,我国区域收入共享指数有所下降,表明我国这三年地区收入

差距略有扩大趋势,地区收入协调水平下降,这也是导致这三年区域协调共享指数走势趋缓的主要原因。而地区消费共享水平稳步增长,表明全国各地消费者消费转型升级已成为一种普遍趋势,消费者消费数量和质量均呈现快速上升趋势,这也对我国农业高质量发展提出更高要求。因此,亟须从供给侧进行发力,为消费者提供有效农产品供给,在确保国家粮食安全的前提下,提升消费者生活质量。

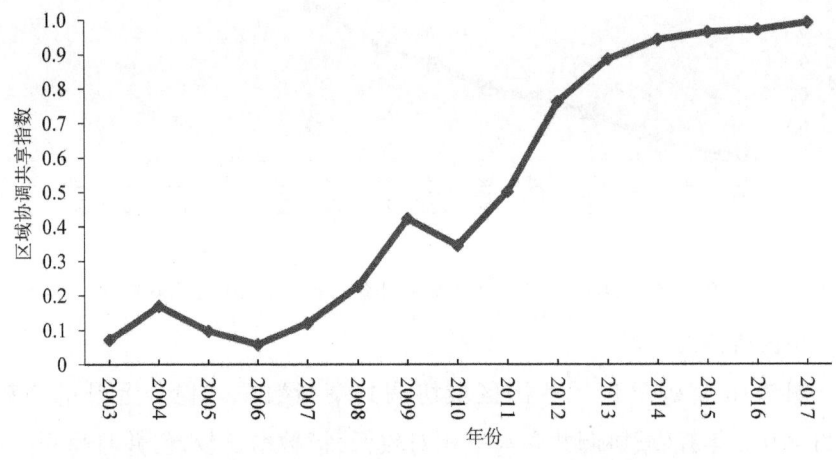

图 7-6　2003~2017 年中国区域协调共享指数变化趋势

6. 生态文明建设

绿色是高质量发展的基色,也是农业高质量发展的目标色。由图 7-7 可以看出,2003~2011 年,我国农村地区生态文明建设指数有明显波动,但是总体呈下滑趋势,尤其是 2005~2007 年,生态文明建设指数大幅下滑,2007~2010 年虽有回升,但是 2011 年又有所下滑。2011 年以来,我国生态文明建设指数逐步回升,由 2011 年的 0.34 增至 2017 年的 0.66,表明近年来我国生态文明建设取得了显著成效,但仍有较大提升空间。

2003~2011 年,我国农村地区人均水资源量虽然总体呈稳步上升趋势,但是呈现波动变化特征,化肥使用强度、农药使用强度和农用薄膜使用强度均有小幅上升;森林覆盖率呈稳步增长态势,由 16.55% 增至 20.36%;农作物受灾率也呈现一定波动,2004 年成灾率大幅下降,降至 10.62%,到 2007 年又增至 16.38%,随后又逐年下降,2011 年为 7.76%。成灾率越低,表明生态系统越稳定。在上述诸多因素共同作用下,我国生态文明建设指数波动相对比较明显。

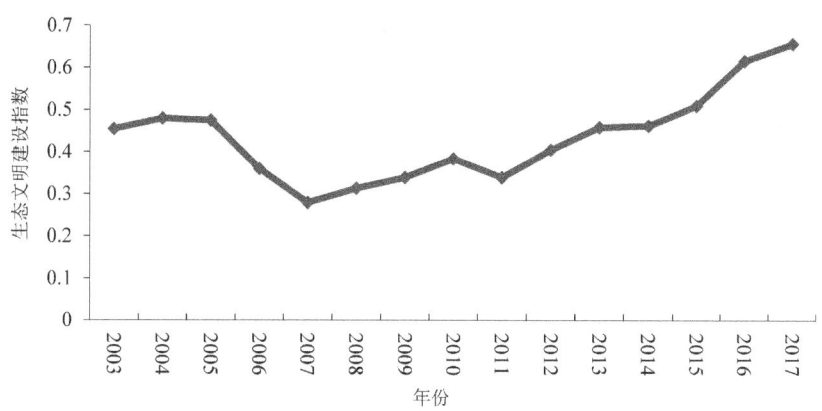

图 7-7 2003~2017 年中国农村地区生态文明建设指数变化趋势

2012 年是我国生态文明建设的重要转折年。2012 年以来,我国政府部门积极推进生态文明建设,生态问题也引起全国各界的关注和重视,生态文明建设取得明显成效。人均水资源量由 1729.1 米^3 增至 2180.5 米^3;农药和化肥使用强度逐步下降,分别由 0.011 吨/公顷和 0.36 吨/公顷下降至 0.0099 吨/公顷和 0.35 吨/公顷,但是仍高于国际警戒水平(0.007 吨/公顷和 0.225 吨/公顷),比国际警戒水平分别高出 41.4% 和 55.6%。绿色农药的使用一方面降低了毒性;另一方面随着农药使用绝对量的减少,农产品中农药残留率也逐渐呈减小趋势,农产品也会逐渐趋向绿色化。化肥使用强度的降低有助于缓解土壤板结问题,在一定程度上能够减轻农业面源污染,减少对土壤和水资源带来的安全隐患。但是目前我国农药和化肥使用强度依然过高,在很大程度上制约着农产品的质量,不利于农业高质量发展。2003~2017 年,我国森林覆盖率由 16.55% 上升至 21.63%;农作物受灾率则逐步下滑,2017 年降至 5.53%;我国对自然风险加强预警和防范,农业抗自然灾害的能力也逐步增强,即使遇到自然灾害,相关部门联动积极采取救灾措施,成灾面积也会有所控制;然而,农用薄膜使用强度略有增加,由 0.0104 吨/公顷增至 0.0152 吨/公顷。

总体来看,我国近年来生态文明建设日趋向好,但是面临的问题依然比较突出,农药和化肥使用量虽然已经实现双零增长,但是使用强度依然较高,因此应在此基础上进一步落实"双减双控",分地区、分农产品、分阶段梯次推进化肥、农药的减量化,将化肥、农药使用强度控制在国际警戒水平以下的安全合理区间之内。随着农业现代化水平的提高,农用薄膜的使用逐渐成为确保农业高产稳产的重要手段,但是农用薄膜回收率低,截至2017年底,由于长期重使用、轻回收,我国当季农膜回收率不足70%,局部地区地膜残留污染严重。政府加大新修订的地膜国家标准宣传贯彻力度,从源头上保障地膜可回收性。在农业实践过程中广泛存在残膜滞留在土壤中,形成地膜污染,不但会危及空气与水源,还会对土壤环境带来不可逆的深刻影响,不利于农业可持续、高质量发展。

五、中国农业高质量发展区域横向比较

(一)数据来源

本研究数据来源于2018年《中国统计年鉴》和各省份统计年鉴、2018年《中国农村统计年鉴》、2018年《中国科技统计年鉴》和《全国农产品成本收益资料汇编》。由于西藏自治区部分测度指标数据缺失较为严重,因此未将其纳入测度范围。另外,也没把香港特别行政区、澳门特别行政区和台湾地区纳入测度范围。

(二)综合指数评价

近年来,随着国家一系列政策的出台,政府部门对农业支持力度越来越大,生产要素也不断流向农业部门,农业发展取得了显著成效。乡村振兴战略为农业农村发展提供了时代机遇,是新时代做好"三农"工作的总抓手。在"三农"工作中落实经济高质量发展的根本要求就是推动农业高质量发展。各地区政府部门积极贯彻国家经济高质量发展要求,结合农情、区情制定适合当地发展的差异化的农业政策,地区特色产业和优势产业日益显现,比较优势越来越明显,农业竞争力逐渐提升,农业发展质量稳步提高。从图7-8可以直观看出,我国各省级行政区农业高质量发展综合评价指数分布在0.247~0.489,最低的为云南(0.247),最高的是上海(0.489)。2017年,我国30个省级行政区农业高质量发展综合评价指数平均为0.340,标准差为0.076,变异系数为22.19%,从评价指数来看我国各省级行政区农业高质量发展综合平均水平偏低,不同省级行政区之间存在明显的空间差异。总体来看,大致可以分为三个梯队:农业高质量发展水平较高的地区(0.4~0.5)、

一般地区(0.3~0.4)和相对落后地区(0.2~0.3)。

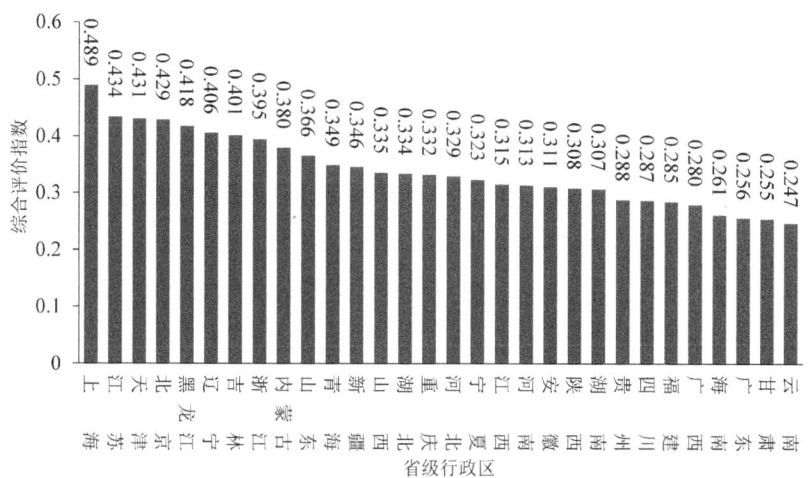

图 7-8 2017 年中国 30 个省级行政区农业高质量发展综合评价指数

第一梯队有上海、江苏、天津、北京、黑龙江、辽宁和吉林等 7 个省级行政区,约占所考察省级行政区数量的 23.33%,农业高质量发展综合评价指数分别为 0.489、0.434、0.431、0.429、0.418、0.406 和 0.401。这些省级行政区农业高质量发展综合水平较高,在农业发展过程中,重视农业经济增长数量提高的同时,关注农业高质量发展水平提升,综合表现较为良好,但是从评价指数绝对水平来看仍存在较大提升空间。第二梯队有浙江、内蒙古、山东、青海、新疆、山西、湖北、重庆、河北、宁夏、江西、河南、安徽、陕西和湖南等 15 个省级行政区,占所考察省级行政区数量的 50%,农业高质量发展综合评价指数介于 0.307 和 0.395 之间。这些省级行政区农业发展过程中重视高质量发展的程度一般,仍有明显不足。第三梯队有贵州、四川、福建、广西、海南、广东、甘肃和云南等 8 个省级行政区,占所考察省级行政区数量的 26.67%,农业高质量发展综合评价指数介于 0.247 和 0.288 之间。这些省级行政区农业高质量发展水平较低,亟待提升。总体来看,经济发展水平较高的地区农业高质量发展综合水平也比较高。农业发展质量与经济发展水平具有较强的相关性,但是没有必然的联系。比如广东,2017 年,广东 GDP 总量将近 9 万亿元,连续 29 年位居全国首位,而人均 GDP 达到 80932 元,突破 8 万元大关,是全国平均水平的 1.36 倍。其中,珠三角地区的人均 GDP 达到 12.48 万元,折合 18484 美元,接近 2014 年非经合组织高收入国家。但是农业高质量发展综合水平却位居我国第三梯队,农业投入水平、产出水平和生态文明建设指数在全国排名相对比较靠后,尤其是生态文明建设方面,综合得分最低,仅为 0.198。这也进一步暴露出广东省经济社会发展不平衡、不充分,在经济快速发展的同时,忽视了农业的发展,造成农业部门发展与第二、第三产业发展不协调。

为进一步分析中国东部、中部和西部地区农业高质量发展综合水平的区域差异规律,计算 2017 年我国三大地区农业高质量发展综合评价指数的均值。其中,全国农业高质量发展综合评价指数的均值为 0.340,东部、中部、西部地区农业高质量发展综合评价指数的均值分别为 0.371、0.342、0.309。总体来看,中国农业高质量发展综合水平由东部地区向西部地区逐步降低,呈现较为明显的"东高、中平、西低"区域分布格局。由表 7-4 可以看出,我国农业高质量发展综合水平属于第一梯队的 7 个省级行政区中有 5 个在东部地区,证明东部地区多数省级行政区农业高质量发展综合水平较高;第二梯队中有 3 个省级行政区在东部地区,6 个省级行政区在中部地区,剩下 6 个省级行政区属于西部地区,中部地区 8 个省级行政区中有 6 个属于第二梯队,表明中部地区多数省级行政区农业高质量发展综合水平表现较为一般;第三梯队有 3 个省级行政区属于东部地区,5 个省级行政区属于西部地区,表明西部地区部分省级行政区农业高质量发展水平较为落后。

表 7-4　三个梯队农业高质量发展水平省级行政区的区域分布①

类型	东部地区	中部地区	西部地区
第一梯队	上海、江苏、天津、北京、辽宁	吉林、黑龙江	
第二梯队	浙江、山东、河北	山西、湖北、江西、河南、安徽、湖南	内蒙古、青海、新疆、重庆、宁夏、陕西
第三梯队	福建、广东、海南		贵州、四川、广西、甘肃、云南

① 本研究所考察的 30 个省级行政区区域划分:东部地区包括北京、天津、河北、辽宁、上海、江苏、浙江、福建、山东、广东和海南 11 个省级行政区,中部地区包括山西、吉林、黑龙江、安徽、江西、河南、湖北和湖南 8 个省级行政区,西部地区包括内蒙古、广西、重庆、四川、贵州、云南、陕西、甘肃、青海、宁夏和新疆 11 个省级行政区。

通过上述分析,梯队划分的区域分布结果进一步表明中国农业高质量发展综合水平具有空间差异化分布的显著特征,东部地区最高,中部地区次之,西部地区最低。各地区内部也存在明显差异,东部地区内部有5个省级行政区属于第一梯队,3个省级行政区属于第二梯队,仍有3个省级行政区属于第三梯队;中部地区有2个省级行政区属于第一梯队;而西部地区属于第二梯队的省级行政区有6个。这表明不同区域内部农业发展也存在明显差异,尤其是东部地区。我国区域发展协调性仍有待加强。从地理邻近性、技术邻近性和组织邻近性三个维度,探讨不同区域产业"类""群""圈"特征及合作倾向性,构建现代农业生产体系和经营体系。通过邻近性不同维度的组合,实现不同维度的邻近性对现代农业体系积极影响的叠加效应,增强乡村全面振兴产业动能,强化农业高质量发展的产业基础。

(三)分项指数评价

1.农业投入水平

农业投入水平在很大程度上影响农业高质量发展成效。农业高质量发展受到很多方面因素的制约,如农业农村基础设施建设投入、农业技术投入、农业经营规模等。农业投入水平越高,往往农业生产条件越好,越有利于农业高质量发展。从图7-9可以看出,2017年我国30个省级行政区农业投入水平存在明显差异,得分最高的是上海(0.7),得分最低的是湖南(0.11),前者是后者的6.36倍,表明中国农业投入水平地区差异较大,各省级行政区之间农业投入不均衡。得分在0.4以上的只有上海、北京、黑龙江、新疆、吉林和内蒙古6个省级行政区,其余省级行政区农业投入水平得分均低于0.4,这表明中国大部分省级行政区农业投入水平亟待提升,投入水平偏低严重制约着我国农业发展质量。

2017年,我国农业投入水平居前两位的是上海和北京,作为我国金融和政治中心,上海和北京近年来加大农业投入,发展都市农业和生态农业,创新农业发展新业态,并取得显著成效。北京和上海农业科技人员比重在我国处于前列,主要原因是,作为政治和金融中心能够吸引、集聚人才,为推动农业发展积蓄高质量的人力资本。同时,这两市人均财政投入和节水灌溉面积在全国排名也比较靠前。在诸多因素共同作用下,北京和上海农业投入综合水平在我国排在前列。黑龙江和吉林农业经营规模相对较大,人

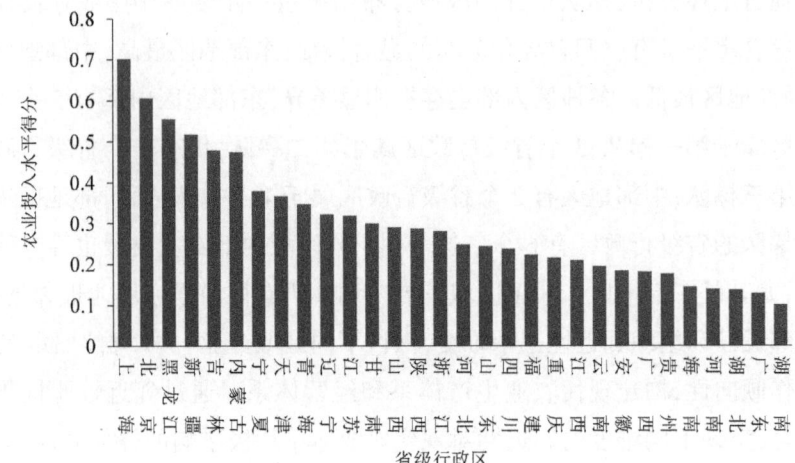

图 7-9 2017 年中国 30 个省级行政区农业投入水平得分

均耕地面积分别位居我国第 1 位和第 3 位,除有效灌溉面积和节水灌溉面积这两个指标之外,人均耕地面积、人均财政支农投入及农业科技人员占比等在全国排位均比较靠前,因此这两个省农业投入综合水平分别位居我国第 3 位和第 5 位。新疆农业投入综合水平在全国位于第四位,排名比较靠前。内蒙古农业投入综合水平在全国位于第 6 位,比其他一些省份明显要高,主要原因是人均耕地面积较大,在我国排名比较靠前;人均财政支农投入在我国排在第 5 位;节水灌溉面积占灌溉面积的比重达到 88.2%,位居我国首位。中部地区除吉林和黑龙江以外总体农业投入水平均较低,江西、安徽、河南、湖北和湖南 5 个省级行政区农业投入综合水平在我国整体比较靠后,作为粮食主产区农业投入水平低,不利于农业生产和国家粮食安全。各地区应该结合区情、农情实施差别化的支农政策,逐步完善农业基础设施,加大农业科技投入力度,强化区域合作,积极引导生产要素双向流动,实现农业生产资源优化配置,保障农业投入绝对水平和质量,为推动农业高质量发展奠定坚实的基础。

2.农业产出水平

农业产出水平直接反映着农业发展的成效,对农业发展质量有着很大的作用。评价农业产出,不仅要看农业产出绝对数量的多少,更要关注农业产出的效率和效益,以及农业产业结构的优化。从图 7-10 可以直观看出,

2017年我国各地区农业产出水平差异尤为明显,农业产出水平得分最高的为上海(0.43),最低的为四川(0.05),前者是后者的8.6倍。我国农业产出水平根据测算结果大致可分为四个梯队:第一梯队(≥0.3)有上海、辽宁、山东、河南和安徽5个省级行政区,除上海以外的4个省级行政区都是我国粮食主产区,并且粮食产量在我国也位居前列,尤其是山东、安徽和河南3个省级行政区,农业投入水平得分较低,但是农业产出水平得分较高。如果加大农业方面的投入和支持力度,这几个省级行政区的农业发展潜力将能够进一步被激发。第二梯队(≥0.2,<0.3)有吉林、湖南、山西、江苏、湖北、江西、河北、重庆、内蒙古、甘肃、天津、黑龙江和陕西13个省级行政区,其中吉林、湖南、江苏、湖北、江西、河北、内蒙古和黑龙江8个省级行政区也是我国粮食主产区,农业产出水平相对也较高。第三梯队(≥0.1,<0.2)有新疆、广西、北京、浙江、广东、海南、贵州、福建、宁夏9个省级行政区,既有东部地区省级行政区,又有西部地区省级行政区,这表明并非所有经济发展水平较高的地区农业亦能同步协调发展,比如北京、浙江和广东三个地区,经济发展水平在我国处于领先地位,但是农业产出水平相对较低,很大程度上阻碍了这些地区农业发展质量的提升,进而影响到我国农业高质量发展的整体进程。因此,经济发达的地区在加强农业投入的同时,更应该关注农业产出的效率和效益,提升农业产出的质量。第四梯队(<0.1)有云南、青海和四川3个省级行政区,这3个省级行政区农业产出水平得分低于0.1,产出水平远低于全国平均值。这3个省级行政区应结合地区现有资源,充分发挥特色产业优势,加大农业持续投入,提升特色优势产业竞争力,同时粮食作物生产也不能放松,粮食稳定供给是确保粮食安全的前提,在不断完善地方农业基础设施的基础上,根据区域特点合理布局,发挥不同区域比较优势,实现农业资源优化配置,全面提升农业生产要素利用效率。

通过上述分析可知,我国绝大多数粮食主产区农业产出水平较高,在13个粮食主产区中有10个农业产出水平高于全国平均水平,有4个产出水平进入我国前5位。这表明我国粮食主产区农业产出水平相对较高,但是从得分绝对数值来看依然有很大提升空间,即使得分最高的上海市也没有超过0.5。由此也可以看出目前我国农业发展形势依然比较严峻,总体产出水平依然较低,主要表现在农业经营规模总体偏小,成本收益率偏低,土地

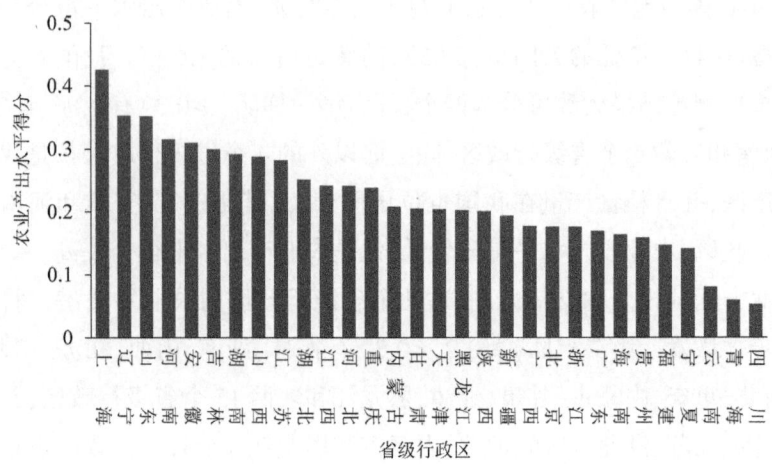

图 7-10 2017 年中国 30 个省级行政区农业产出水平得分

产出率受限,农林牧渔服务业比重依然不高,社会化服务体系不健全,等等。

3.农业经济系统稳定性

农业经济系统稳定性反映经济运行过程中的稳健程度,经济系统越稳定表明经济系统面临的风险可能会越小,抗风险能力越强,越有利于国家对农业经济运行趋势的准确把握。经济系统的稳定性强也增强了经济政策的稳健性,有利于相关部门制定政策。通常情况下,经济发展质量与经济系统稳定性呈正相关关系,因此,经济系统稳定性也可用于考察经济发展质量。

由图 7-11 可以直观看出,2017 年,我国农业经济系统稳定性得分也存在明显差距,得分最高的省级行政区是吉林,达到 0.795;其次是四川和贵州,分别为 0.705 和 0.704;再次为河南、山西、辽宁、云南、上海和江西 6 个省级行政区,这 6 个省级行政区农业经济系统稳定性得分略高于 0.6,农业经济运行相对比较稳定,农产品价格和生产资料价格波动不明显,粮食产量相对也比较稳定。得分最低的 4 个省级行政区从高到低依次为北京、福建、海南和浙江,得分分别为 0.253、0.227、0.203 和 0.190,得分均低于 0.3,农业经济系统运行波动相对较大,经济系统不太稳定。其他省级行政区农业经济系统稳定性得分集中在 0.3 和 0.6 之间。

由上述分析可知,农业经济系统稳定性并未呈现明显落后的省级行政区集中于西部地区的地域分布特征,即使是经济较为发达的北京和浙江,其农业经济系统稳定性得分也比较低,而西部地区省份四川和贵州得分则比

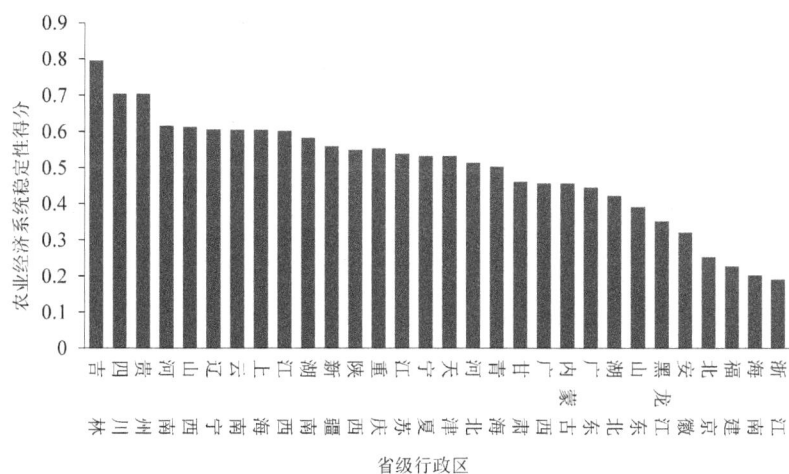

图 7-11　2017 年中国 30 个省级行政区农业经济系统稳定性得分

较高,分别位居第 2 位和第 3 位。总体来看,我国目前农业经济系统稳定性不是很强,大多数省级行政区稳定性得分在 0.7 以下。相关部门应该坚持以市场为导向,积极引导农户合理安排生产,科学决策,在确保国家粮食产量稳定的前提下,确保农业生产资料价格的稳定,控制农业成本和农产品价格波动,促进农户形成理性预期。

4.农村社会发展水平

在新时代,中国农业高质量发展更加侧重以人为本,强调人的主体地位,推进中国农业高质量发展成果由人民共享,提高人民生活水平与幸福指数,提高农户收入水平,积极为农民的高层次需要创造有利条件,为农民生活提供更多的舒适和福利,为推动农业和农村发展创造良好的生产、生活环境,全面提升农村社会发展水平。由图 7-12 可以直观看出,我国农村社会发展水平得分也存在明显差异,北京、上海、浙江、天津和江苏得分分别为 0.93、0.86、0.76、0.75 和 0.64,位居我国前 5 位,并且明显高于其他省级行政区。排在第 6 位的为辽宁省,得分为 0.46,与第 5 位的江苏省相差 0.18。

2017 年,我国人均 GDP 排名前 5 位的也是北京、上海、天津、江苏、浙江这 5 个省级行政区,表明经济发展水平较高的地区收入水平和消费水平均比较高,且城镇化水平也较领先。这 5 个省级行政区城镇对农村地区辐射、带动示范作用相对比较明显,农村地区消费水平也较高,消费观念较全国其

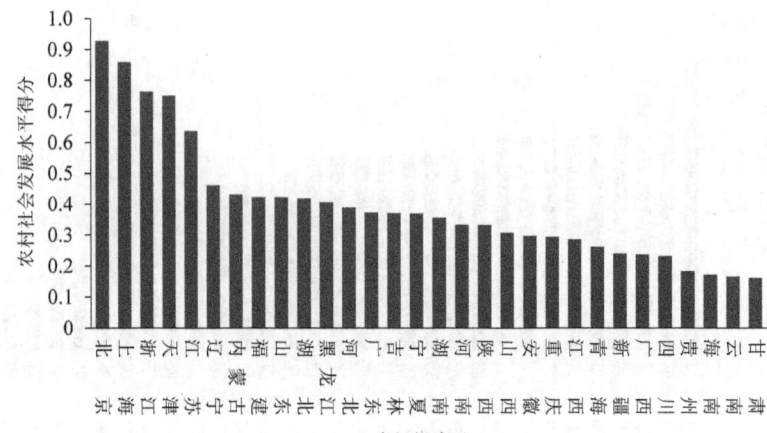

图 7-12　2017 年中国 30 个省级行政区农村社会发展水平得分

他地区转变也较快,能够较早和较快接受新的消费理念,促进消费结构优化升级,进而逐步辐射全国其他省级行政区。农村社会发展水平得分最低的 4 个省级行政区从高到低依次为贵州、海南、云南和甘肃,得分分别为 0.180、0.170、0.165 和 0.161,与前 5 个省级行政区相比差距较大。主要原因是,这 4 个省份收入水平和消费水平相对较低,2017 年,甘肃和云南农民人均可支配收入水平分别为 8076 元和 9862 元,分别排在倒数第 1 位和第 4 位;人均消费水平分别为 8030 元和 8027 元,分别排在倒数第 2 位和第 1 位;城镇化水平分别为 46.39% 和 46.69%,也位居我国后两位;恩格尔系数分别为 30.4% 和 32.5%,相对也比较高,根据联合国粮农组织提出的标准,已进入富裕地区行列,但是在我国相对还比较落后。贵州和海南 2 个省级行政区相对较好一些,但是与其他省级行政区相比差距也较大。除上述 9 个省级行政区以外的其他省级行政区,有 14 个得分在 0.3 和 0.5 之间,7 个得分在 0.2 和 0.3 之间。2017 年,我国农村社会发展水平平均得分为 0.395,其中只有 11 个省级行政区得分在平均值以上,仍有 19 个省级行政区得分低于平均值,地区差异较大,经济发达的地区农村社会发展已达到发达国家水平,但是大部分地区农村社会发展较为滞后,还存在较大提升空间。比如城镇化水平,随着新型城镇化步伐的加快,我国城镇化率 2017 年已达到 58.52%,有 17 个省级行政区尚未达到全国平均水平,与发达国家相比仍存在很大差距。但我国城镇化水平逐年上升,城镇化潜力较大,农业部门劳动力将会进一步释放,农业生产经营规模将会逐步扩大,同时随着城乡融合发展体制机制的不断完善,相关政策体系逐步建立健全,为城乡要素实现双向流动创造了前提条件,有助于资源优化配置。乡村振兴战略的实施吸引了更多优质资源流向农业农村,树立了农业农村优先发展政策导向,向农业注入了更多高质量的生产要素,也为农业高质量发展提供了前所未有的发展机遇,将有助于推动农村社会稳步发展。

5.区域协调共享

区域协调共享指数主要反映全国各地区农村发展成果惠民的成效与全国协调共享程度,协调共享指数越高,表明该地区与全国农村地区协调性越强。由图 7-13 可以直观看出,2017 年,我国农村地区区域协调共享指数也存在明显空间差异,得分排在第 1 位的是江苏,得分为 0.75;得分排在最后的是甘肃,得分为 0.05。前者是后者的 15 倍。这表明我国区域协调共享水平差异较大,农民分享到的农业高质量发展带来的成果也必然不均衡,各区域之间就会表现为不协调。得分在 0.6 和 0.7 之间的省级行政区只有海南、浙江和黑龙江 3 个省份,在 0.5 和 0.6 之间的有福建、天津、山东和湖北 4 个省级行政区,这 7 个省级行政区协调共享水平得分从高到低依次排在我国第 2 位到第 8 位。而其他地区得分均低于 0.5。这在一定程度上说明我国总体区域协调共享水平相对偏低,各地区之间应该建立可行的区域协调发展新机制,加强区域农业方面的合作,促进区域联动发展,使农业高质量发展带来的成果惠及更多农民。2017 年,北京和上海两市人均 GDP 分别位居我国第 1 位和第 2 位,但是农村区域协调共享水平得分却相对落后,分别位于第 12 位和第 9 位。这两个市农业经济发展成果共享能力较强,农民人均可支配收入分别为 24240.5 元和 27825 元,消费水平也相对较高,但是人均农业产值相对不高,城乡协调发展水平有待进一步提升,尤其是北京,城乡收入差距略大,城乡居民收入比值为 2.57,城乡收入差距在我国排在第 14 位。广东省亦是如此,经济发展总体水平较高,但是农业发展相对滞后,城乡居民收入差距也比较大。从图 7-13 还可以看出,区域协调共享水平得分较低的 10 个省级行政区中有 7 个都是属于西部地区,而排名靠前的 5 个省级行政区中有 4 个属于东部地区省级行政区,中部地区区域协调共享水平得分较为集中,在我国处于中等水平。由此可以看出,区域协调共享水平在经济发展水平较高的地区相对较高,而经济发展相对落后的西部地区区域协调共享水平相对较低,区域协调共享能力有待提高。

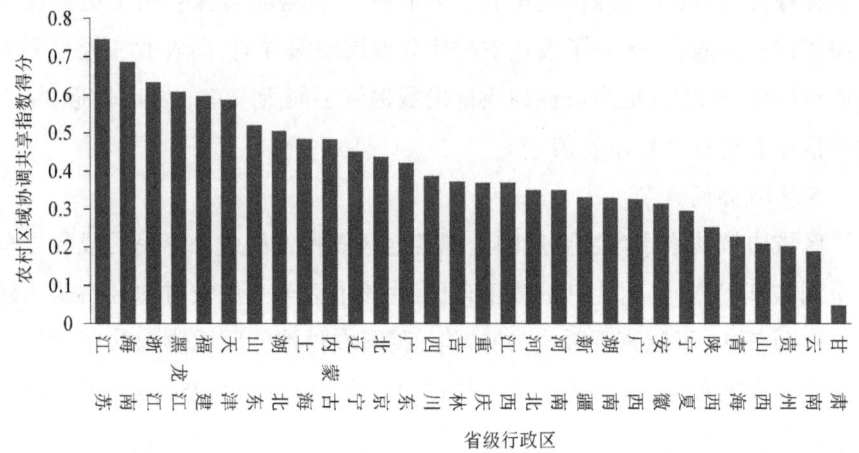

图 7-13　2017 年中国 30 个省级行政区农村区域协调共享指数得分

6. 生态文明建设

由图 7-14 可以直观看出,2017 年,我国农村地区生态文明建设得分最高的是青海省,为 0.723,与其他省份相比明显较好;排在前 5 位的还有黑龙江、贵州、新疆和云南,得分分别为 0.51、0.48、0.47 和 0.44。青海省得分较高的主要原因为人均水资源量较大,位居我国第 1 位,化肥和农药使用强度较小,分别位居我国倒数第 1 和第 2 位,农作物受灾率也较低。诸多因素共同作用下,青海省生态文明建设得分位居我国首位。黑龙江省排在第 2 位,主要原因为农用薄膜使用强度最小,而化肥使用强度和农药使用强度也较小。贵州省排在第 3 位,主要是因为农药、化肥和农膜使用强度较小,森林覆盖率较高,虽然没有排在第 1 位的指标,但是综合得分比较靠前。新疆排在第 4 位,主要原因是人均水资源量较大,农药使用强度较小。云南排在第 5 位,主要原因是农药、化肥和农膜使用强度相对较小,森林覆盖率较高。而生态文明建设得分较低的 5 个省级行政区从高到低依次为河南、上海、海南、福建和广东,而广东省得分最低,仅为 0.2。广东省得分最低的主要原因是化肥和农药使用强度偏大,农膜使用强度在我国处于中等,上述因素共同作用致使广东省生态文明建设得分最低。福建省生态文明建设得分较低的原因主要是农药、化肥和农膜使用强度均偏大,使用强度均位居我国第 3

位。而上海生态文明建设得分较低的主要原因为农膜使用强度在我国排在首位;化肥和农药使用强度也较大,位居我国中等位置;森林覆盖率较低,排在我国倒数第 4 位。

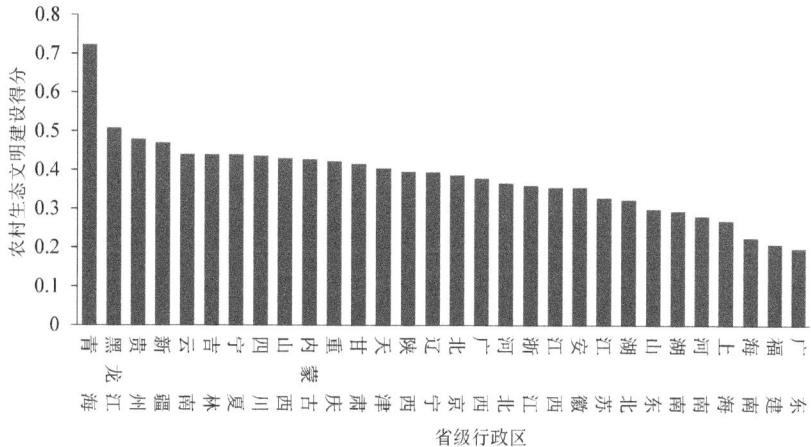

图 7-14　2017 年中国 30 个省级行政区农村生态文明建设得分

探讨篇

中国农业高质量发展的多维探究

第八章 农业高质量发展与经济高质量发展

随着科技的进步,劳动力供给逐渐过剩,新时代农业发展态势发生改变,农业发展也进入了一个新的发展阶段。传统农业增长动力弱化,农民农业收入增长乏力,农业发展面临的深层次矛盾显现。实现农业持续发展必须充分挖掘增长潜力,寻求新的动能,为农业发展打造新引擎。打造新引擎的核心在于推动农业高质量发展,提高农业发展效率,提升农业经济效益水平,打造可持续农业。农业高质量发展与经济高质量发展相辅相成,农业发展质量的高低直接影响到经济高质量发展的成效,而经济高质量发展对农业高质量发展也起到重要的拉动作用。

一、农业高质量发展是新时代经济高质量发展的迫切需要

(一)农业高质量发展是实现中国经济高质量发展的根本要求

农业是国民经济的基础,是经济系统一个重要的部门。随着我国产业结构不断优化升级,第一产业增加值占比逐步下降,2019年降至7.0%,对经济增长的贡献率也逐步下滑,近年来稳定在5%左右,远低于第一产业增加值占比。然而,农业部门肩负着国家粮食安全之重任。近年来我国粮食产量一直保持高位增长,连续多年超过1.2万亿斤。过去是8亿人"吃不饱",现在是14亿人"吃不完"。① 这表明我国粮食综合生产能力不断提升,能够满足国内基本需求,可以在原有目标之上,设定更高的价值追求。稳定的粮

---

① 韩长赋.大力推进质量兴农绿色兴农 加快实现农业高质量发展[J].甘肃农业,2018(05):6-10.

食产出为我国农业向高质量发展提供了坚实的物质基础,温饱问题的解决也为我国农业创造了稳定的社会条件。然而,我国近年来粮食进口量却不断攀升,粮食库存量也达到高点,出现"三量齐增"(产量增加、进口量增加、库存量增加)现象。这也充分暴露出我国农业发展存在的问题,比如生产成本高,农业结构待优化,农产品质量待提高,等等。事实上,我国粮食生产并不过剩,仍处于紧平衡状态,国内农产品供给和需求之间结构性失衡问题日益显现,农业发展尚不能充分满足国民经济发展需要。因此,农业发展质量直接影响到经济发展质量。

农业高质量发展能够促进生产、生活、生态"三生"协调发展,提升农业生产效率和效益,保障农民生活。经济高质量发展的核心是,要尽快挖掘经济增长新动能,从需求侧来讲,拉动内需也是很重要的动力。目前,由于体制制约,城镇化发展缓慢,中等收入群体基数增长缓慢,这在一定程度上影响了消费空间的扩展,导致无法充分挖掘消费增长潜力,消费能量得不到充分释放。2017年,我国有41.48%的人口在农村,内需政策效果受到农民这一消费群体的较大影响。由于群体基数大,蕴含着庞大的消费潜能,农民消费水平、消费理念和消费需求的变化都将对我国内需政策产生巨大影响。农业高质量发展能够进一步促进农民增收,既能够提高农民生活水平,又能够拉动内需,培育消费市场,充分挖掘消费潜力,形成经济高质量发展新动能。农业高质量发展同时又能够改善和优化农业生态环境,为公众提供一个良好的生活环境,为农业创建一个高效的生产环境,为实现经济高质量发展奠定良好的物质基础和社会生态条件。

(二)农业高质量发展是乡村全面振兴的重要内容

目前,农业经济发展成为制约我国经济高质量发展的一块短板。乡村振兴战略的提出契合了时代发展的要求和社会主要矛盾的变化,为新时代农业发展指明了方向,也将为推动农业经济发展注入强大动力。乡村振兴战略的实施应按照"产业兴旺、生态宜居、乡风文明、治理有效、生活富裕"的总体要求,其中农业发展和农民增收成为农业高质量发展的核心。如果没有高质量的发展,乡村振兴就无从谈起,传统农区农民增收缺乏动力,最终将会制约国民经济健康、持续发展。因此,农业高质量发展也是乡村全面振兴的重要内容。

经济发展是乡村全面振兴及各方面协调发展的前提。经济基础决定上层建筑,农村地区农业是基础,农业的发展需要第二、第三产业联合带动,形成产业新业态,在融合中创新和完善农业产业经营模式。把农村产业有机融合发展作为我国农村经济新的增长点,有助于推动产业升级,提升农业竞争力,促进农村地区经济发展,形成"地方财政收入增加→公共服务支出增加→公共基础设施(教育、医疗、交通、通信等方面)完善→吸引更多毕业生或优秀人才(人力资本积累)→为促进乡村经济发展奠定良好基础(优质劳动力、资金和科技等要素优化配置)"的良性循环。

乡村是大树的根,城市是大树的枝叶,所有枝叶的能量最终是要回归根的。生态文明就是乡村全面振兴的出发点和归宿。因此,乡村生态文明建设与我国生态文明建设息息相关,乡村生态文明建设影响着我国生态文明建设的成效。农业高质量发展就是在当前农业资源环境约束下,不以牺牲生态环境为代价,以农业技术为手段,在提高农业经济效率和效益的同时,着力控制并有效解决耕地面源污染、化肥农药大量使用、农业废弃物资源化利用水平不高等问题,缓解农业资源环境压力,不断改善农业生态环境。

(三)农业高质量发展是提升农产品国际竞争力的需要

随着全球各国经济融合程度越来越深,国际市场竞争也日益激烈,而我国农产品国际竞争力相对不强这一问题愈发凸显。当前,我国粮食产业综合生产能力显著提高,粮食生产具有一定的竞争优势和发展潜力,然而粮食产业竞争力相对不强,制约着我国农业现代化进程及"四化"同步发展。农业是国民经济的基础,而农村地区是我国社会经济高质量发展的最后一块"洼地",农村社会经济的发展直接关系着国家粮食安全、社会稳定和经济发展。提升农产品竞争力,不仅有助于充分发挥我国农业生产优势,促进农业提质增效,提升我国粮食产业竞争力,而且对于稳步促进农村经济发展、农民增收,确保国家粮食安全具有重要的现实意义。提升我国粮食产业的竞争力应该在价格和品质上下功夫,即同样的价格品质有优势,同样的品质价格有优势,或者两者都有优势。推动农业高质量发展,就应该结合不同区域的资源禀赋特征,因地制宜差异化发展,充分发挥不同区域的比较优势,实现由农业贸易大国向农业贸易强国转变,提升我国农产品在国际市场上的竞争力,增强我国在国际农产品市场上的话语权和定价权。

二、农业高质量发展对经济高质量发展的影响

(一)农业高质量发展有助于推动经济高质量发展

中国经济发展有"三驾马车",即出口、投资和消费。传统观念认为,如果出口出现问题,那么投资和消费可以支撑中国经济继续以较高的速度增长。这种认识忽略了三者之间的逻辑从属关系。[①] 经济增长的原动力是生产率的提高,增长的逻辑是生产率"加速度"最快的行业在向较慢行业的需求扩散的过程中,创造出足够的储蓄增量,从而为消费和投资提供经济基础。农村生产率低下,正是其"加速度"爆发的潜在优势。政府加大对农村和农业基础设施的投入,将改善农业产业的生产条件,降低生产成本,增加农业经济的利润。同时,资本市场经济资源的投入,会在农业的"四化"中产生远高于其他经济部门的生产率"加速度"。中国半数左右的人口仍然居住在农村,他们在生产率提升的基础上,将创造出规模巨大的新增储蓄。当更加优质的农产品涌向市场时,农民将要求交换更优质、更价廉、更节能、更多样、更新颖的工业消费品,从而刺激轻工业部门提高自身的生产率。当轻工业对原材料和装备制造日益渴求时,又将带动重化工业的发展。更加富裕的农村自然会产生城镇化的渴望,以进一步提高生活品质,这不仅会改善人口畸形的分布状态,缓解大城市人口过度集中的状况,还会对所有工业部门产生更为持久的需求。

从发展动力来看,高质量的经济发展主要靠创新驱动,具有较高的技术含量和科技进步贡献率;从产业支撑来看,现代化产业体系为经济高质量发展夯实基础,三次产业的现代化对于经济高质量发展来说缺一不可;从质量和品牌保障来看,高质量的产品、服务是经济高质量发展的应有之义,同时还应具有较强竞争力的品牌经济;从发展方式来看,高质量的经济发展应注重生态文明建设,充分融合和体现绿色发展理念,以尽可能少的投入和污染,创造更多的产品、服务和社会财富;从发展目标来看,高质量的经济发展应是区域更加协调、收入差距不断缩小的发展,使人民共享发展成果。农业高质量发展通过技术创新,构建现代化的农业产业体系,不断提升农产品竞

---

① 宋鸿兵.农业是未来经济增长动力[J].乡镇企业导报,2012(02).

争力,践行农业绿色发展理念,实现农业增效、农村增容和农民增收。农业高质量发展为推动经济高质量发展注入新的动力。

(二)农业高质量发展有助于保障生活资料有效供给

推动农业农村高质量发展,是我国经济转向高质量发展阶段的重要任务。从需求水平看,农业高质量发展丰富了人们的生活资料,在满足生产、生活资料数量上的需求之外,人们更加关注产品体验,通过提升质量实现专业化、品牌化。从技术水平看,摒弃以前高污染、高能耗的生产方式,通过绿色节能、创新高效的科学技术实现消费升级,即同样多的钱可以买到更好的生活资料,向绿色农业迈进。从发展潜力看,随着城镇化水平的提高,乡村消费潜力被进一步挖掘,坚持绿色生态、可持续发展的高质量农业是未来社会的大趋势,当农业高质量发展遇到乡村消费浪潮,经济活力将被充分释放。

第九章　农业高质量发展与新发展理念

在现阶段,要坚持立足新发展阶段,贯彻新发展理念,构建新发展格局,以新发展理念引领农业高质量发展,把农业作为"四化"同步的短腿,补齐薄弱环节,致力推进乡村全面振兴。

一、新发展理念引领农业高质量发展

(一)创新发展,增强农业农村发展动力

创新是我国农业高质量发展的重要力量,也是解决当前面临的问题、迎接挑战的必然选择。当前形势下,我国农业发展正面临着新旧动能转换的严峻挑战,要转变农业发展模式,促进经济持续健康发展,最重要的在于创新。这些年来,我国坚持以推进农业供给侧结构性改革为主线,以适应不断变化的市场需求为导向,推动农业农村从以数量为主转向以质量为主。以科技创新为先导,促进品种改良升级。在此基础上,通过完善质量监管体系,保证产品的市场需求,依托物联网云平台,建设农业生产环境探测监控与质量溯源体系,以保障农产品的质量和安全。要把制度创新作为基础,充分发挥资源的潜能,使农村生产力得到解放和提高。改革经营体制和机制,加快"三权"分置进程,发展多种形式的农业适度规模经营,推广"龙头企业+农民合作社+家庭农场+农户"经营模式。要把农业发展转向以科技进步为主、提高劳动者素质为主导的发展轨道,创新科技支持系统,构建和完善基层科技推广网络,加强新型职业农民的培养。

(二)协调发展,补齐农业发展短板

协调是农业农村持续健康发展的内在要求。近年来,我国坚持统筹城乡关系,同时从政府和市场两方面着手,已在努力补齐农村的基础设施与公共服务的短板,达到均衡合理地分配城乡公共资源的目标。通过加大基础设施建设投入,交通、水利和信息基础设施网络初步形成,标准农田建设成效显著。通过开展农村人居环境整治提升行动与美丽乡村建设,农村公共服务水平大幅提升。要坚持统筹发展,统筹城乡发展,优化农业生产结构和区域布局,实现农村一二三产业的融合,推动粮经饲统筹、农林牧渔结合、种养加一体化发展,不同地区结合资源禀赋特征逐渐形成了优势产业布局区域。通过鼓励农民自主创业,发展休闲农业、乡村旅游、养生度假等农村产业融合新业态,在补强薄弱环节的同时,也增强了发展的后劲。

(三)绿色发展,厚植农业发展优势

绿色是农村可持续发展的根本。近年来,我国始终坚持以"绿水青山就是金山银山"为核心的发展理念,强调资源保护和生态环境的突出问题。通过强化生态工程建设,大力开展水体连通工程,实现"循环清水"灌田。坚持发展高效的生态循环农业,实现农业生产和生态环境的和谐发展。从农业生产规模和环境承载力的角度出发,发展绿色、生态、循环经济,以达到"双赢"的目的。加强农产品质量安全监督管理制度建设,通过制定综合生态养殖技术标准,健全农产品质量、食品监督管理体系,推进标准化、规范化、标识化生产。

(四)开放发展,拓展农业发展空间

开放是农业农村繁荣富强的必由之路,是保障国家粮食安全、提升农产品市场竞争力、拓展农村发展空间的唯一途径。近几年,我们一直在努力提升农业市场竞争力,提高农产品的比较效益,不断提高农产品的附加值,并提升出口数量,积极参加农业的国际竞争和合作。目前已经逐渐培育了一批无公害认证农产品、绿色认证食品和有机认证食品,形成了一批具有竞争力的国家级农业龙头企业。通过政府引导、企业作为,不断扩大农产品的销售,更有效地提高企业和品牌知名度。积极参加农产品博览会、展销会,不断创新营销手段,把特色、高质量的农产品推向更广阔的国内、国际市场。

(五)共享发展,夯实农业发展基础

共享是中国特色社会主义的本质要求,是夯实党在农村执政基础的坚强保障。共享是发展的最终目的,也是发展的出发点和落脚点。近年来,我国坚持多途径提高农民的收入,使农民的获得感、幸福感持续得到提高。要强化规划指导,以发展休闲旅游为基本服务,扶持发展休闲农业和乡村旅游,将其作为振兴农村、富裕农民的重要支柱产业。要加强政策支持,增强农民抵御风险的能力。通过政府引导、民间参与、市场化运作的方式,组织、组建各类种养协会、各类养殖专业合作社,提供产前、产中、产后服务,引导广大农民规模化、标准化生产,提高农业生产效益。

二、农业高质量发展是新发展理念的体现

(一)农业高质量发展要贯彻创新发展理念

根据农业高质量发展的内涵,创新驱动是实现经济高质量和高效益发展的基石,坚持创新驱动能够加快农业转型升级,为农业高质量发展注入强劲动能。实现农业高质量发展必须有配套的制度作为保障,合理的制度能够激发经济主体的积极性及生产要素的活力,提高资源优化配置效率。因此必须对现有制度进行改革或完善,比如土地制度、人才引进制度、产权制度等。要实现农业经济、科技创新、金融和人力资源的协调发展,必须建立创新引领、协同发展的现代农业产业体系。要建立健全支持基础研究和原始创新的制度机制,建立科学的发现、培养和激励机制。要加快农业经济的发展,推动资源要素向农业经济集聚、政策措施向农业经济倾斜、工作力量向农业经济加强,把农业生产的现代化产业体系建设得更加牢固。

(二)农业高质量发展要贯彻协调发展理念

农业高质量发展就是要以产业融合为抓手,完善农业产业链条,提升农业竞争力和发展效益,实现城乡之间、区域之间、产业之间、农业与环境之间等方面协调发展,确保农业经济实现量的合理增长和质的稳步提升。要想有效地改善我国经济社会发展的不均衡与不充分,必须加快经济社会发展的速度。中国当前的经济结构问题,包括城镇非农产业迅速发展、乡村经济增长缓慢等。特别是在中西部,农业和农村的比例很高,发展比较落后。所以,从农业农村方面来看,必须积极地推进农业农村现代化,努力缩小城乡

之间的发展差距。

要实现我国农业的高质量发展,就必须解决好粮食问题,提高粮食生产能力,保证粮食基本自给,保证口粮绝对安全。在确保粮食产量的基础上,发展经济作物、饲料作物,并逐步优化农业内部的工业结构。随着人民生活水平的提高,人民对食物的品种、质量的要求也日益提高。人在饿的时候只想吃粮食,粮食吃饱后又想吃蔬菜、水果和肉,在这些都吃饱的时候又追求品质高档的食物,比如现在都讲究吃土鸡、柴鸡蛋等。所以,产业结构要按照这样一个顺序来调整。各地区农业高质量发展在提升农业经济效益的同时,逐步缩小城乡之间和区域之间的发展差距,以绿色发展为主基调,降低农药和化肥使用强度,保障农业发展的同时减轻资源环境的压力,实现农业和生态协调发展。

(三)农业高质量发展要贯彻绿色发展理念

要实现农业高质量发展,必须综合整治城乡环境,加大农业面源污染防治力度,扩大退耕还林还草规模,深化草原防护,开展退耕还湿、退养还滩等。这一切都是为了让过度耗用的资源环境逐渐地得到恢复,从而促进农业可持续发展。加大化肥的使用量能够增加产量,但同时也会导致土壤有机质不断下降;向田地喷洒农药可以缓解病虫害,然而会把一些益鸟、益虫和有益细菌都杀死,导致生态失衡。因此,要环境和高质量发展两手抓,农药、化肥的使用量要遵循"减量增效"原则,同时加大环境保护力度。坚持最严格的耕地和水资源保护制度,接续推进化肥、农药稳中有降,统筹推进节水、节肥、节药、节地、节能,促进农业降本提效、节约保收。

(四)农业高质量发展要贯彻开放发展理念

要实现农业高质量发展,必须从国际和国内两个方面发力,以劳动力密集、土地密集的出口为主,缓解我国粮食和土地供应短缺问题。除农产品进出口外,还有一种农业对外开放的新途径——以企业形式对外输出劳动力和农业技术,也就是到国外去种地。比如,黑龙江的一个农村党支部书记成立了一家公司,带领村民到俄罗斯去种地,主要种植非转基因大豆。由于俄罗斯等国家的土地资源很多,但利用率较低,我们到国外去种地是很有发展前景的。另外,城市郊区的一些高素质劳动经营人才也可以利用技术、市场优势,向这个方向发展。农业高质量发展要充分利用国内外两方面的资源,在引入国外先进农业技术和经验的同时,不断走出去,充分利用国外耕地资源,发挥我国农业发展优势,这也是实施藏粮于地战略的一种路径。

(五)农业高质量发展要贯彻共享发展理念

当前,我国农业效益不高、农民增收动力不足的问题仍然突出。一是相对于第二、第三产业而言,农业比较利益还比较低。2023年,我国农民工占全国劳动力的比重超过38%,农业产值在GDP中所占比例已经降到15.34%以下,农业劳动生产率远远落后于第二、第三产业,所以有"种地一亩不如打工两周"的说法。二是农产品的产业链还比较短,农产品的附加值较低。目前虽然有了长足的进步,但由于缺乏精深加工,产业链条偏短,产品价值链单一,农户销售的主要还是"原字号"和"初字号"产品。三是农业多功能发展还不够,生态文化等方面的价值拓展不充分。随着大家收入的提高,生活水平也在不断提升,人们到农村去吃、喝、玩、赏等体验农事的一系列活动也逐渐流行起来。与此相比,我国农业生产关注更多的还是产品"够不够",对经济、生态、社会、文化等方面的开发关注还不够。

近年来,我国农民收入呈现稳步增长趋势,但是农业收入增长乏力,增速相对缓慢,在一定程度上制约了农民收入的提高。农业生产要素价格上升、农产品价格波动、农业比较收益低等因素导致农民农业生产积极性不高,这也是农业发展质量不高的重要体现。近年来,有关部门不断加大农业投资力度,完善农业补贴政策,改革农产品价格形成机制,健全农民增收扶持政策体系,使农业现代化的发展成果惠及广大农民。要围绕农民增收进一步发力,加大特色优势产业的发展和精深加工,通过产业支撑推动农民增收,让农民合理共享农业高质量发展的红利。

第十章 农业高质量发展与供给侧结构性改革

一、供给侧结构性改革,发挥农业高质量发展主线作用

要深化农业供给侧结构性改革,做大做强特色粮油、水产品加工、优质蔬菜、经济林果等优势产业,实现生态农业提质增效,推进农村一二三产业融合发展。要科学有序地推进乡村振兴战略的实施,建设美丽乡村,深入推进城乡融合发展,谱写我国农业高质量发展的新篇章。

(一)质量变革:农业生产导向从增产转向提质

牢牢抓住农业供给侧结构性改革,"三农"形势稳中向好、稳中向优,农业生产导向从增产转向提质。近年来,我国粮食综合生产能力逐步提升,粮食产量稳定,表明我国的农业抗灾减灾能力和科技支撑能力有了明显的提升,综合生产能力有了极大的提升。近年来,我国粮食综合生产能力稳步提升,为保障粮食安全奠定了坚实基础,粮食生产逐渐由数量转向数量和质量并进。当前我国粮食安全形势发生明显变化,过去数量不足,现在数量充足,但是结构性矛盾存在方向转变。因此,农业高质量发展应该以市场需求为导向,提供满足消费者需要的高品质农产品,农业发展也应该进一步提质增效。

(二)效率变革:生态优先,绿色发展

农业绿色发展就是要把过去农业高投入、高消耗、高产出的发展模式,转变为依靠科技进步,提高农业资源利用效率,降低对农业资源带来的生态压力,提高农业发展效率。当前我国每年产生大量农业废弃物,但是综合利

用率较低,造成资源浪费,同时也加重生态环境压力。农业化肥、农药使用强度较大,造成土地地力下降,农产品农药残留量高,不利于生态环境的可持续发展。农膜每年使用量也较大,但是回收率较低,对耕地造成污染。因此,农业生产效率的变革方向应该是绿色发展,通过农业供给侧结构性改革,为推动农业高质量发展提供政策支持。

近年来,我国许多地区已经实施农业绿色发展,并出台相关政策。全国形成许多秸秆综合利用示范点,有效地提高了农业秸秆利用效率。我国当前已经实现农药和化肥使用量零增长,但是距离"三不、两零、一全"①发展目标还存在较大差距,农业废弃物资源化利用率仍有待提高。

(三)动力变革:二轮土地承包到期后延长30年

党的十九大报告提出,要进一步深化农村土地制度改革。改革的主要内容为:保持土地承包关系稳定并长久不变,第二轮土地承包到期后再延长30年。二轮土地承包到期后可延包,是农业农村发展的基础动力。农村土地改革要坚持"三不能变",即农村土地集体所有、家庭经营基础性地位和承包关系三方面不能变,切实保障农村、农民的利益。新一轮的改革极大地培育和激活了农业生产力,农业产业化联合体有序发展。这种联合体将农民合作社和家庭农场有效地结合在一起,针对市场需求,推动产业标准化、集约化发展,从而推动了现代农业的发展。

二、高质量发展,显现农业供给侧结构性改革

近年来,我国粮食产量都稳定在1.2万亿斤以上,农业发展已经从"数量"转向"高质量"发展新阶段。"高质量发展"这个关键词备受关注,也成为学者和相关部门工作人员关注的热点。

(一)优化结构:随市场需求而调整

深入推进农业供给侧结构性改革,走质量兴农之路,要把重点放在农产品的品质和安全上,坚持以市场需求为导向,调优品质,调精品种,调顺产业,使农业结构布局与市场需求相适应。要实现农业高质量发展,应着力提升农业发展效益,提供优质的农产品,兼顾农业生态效益,提高农业资源利

---

① "三不、两零、一全",即耕地数量不减少,耕地质量不降低,地下水不超采;化肥、农药使用量零增长;秸秆、畜禽粪污、农膜等农业废弃物全部资源化利用。

用效率,不断优化农业生产结构。不同区域应结合当地资源禀赋和优势、特色产业,根据市场变化生产能够满足市场需求的农产品,以免出现农产品供给与需求不匹配,造成农产品滞销问题;否则,既不能满足消费者需要,又不利于提高农民收益。因此,农业结构的调整要以市场需求为导向,随市场需求变化而灵活调整。

(二)转变方式:与资源环境相匹配

走质量兴农之路,就必须改变过去那种高消耗、高投入的粗放式经营方式,转向绿色、集约式经营,实现农业可持续发展。我国化肥、农药零增长的任务已经提前完成,必须加快推进化肥和农药减量工作,并通过总量控制和强度控制相结合的方式,使化肥、农药的总量和强度不断快速降低,逐步达到安全、合理的范围。针对不同地区、不同农作物,分地区、分农产品、分阶段梯次推进化肥、农药减量工作。以农业企业、农民合作社、种植大户、基层植保单位为核心,培育一批技术骨干,引导农民科学应用绿色防控技术。同时,将绿色防控纳入领导干部业绩考核内容,使绿色防控成为一种常态化的工作;增加地膜回收、加工、循环使用网点,积极研发、试验可降解地膜;开展秸秆综合利用,加快推进秸秆利用的规模化、产业化发展;加大畜禽养殖废弃物的监测力度和污染防治力度。

(三)激活动能:以提质增效为导向

推动农业高质量发展,必须充分激活农业发展动能。目前,我国农业发展整体竞争力还不够强,农业经济效益还不够好,尤其是粮食生产,社会效益高,但是经济效益低。如何充分挖掘农业发展动能?应该以产业融合为抓手,通过第二、第三产业带动农业的发展。当前消费者需求已经由过去对量的需要逐渐转向对质的需要,因此农业发展应根据市场需要变化,生产适销对路的农产品。通过农业科技支撑,加强农业生产管理,以提质增效为目标,实现农产品数量和品质双提升、农业收益提高及生态环境压力减小的目标。同时,不断创新业态,通过供给侧结构性改革,为消费者提供新型的农产品和服务。积极推进产业融合发展,通过第二、第三产业带动,助力农业提质增效。

农业高质量发展应充分利用农业科技创新的优势,通过产业链、价值链和创新链来寻找发展契机。通过技术创新,不断提升农产品加工品质和工艺，延长农业产业链，深入挖掘农产品附加值。在农产品生产、加工、销售、仓储等各个环节应形成一条龙服务，协调各个环节主体，使各个环节有效对接。产业链条延伸过程中，价值链也会随之延长，受益的经济主体就会增加，农产品经济价值就会得到充分发掘。针对农业功能发挥不充分、产业增值溢值能力弱等方面的问题，应加大农产品加工、精深加工、休闲观光、乡村旅游等方面的扶持力度，进一步拓展农业功能，打造全产业链产业，促进一二三产业融合发展。

第十一章 农业高质量发展与压舱石作用

我国农业农村经济对我国农业具有压舱石作用,具体体现在衣食安全、原料保障、就业增收、生态保护、推动改革和决胜小康作用等诸多方面。直到现在,我国农业压舱石的作用还没有完全发挥出来。其中,衣食安全和原料保障作用虽已得到发挥,但仍然存在着巨大的发展空间;就业增收和生态保护作用虽已经有所显现,但仍有很大的发展空间;推动改革和决胜小康作用虽然已经初见成效,但仍有巨大潜力可挖。

一、压舱石作用具体体现

2019年中央一号文件指出,要充分发挥包括农业、农村、农民在内的"三农"压舱石作用。农业压舱石作用"实不实""牢不牢",直接决定着我国经济、社会、生态发展"稳不稳""健不健"。

(一)衣食安全作用

农业的衣食安全作用,主要体现在农业能否保障吃饱穿暖、生存无忧的问题上,让人们不去担忧饥饿严寒等问题,从而保障人类和经济社会的可持续发展和高质量发展。农业的衣食安全作用,主要体现在为人们提供食物供给、衣物供给和安全共享等多方面。另外,由于我国经济的迅速发展,社会主要矛盾也随之发生了改变,从而使农业的衣食安全作用也出现了变化。现阶段,我国对衣食安全作用的要求转变为高质量、高营养、高舒适、高美观等需求,人们也更加注重穿着的时尚性与舒适性,以及饮食方面的偏好与营养搭配。

在推进农业高质量发展中,农业衣食安全基础作用是保障人民的生存问题,做到"手中有粮,心中不慌",提高人民的生活质量,发挥衣食安全的压舱石作用。

(二)原料保障作用

原料保障作用主要体现在,保障制造业和加工业的原材料供应,确保制造业、加工业、服务业与商业不用为原材料担忧。为食品加工、饲料加工、生物与能源产业提供充足的原材料供应,是促进第二产业与第三产业高质量发展的重要保障。另外,为了实现资源再利用,提高加工产业资源利用率,就需要保障农业关联产业的原料供给,这也是原料保障作用的一个方面。

(三)就业增收作用

就业增收作用主要表现在,促进农业发展,解决农民就业和增加农民收入,让农民能够就近获得较为满意的收入,进而发挥农民不失业、不降低收入的保障作用,促进农业农村高质量可持续发展。解决农民就业与收入问题,就是解决民生问题,使农民能够就近就业,发挥农业就业增收作用。

(四)生态保护作用

生态保护作用主要表现在,保障农村生态平衡与环境优良,确保发展资源节约型与环境友好型农业,切实做到人与自然和谐共处,进而促进农业农村生态环境质量的提升。在生态保护作用中,包含了优化农业生产环境、农民居住环境等方面,杜绝生产废料乱处理、居住环境脏乱差等现象,做到人与自然真正合二为一。

(五)推动改革作用

推动改革作用主要表现在,保障改革动能与改革经验的持续性供给,催发农业带动改革的动力,利用农业发展的积极性,促进我国实现全面深化改革,能够在发轫改革和持续供给改革等多方面提供经验。

二、农业高质量发展与压舱石的关系

"高质量发展"是在2017年第十九次全国代表大会上被首次提出的,它主要说明了我国经济从高速增长阶段向高质量发展阶段转变。随着我国社会矛盾的变化,高质量发展概念不仅被应用到经济领域,而且还渗透到我国各方面的发展中。从农业的角度来看,农业高质量发展的重点在于推进传统农业向现代农业转变,实施乡村振兴战略,推进农业农村的现代化发展。因此,把农业高质量发展作为新时代农业的压舱石,对解决"三农"问题具有重大意义。

(一)农业高质量发展是保障国家粮食安全的压舱石

农业高质量发展作为新时代农业的压舱石,要守牢耕地保护红线,保证农产品质量安全,满足人民日益增长的食品需求,切实保障我国粮食安全。随着我国农业现代化的高速发展,为了与现代化农业生产与经营方式相适应,建设农业高标准农田成为重要任务之一。高标准农田以保护耕地和提升地力为基础,建成集中连片、设施配套、抗灾能力强的现代化农田,实现旱涝保收、高产稳产、保护环境的目标。农田是保障粮食安全的根基,推进农业高质量发展,必然推进高标准农田建设的进程,改善农业生产条件与生态环境,从基础上保证粮食的生产能力。

另外,为最大限度地稳定粮食供应,应加强粮食仓储建设,提升储粮技术。随着农业高质量发展进程的不断推进,农业相关基础设施不断得以完善,为我国仓储建设与储粮技术提高提供了理论依据与技术支撑。进入21世纪以来,我国对储粮基础设施进行了大范围更新,一改落后的仓储建设理念,采用先进仓型。农业高质量发展带动了仓储设计理念的更新,加入了智能化设备与自动化控制系统,从整体上优化了粮食仓储设施,大大增强了仓房的密闭性与保温隔热性。对于储粮技术,我国在21世纪相继提出了在线智能粮情监测、智能化粮库通风、自动化粮库和低剂量熏蒸剂环流熏蒸等技术。此类相关技术,大大提高了粮食仓储的系统化与标准化,并且在农业高质量相关政策的推进下,储粮技术又融合了绿色技术,在提升智能化与信息化的基础上,增加了环境保护技术,从而增强粮食安全,推动可持续发展。

农业高质量发展促进了粮食运输过程中有关措施的改进。通过系统化、规范化管理粮食流通方式,合理布局粮食物流节点,降低了粮食运输环节的损失。农业高质量发展依托科学技术、合理制度等,成为国家粮食安全的保驾护航者、国家粮食安全的压舱石。

(二)农业高质量发展是保障农民增收的压舱石

1978~2020年,我国农业总产值由1117.5亿元跃升至71748.2亿元,2020年农民人均可支配收入达到17131元。在我国经济由高速增长发展到高质量发展的同时,农业农村也进入了一个新的历史阶段,农民增收面临着内部环境与外部环境转变带来的压力。农业高质量发展是保障农民增收的压舱石,它可以从环境保护、政策支持与创新驱动等几个方面为农民增收提供可持续的推进作用。

农民增收面对的土地资源、产业结构、招商引资等外部环境问题是首先要解决的。农业高质量发展为其提供了相关条件。

(1)根据农业协调发展要求,要优化土地资源的分配,扩大土地规模,加强集约化,发展农业农村集体经济,拓宽农民的财产性收入增长渠道。

(2)通过农业供给侧结构性改革,加快农业产业结构的调整,积极推进三产融合,妥善解决了缺乏优质特色农产品的产业结构不平衡问题,使农产品多样化,提高了农民的经营性收入。

(3)随着农业高质量发展,农业也出现了新的投资机会。政府带头优化农业投资环境,吸引社会资本向现代化农业进行投资,拓宽了农民增收渠道。

(4)农业高质量发展的外部性要求,为农产品生产开拓了更大的世界市场,提升了农产品的国际竞争力,为农民增收创造了良好的国际环境。

另外,农业高质量发展也为农民增收提供了良好的政策环境。近些年,政府为了促进农业农村优先发展与转型升级出台了一系列相关政策。首先,完善了农业农村支持保护政策,出台了加大农业补贴政策,加大了对农业的扶持力度,保障了农民的基本收入。其次,调整了城乡劳动者公平就业制度,大力支持农民自主创业,加快城乡融合步伐,拓宽农民增收渠道。最后,通过深化农村集体产权制度改革,激发农村资源资产要素活力,促进农业集约发展,释放农民增收潜能。农业高质量发展作为农民增收的压舱石,真正促进了各项政策的落实与实施,并且完善了促进农民增收的各项政策制度,使农民收入实现全面增长。

农业高质量不仅从外部为农民增收创造了良好环境,也从内生机制方面推动了农民增收。农业高质量发展促进了农业生产功能的革新,通过科学手段改造农业,提高农业机械化水平,降低农业生产成本,建立自然灾害监测体系,减少因灾害而带来的经济损失,为农民增加收入提供了现代农业收入渠道。另外,农业高质量发展为农民提供便利的学习条件,通过增加培训途径与专家实地传授经验等,让农民切实提高教育水平,使农民通过利用技术获得更高的收入。

(三)农业高质量发展是保障农业提质增效的压舱石

农业高质量发展推动了农产品质量提升。近些年,我国相继出台了有关农产品标准化生产政策,提出要加快制定农产品质量等级、农业生产投入品等各类农业标准;加强农产品质量监督,推动农作物病虫害防治、生猪屠宰等条例的制定和修订,实施新修订的农药管理法规;加快农产品质量安全追溯体系建设,把农产品的质量和安全与项目安排相结合。随着对农业高质量发展理念的践行,我国对农产品质量的把控更加严格,逐步将新型农业经营主体纳入农产品质量监管名录,引导新型农业经营主体、现代农业园区与农户积极开展标准化生产,真正做到全面提高农产品生产质量。另外,农业高质量发展理念推动了农产品自主品牌的创新,通过开展品牌认证、建立品牌目录等措施,强化了品牌保护意识;将农产品品牌进行集中管理,积极打造出立得住和叫得响的农产品区域公用品牌;通过各种媒介与展会加大宣传力度,将农产品品牌推出去,提高社会知名度和市场占有率,做出中国独有的农产品自主品牌。

作为我国农业机械化水平增效的压舱石,农业高质量发展战略针对农业生产经营中用工难、用工贵、效率低、难监管等问题,鼓励和引导农机科研机构研发适合主要经济作物、丘陵山区作业的小型农业机械,提高了生产效率,降低了人工成本,推动了集约化生产。针对农业生产过程中过量使用种子、化肥、农药等问题,全面推广水肥一体化、测土配方施肥、精量播种等生产集成技术,提高了农业生产资料集约化利用水平,降低了农业生产投入物化成本。另外,高质量发展推进了规模化经营的实行,解决了土地过度集中带来的潜在风险。同时,重点发展了农业社会化服务组织,广泛开展了土地托管、联耕联种、代耕代种等单式服务,解决了一家一户办不了、办不好、办了不合算问题,促进了小农户降本增效。

为了实现高质量发展,在确保粮食绝对安全的前提下,加强对优质良种的研究,优化区域布局,巩固油料、棉花等主产区的生产基础,促进园艺作物增值增效;带动养殖业高效发展,稳定畜牧业生产,重点支持适度规模的家庭牧场,合理规划水域养殖规模,推动水产养殖减量增效。农业高质量发展进一步推动了产业融合,让农业加工企业、生产合作社、农机服务公司等农业社会化服务组织相互贯通,拓展服务内容。促进一二三产业融合发展,以高科技、低消耗为主导,利用信息化与工业化优势带动农业发展,优化城乡区域产业结构和布局,提高农业生产效益,推进农业经济增长方式的根本转变。

(四)农业高质量发展是保障农村增容的压舱石

促进乡村宜居宜业是实现农业农村现代化的重要目标之一。根据乡村振兴战略规划中提出的打造美丽乡村,国家也制定了相应的农村环境治理政策。首先,坚持将环境保护作为基本任务,加大绿色生产理念宣传力度,提高农户参与环境保护的积极性。其次,完善环境监管制度,督促地方建立和完善问题投诉反应机制,加强对秸秆焚烧等污染环境问题的管控,提升乡村空气质量。最后,统筹推进农村生活垃圾污水治理,推动有关职能部门指导各地全面推进农村生活垃圾污水治理,开展就地分类、源头减量试点。

农业高质量发展利用现代化工业手段,回收秸秆、畜牧粪便等生产废料,进行二次加工利用,解决废料污染环境问题。采用智能化监管设施,在种植业生产过程中,精细化施肥、浇水,减少资源浪费。通过新媒体和网络平台,加强宣传教育,普及科学知识,增强农民的健康意识和环境保护意识。农村医疗卫生、文化等公共基础设施不断得到改善,公共服务水平不断提高,农民的居住条件得到改善,获得感与幸福感得到提升。农业高质量发展成为农村增容的压舱石。

三、加快农业高质量发展,切实发挥压舱石作用的路径选择

随着经济高质量发展新时代的到来和农业农村发展理念的转变,农村的发展形势与格局也发生了巨大转变。在新发展格局下,我国的农村社会既有了新的发展机遇,也有了需要面对的新挑战。从农业农村的发展目标与任务来看,将农业高质量发展作为发展理念是切合农业农村发展路径的。农业高质量发展不仅可以成为农业农村发展的压舱石,更可以促进现代化农业发展。在推进农业高质量发展的新时代,科学、合理、正确地选择农业农村发展路径也尤为重要,发展路径的合理性与前瞻性不仅可以确保乡村全面振兴实践方向的正确,而且有助于提升农业发展的效率。

(一)优化农业农村高质量发展理念

从农村发展的总体目标来看,新时代对农业农村发展提出了新的目标要求。随着我国脱贫攻坚战取得全面胜利与小康社会的全面建成,发展目标不再是解决贫困问题,而是将高质量发展作为新的发展理念。在新时代发展路径中,农业农村应走新型现代化发展路径,走以人民为中心的社会现代化道路,以满足人民群众日益增长的美好生活需要、积极实现共同富裕为主要目标。为实现这一目标,应积极探索符合我国国情的高质量发展道路,根据各个区域乡村环境的差异性,树立现代化发展目标,制定具有地方特色的高质量发展战略。另外,在高质量发展相关制度的支持下,要充分激发农村社会具有的能动性与创造性,践行国家新时代发展理念,实现农村社会现代化发展目标。

从农业生产发展角度来看,我国已经进入可持续发展阶段,农业是生态经济建设的一部分,应将生态环境管理作为发展的核心任务之一。加强对农业生产中所用化肥及农药质量的监管,严格规定化肥、农药使用量,严格把控市场中流通农产品的质量检验。利用现代化信息技术,监控农业生产种植情况,增强农业品种研发的科学性。改变传统观念,将发展生态农业的观念融入生产中,把生态农业项目变成生态旅游项目,提高项目的附加值。可持续发展已成为全球认可的发展理念,在农业发展路径中,应积极将生态农业与高质量发展理念相融合,走新时代可持续发展道路。

从产业融合发展角度来看,在推进现代化农业产业发展过程中,将产业化与工业化发展理念融入其中,有利于解决传统农业生产中存在的无规划、规模小等问题。同时,通过引进工业化技术,可以使农业的生产力得到提高,从而使农业的规模效益得到进一步提高;深化农业供给侧结构性改革,大力提高农业产业的附加值,利用第二、第三产业融合发展理念,刺激农业经济发展,形成农业新业态。将智能化、数字化等作为农业产业技术服务的支撑,加快推进"互联网+农业"的功能性平台建设。优化产业融合理念,打造新时代农业产业发展路径,是发挥农业高质量发展压舱石作用的关键之一。

粮食安全始终是关乎我国国民经济发展、社会稳定和国家独立的全局性重大战略问题。从粮食安全角度来看,优化新时代粮食安全发展理念,是确保中国人的饭碗牢牢端在自己手中的前提。目前,我国粮食安全非常稳固,但面对国际粮食安全问题的冲击,国内人口增长、耕地面积有限、生态环境污染严重、农民种粮积极性降低等现象依然存在。所以,我国要树立全球化粮食安全发展理念,引入"一带一路"发展规划,将建立亚洲粮食安全圈作为起点,积极建设全球化粮食安全系统。另外,要积极改善耕地质量,降低化肥、农药对耕地污染程度。利用高新技术研发粮食种植品种,在促进粮食增产的同时,提高粮食质量。拓展农业保险范围,将商业险与政策性保险相结合,建立健全保险体系,降低农户粮食种植风险,提高农户种植积极性。切实构建中国高质量粮食安全保障体系,提升中国粮食安全保障能力。

(二)加大农业生产科学技术研发力度

随着我国科学研究的不断拓展,在工业与服务业等方面的高新技术已经逐渐成熟。虽然农业生产性基础设施逐渐完备,但是相较于第二、第三产业,农业生产的相关基础设施仍然比较落后,并且农业生产技术的某些方面处于相对空白阶段,如粮食品种、耕地质量等生产技术,依旧没有享受到高新技术带来的福利。近些年,我国也出台了一系列相关文件,加大农业生产科学技术研发力度,淘汰落后的生产性基础设施,完善农业生产基础设施,解决农业劳动力短缺、有地无人耕等问题。

将数字化、智能化等新技术,同步引进到农业生产技术中。我国数字化与智能化技术日益完善,大多数都已被运用到工业与服务业当中,但农业生产中相对匮乏。如今,传统农业生产技术只能作为粮食生产的基本保障,在提质增效等方面依然需要技术手段对其进行改善。数字化与智能化,正是推进提质增效的有力助手,利用数字化的监管与实测数据,能够有效地分析农业生产中资源分配;智能化打造出的 AI 等系统,能够减轻农业劳动力工作负担。所以,要构建数字化农业与智能化农业,利用高新技术合理分配农业生产资源,减少农业资源损失,提高农业机械化生产力,切实做到提质增效。

农业生产科学技术研发也要具有一定的针对性。上述曾提到农业某些方面依旧未享受到高新技术的福利,在此方面应积极补漏,让农业生产全方面享受到科学技术带来的福祉。例如:在新品种的培育中,开发新的种植方式,力求既能增加产量,又能改善农产品的品质;化肥、农药方面更需要新技术的加入,研发无公害物质的化肥、农药,有利于保障食物的安全,降低对耕地的污染。

(三)补齐农业高质量发展短板

要正确地确定农村发展路径,就必须正确地把握农村发展的主要矛盾。当前,虽然我国已经实现全面脱贫,但农村地区仍然有发展不平衡不充分等问题。随着农业高质量发展的不断推进,针对发展不平衡不充分问题,提出了补齐农业短板这一解决方法。因为,按照"短板效应"原理,如果不能补齐农业发展中的短板,就难以达到平衡发展[1],无法实现充分发展,成为高质量发展道路上的绊脚石。

要想强化我国农业高质量发展的薄弱环节,就必须补齐高质量发展中的短板。从目前我国农业和农村的发展状况来看,产业发展与农村教育是比较突出的问题。从产业发展方面来看,农业产业结构与生产经营方式过于单一,即在一定区域内农业生产过于依赖种植业,且种植结构相较单一,与市场需求变化机制脱节。为补齐产业发展中的短板,需要从供给侧结构性改革方向入手,根据市场机制的原则,调整农业内部的生产机构,优化农业种植结构,补齐产业发展结构中的刚性短板,提升农业生产的经济效益。另外,要将产业融合与城乡统筹发展作为突破点,建立城乡之间相互融合的一体化发展机制,消除农村二元壁垒,加快城乡之间资源和要素的流动,提高资源和要素配置效率,突破城乡二元经济的瓶颈,从而激发农业产业的内生动力,进而带动农村产业发展。

要解决农业高质量发展不均衡问题,必须解决农村教育中存在的问题。农村教育水平落后、资源配置不均衡、教育发展机会不均衡等都是农村教育中亟须解决的问题。要补齐教育短板,必须坚持以人为本,解决农村教育资源匮乏问题,加大对农村教育的资金投入力度,改善农村的基本教学设施。为实现受教育机会均等化,在农村教育发展中,应加大城乡融合发展力度,减少体制与资源配置带来的影响。当然,在城乡融合发展过程中,农村的教育内容也逐渐脱离了农村社会实际,教育内容鼓励农村受教育群体脱离农村,导致农村高等人才逐渐流失。针对此类问题,要优化农村教育内容,培

---

[1] 陆益龙.乡村振兴背景下乡村发展的路径选择[J].北京大学学报(哲学社会科学版),2021,58(04):18-26.

养农村人才建设家乡理念,补齐农村教育存在的结构性短板,提升我国农村教育的质量。

(四)健全农业高质量发展服务机制

可持续发展理念是农业高质量发展的应有之义,而农业的持久性与长效性发展,应该以农业经济发展的稳定性为基础,应该把健全农业社会化服务机制作为抓手之一。在健全农业社会化服务机制的过程中,要结合区域特征制定可行性发展方案,首先要建立完善约束性机制,完善农业基础设施,严格监管农业生产中出现的资源浪费行为,尤其对环境恶劣区域的农业发展要加大约束力度,优化环境保护与环境污染治理服务机制,加强农产品质量检验。将以上作为农业社会化服务机制构建的核心范畴,促进我国农业经济的可持续发展。其次要建立有效的预防性治理服务体制。一方面,在维持和保证农业发展的同时,实现农业高质量可持续发展;另一方面,要健全原有的农业社会化服务体制工作职能,将工作重心转向支持农业高质量发展与防止农业发展滞后方面。通过建立预防性的监测与应对体制,针对服务体制不完备的地区,提前采取有效的帮扶措施,防止农业生产滞后问题出现。

(五)完善农业高质量发展相关政策

任何发展战略与发展理念,都离不开相关政策制度的支持。为加快我国农业高质量发展,充分发挥农业的压舱石作用,我国应积极出台相关优惠政策,完善农业高质量发展相关制度,保障农业高质量发展战略的落实。

首先,从预防性机制方面来说,要对农业经济发展趋势进行预判,完善我国土地流转制度,规范农产品市场保护机制,这些都是有利于农业高质量快速发展的有效路径。

其次,从农业生产制度方面来说,要根据我国农业高质量发展战略落实过程中出现的其他情况进行补充。在充分完善基本制度的同时,依据国家有关高质量发展的政策,因地制宜地建立健全适合区域发展的相关制度,主要以农户的合法权益与利益为根本,建立健全全面性保障农户利益的相关制度。这对激发农民发展农业的积极性、促进农业的高质量发展具有重要意义。

(六)加强乡村全面振兴与高质量发展相互融合

乡村振兴战略是一项复杂而又艰巨的系统工程,要充分结合相关理念,优化农业农村发展路径是非常重要的。因为只有在融合性的发展理念中,乡村全面振兴的发展道路才能更加宽广,乡村振兴的方式也更加多样,才能有效地推进乡村全面振兴。高质量发展理念与乡村振兴的目标紧密贴合在一起。高质量发展不仅是乡村全面振兴的应有之义,也是促进乡村全面振兴的中坚力量。与实施脱贫攻坚战略相似,推进乡村全面振兴也需要国家出台相关政策和措施。在工业化、数字化、智能化的社会转型进程中,农业、农村和农民"三农"发展处于弱势地位,面临严峻挑战。农业高质量发展与乡村全面振兴在一定程度上都离不开政府推行和实施具有扶持性、保护性和建设性的政策措施。农业高质量发展与乡村全面振兴为新发展格局下的农村发展注入和补充新的动力。此外,在加快农业高质量发展中,还需要更好地发挥市场机制的积极功能,要通过制度创新,进一步加大农村对外开放程度,让市场的强劲力量推动乡村全面振兴。

进入新时代,农业高质量发展还要与城乡统筹发展有机融合起来,共同推动农村的发展。农业高质量发展理念与新型城镇化并行不悖。新型城镇化体现出农村和城镇多元化的发展路径,还有农村生活方式的城镇化,以及我国农村集镇不断出现的中心化、中心村、村庄新型社区化等路径。

从某种意义讲,乡村全面振兴与农业高质量融合发展的耦合点就在于大力推进农业农村可持续发展。随着城乡发展的不断融合,越来越多的农村区域逐渐兴旺与繁荣,不仅丰富了原有农村生活的内容,还提升了农村区域的城镇化水平。但是在农村的发展中缺乏长期规划,农业高质量发展的提出,就是为了弥补这种缺失,农业高质量发展对农业社会现代化和可持续发展具有推动作用。因此,在实施乡村振兴战略的同时,必须着眼于实现农村社会的高质量发展和可持续的高质量发展。无论从城乡体制变迁的角度看,还是从苏南等东部发达地区乡村发展历史经验看,农业高质量发展既是破解"三农"问题困局的重要突破口,也是实现农村社会现代化和农业可持续发展的有效路径。总之,要有效地将乡村全面振兴与高质量发展理念融合起来,形成驱动农村社会经济发展的"两驾马车",实现农村发展动能及驱动方式的更新,更好地推进农村可持续发展。

政策篇

中国农业高质量发展的政策体系

第十二章 国外发达国家农业高质量发展的经验与借鉴

发达国家是现代农业的先行者,已经普遍实现农业现代化。美国、日本和欧盟国家等发达国家(地区)在二元经济转型过程中已经完成农业转型升级,并建立起发达的现代化农业体系。然而,在由传统农业向现代农业转型过程中也经过诸多实践探索,不同国家资源禀赋差异较大,在具体农业发展实践过程中探索出了符合本国特色的农业现代化模式,并建立了完善的农业政策服务体系。各国的农业发展模式在不同的发展阶段受到土地、劳动力、技术等因素以及工业化程度的制约,发达国家在现代农业转型过程中积累了比较成熟的经验,为新时代推动我国农业高质量发展提供有益的启示。有选择地借鉴发达国家农业发展成功经验,可以避免走弯路,实现农业"多快好省"发展。

一、国外农业高质量发展成功经验

(一)美国

美国耕地面积大,人均耕地多,在规模化生产和管理方面具有先天性的优势,而劳动力成本较高,机械设备价格相对较低,因此农场主选择以资本、技术代替人力劳动进行生产,有利于农业机械化水平的提高。依托科技进步促进现代农业发展,以农业技术替代劳动力,成为美国农业发展的核心。

1.农业机械化方面

美国在20世纪40年代率先实现了粮食生产机械化,并在世界上遥遥领先。60年代后期,粮食生产的机械化水平得到明显提高,从土地耕种、田间管理到收割等全过程实现机械化。70年代初,又实现了棉花、甜菜等农作物的全程机械化,机械化覆盖的范围逐渐扩大到更多农作物。1987年,美国人均农业产值达到5.53万美元,是当时其他发达国家的4倍,居世界首位,美国也成为世界上第一农产品出口大国。[①] 美国农业机械化发展历程和特征见表12-1。

表12-1 美国农业机械化发展历程和特征

阶段	发展历程	特征
手工生产阶段（1850年之前）	以手工生产为主	农业生产基本上是手工生产
半机械化阶段（1850~1910年）	出现畜力牵引的农具,至1910年,畜力在农用动力中的比重达到75.7%	农业生产由手工生产转向半机械化生产
机械化阶段（1910~1975年）	1910年,出现农用拖拉机;1935年,电力工具的出现带动了农业机械化的演变;1955年,耕地实现机械化,大型农用机械取代老旧型号机械	半机械化转向机械化
自动化、智能化阶段（1975年至今）	混合动力出现,节能环保机械被普遍运用	自动化、智能化成为主导

(1)完备的科技研发体系

美国对科技研发投入较大,并且农业科技成果转化率比较高。当前美国农业科技成果推广率达到85%,农业科技对农业生产总值的贡献率达到80%[②]。科技研发人才是关键要素,美国比较重视人才的培养和引进,在加大本国人才培养力度的同时,还大力引进全球各国的人才并给予丰厚的报酬和良好的科研环境。目前,世界各国的农业机械都在朝着智能化、信息化的方向发展。信息化水平的提高,带动了美国农业实现了大的飞跃,2003年以来,美国农业电子商务的销售额以每年25%的增速上升[③],到目前为

[①] 方文熙.美国农业机械化装备与发展趋势[J].福建农机,2016(02):48-52.
[②] 孟莉娟.美国、法国、日本农业科技推广模式及其经验借鉴[J].世界农业,2016(02):138-141+161.
[③] 刘鹏.浅析美国农业机械化进程及对中国的启示[J].农村经济与科技,2015,26(09):227-229.

止,绝大多数美国农村已经开始使用电子商务。

(2)完善的农业技术推广服务体系

美国在实践中形成了"三位一体"的农业科技推广模式,即教育、科研和推广,主要由联邦农业科技推广局、州农业科技推广站和地方农业科技推广站三级组成,由联邦农业科技推广局统筹协调,给予政策上的支持和指导;州农业科技推广站设在州立大学,负责教学科研;地方农业科技推广站负责为经营主体提供所需要的技术支持。当地农技推广机构工作人员由州农技推广局聘请,按国家公务员的标准配备。

大型的农业机械费用相对较高,购买此类农机对许多农场主而言成本大幅增加,因此,这部分农场主不会选择使用,这不利于机械化水平的提高。在此情况下,农业合作社将通过信贷服务为农场主提供资金支持,能够缓解农场主资金紧张局面。同时农机生产企业还会在各个联邦州提供售前和售后服务,还会同农业合作社进行合作,结合农户生产需要给予相应培训和技术指导。

(3)完善的法律体系

美国对于农业机械的生产和使用均有明确的法律规定,违反法律规定的企业或个人将受到严厉处罚。在生产过程中农业机械的使用情况必须有翔实的记录,对违规的企业将根据情节严重性给予1000~10000美元的罚款;农业机械的维修必须使用符合技术安全标准的配件,如果配件不符合标准将受到1~5倍的处罚;对于报废的农业机械也有具体规定,报废的机器设备必须由政府处理,不允许进行拼装,否则给予1~3倍的罚款。在农机使用过程中如果造成人身伤害,将对生产企业处以罚款,并吊销营业执照,生产企业承担相应的刑事责任。高昂的违规成本在很大程度上阻止了一些非法牟利行为。

2.新型经营主体培育

美国农业合作社自成立以来已经有200多年历史,在美国农业生产中扮演着重要角色。目前,美国80%的农产品是由合作社加工完成的,70%的出口农产品来源于合作社,44%的化肥和农药也源自合作社。当前美国农业合作社类型呈现多元化,服务功能也比较完善。

(1)政府的全面支持

20世纪初,美国对农业支持力度加大,合作社也不例外,给予合作社在法律、税收、资金、教育咨询等多方面的支持,有力地推动了合作社的发展。

①法律支持。20世纪初,美国政府对合作社的有限支持主要限于促进合作社立法,通过间接手段"追认"其合法性①。随着外部环境的变化,美国对合作社支持政策也随之动态调整,切实保障了合作社经营主体的利益,并推动了合作社有序、规范发展。1922年,美国颁布被称为合作社大宪章的《卡帕-沃尔斯太德法》,将合作社写入法律条文,并对合作社的内涵进行界定。1926年,美国国会通过了《合作社销售法》,以强化对农业合作社的支持,并在销售环节提供了一系列的服务和辅导;法律明确规定有关部门应该提供市场调研、信息、统计等服务。在农业产业化发展进程中,合作社逐渐意识到延伸产业链条能够增加农业附加值。2002年,美国农业法案也提出要引导合作社延伸农业产业链,此后陆续有个别州开始出现产后加工的有限责任合作组织,其中怀俄明州为推动加工合作社的有序发展,出台专门法律《怀俄明州加工合作社法》,给予合作社法律支持和保障。2007年,美国起草了《统一有限的合作社社团法》,对合作社吸引的社会资本进行相关规定,内布拉斯加州、犹他州等个别州则采用了这一法律,至2009年年底美国各州均开始采用。除了上述的法律,各州政府根据当地合作社发展情况,结合地区发展实际制定了近百部合作社法,对合作社的发展起到了重要的推动作用。

②税收优惠。为推动合作社的快速发展,美国政府还给予合作社税收方面的系列优惠,减轻合作社税负,调动其生产经营积极性。1916年,联邦税法首次提出免除销售其社员农产品的农业合作社、水果生产者协会及类似组织的税收,1921年又将此规定范围扩大到采购合作社。1951年,美国农业合作社呈现出"垂直一体化"的发展趋势,合作社加强了各环节的合作,并通过契约将生产到销售各环节联结起来并加以约束。联邦政府取消合作社税收普遍豁免的做法,对合作社税收减免条件给予具体规定。1954年,联邦税法将农业合作社免税条件加入进来,并规定征税时应将红利、惠顾返还金及非惠顾收入扣除,总体来看合作社所缴税收为一般工商企业的

---

① 苑鹏.部分西方发达国家政府与合作社关系的历史演变及其对中国的启示[J].中国农村经济,2009(08):89-96.

1/3左右。1990年,《国内税收法典》中规定对合作社征收单一所得税,分配给成员的返还要税前扣除,并对成员征收所得税①,这种做法一直沿用至今。

③金融支持。美国政府对于农业合作社融资问题给予支持,帮助有困难的合作社解决融资难的问题,具体做法借鉴法国信贷体制经验,建立了全国性的合作银行系统,为农户及合作社提供低利率贷款,助力合作社的顺利运转。美国于1916年通过《联邦农地抵押贷款法》,设立联邦土地银行;1923年颁布《农业信贷法》,构建美国农业信贷系统。同时,政府还设立政府基金给予有需要贷款的合作社贷款担保,最高担保额度为合作社贷款总额的80%。2002年,农业法案提出设立工商直接担保贷款,为农业合作社发展产后加工业提供融资支持。

④教育咨询支持。为加强农户对合作社的认识,了解开展合作社流程和运营管理过程中遇到的多种问题,美国政府编制了合作社建立指南和运营管理手册。同时政府部门同教育机构开展合作,对于有开展合作社意愿的或已经入社的经营主体进行培训,引导合作社顺利开展。2015年,美国农业部投入250万美元用于合作社教育培训,2016年增至980万,是上年的近4倍。

(2)类型多样化和服务功能完善

美国农业合作社主要分为三大类:供销合作社、服务合作社和产业合作社。其中,供销合作社主要负责生产资料供给和农产品流通,比如产前提供农药、化肥、农膜等农用物资,产后负责农产品收购、储藏和销售,供销合作社是美国最重要也是最有实力的合作组织;服务合作社主要为农场主和其他农业经营主体提供金融服务,比如农业贷款、医疗和灾害保险服务,也会提供一些社会化服务,比如煤气、电力等;产业合作社根据具体经营项目分为灌溉合作社、奶牛合作社、放牧合作社等。美国农业合作社分类比较明确,分工也比较具体,能够为农业经营主体和其他合作社提供比较完善的服务,基本形成了集生产、收割、加工、流通等环节于一身的合作社。

3.土地流转实践

美国作为农业现代化最发达的国家之一,在土地流转实践过程中已经

---

① 王军.农业合作社支持政策:来自美国的经验及启示[J].新疆农垦经济,2018(11):44-51.

建立了完善的土地流转制度,既推动了农地有序流转,又为土地交易双方提供了适当的自由度,保障了土地流转市场各方的利益。美国国情与我国不同,美国人少地多,能够较快实现农地规模化,并且家庭农场规模比较大。但是其促进土地流转的成功经验对我国仍具有较大的借鉴价值。美国采取的措施主要有以下两个方面:

(1)完善土地制度

美国土地所有制与我国存在差异,我国农村耕地集体所有,农民具有承包权和经营权,而美国在建国初期就通过拍卖、出售和无偿赠予等方式将土地分配给农业经营者即家庭农场主。美国人少地多,能较快较好地实现农业规模经营。美国建立了以市场为主、政府调控为辅的土地流转方式,通过立法明晰农用土地产权,实行农地自由租赁和出售制度,以适应市场的需要,对土地的租赁、销售进行灵活的调整。但在土地流转的过程中,只转让土地的经营权和使用权,并没有涉及所有权,这一点与我国的情况类似。政府虽然保留多项农用土地的权利,但是政府的权力受到严格限制,如果因政府需要征用农地,必须征得土地所有者的同意,并按照市场价格给予补偿。[1]

(2)构建农业社会化服务体系

美国农业现代化水平一直高居世界前列,主要原因在于其拥有比较完善的农业社会化服务体系。美国政府相关部门将涉农的教育、科研和技术推广作为重要的工作内容,并受到相关法律体系的约束和监督,形成"三位一体"的服务体系,为推动农业规模经营提供强有力的保障。

4.农业补贴政策

农业补贴政策是国家对农业最直接、最有效的扶持措施,是各国实行农业政策的重点。[2] 农业补贴政策可以追溯至1933年美国颁布的《美国农业调整法》,该法首次实施农产品价格支持和种植面积削减计划,重点是调整农产品供求关系,提高农产品价格,实现农产品供求均衡。美国农产品产量不断增加,由于美国农业机械化水平的提高,美国农产品产量在持续增长。为防止国内出现农产品过剩,1954年美国国会通过《农业贸易发展和援助法》,规定美国政府可以向世界其他国家免费提供粮食援助,以改善美国对

---

[1] 杨秉珣.美国和日本的农用土地流转制度[J].世界农业,2015(05):44-46.
[2] 方秋爽,沈月琴,张晓敏,等.国内外农业补贴政策研究[J].世界农业,2017(01):81-86+240.

外关系。1956~1964年,美国出口的农产品中约四分之一是对其他国家实施援助。1977年,为缓和农产品价格波动,美国颁布《食物和农业法》,提出谷物储备计划,鼓励农场主自行储备粮食,农业部给予一定的保管费,这与我国实施的藏粮于民战略有些类似。1996年,美国颁布罗斯福新政以后最具市场化意义的法案,即《联邦农业完善和改革法》,改革的重点是合同补贴取代过去的目标价格和差额补贴,淡化补贴对农业生产的影响。2008年,美国颁布《食物、环境保护与能源法案》,加大对农业补贴尤其是黄箱补贴力度,当时引起世界诸多国家反对。纵观美国农业法案的调整和制定,主要都是针对农业补贴政策的调整,政策目标主要围绕"保障农业生产,增加农户收入"。

(二)日本

在发达国家中,日本是中国的近邻,人多地少,资源匮乏,生产规模小,与中国极为相似。但日本农业现代化水平位居世界前列,并且独具特色。[①]因此,对日本农业发展的经验进行深入的研究,将有助于中国农业现代化水平的提升,促进中国农业的高质量发展。

1.农业机械化方面

(1)改良土地,为机械化生产提供便利条件

日本属于岛国,土地面积小且不平整,很大程度上制约了机械化进程。20世纪60年代,日本实施土地改良计划,至2010年基本完成,计划主要内容就是将小片、不平整的土地进行标准化改造,统一为长100米、宽30米的"标准水田",便于机械化作业。经过改造,大大提高了农业的机械化水平,为农业生产提供了有利的条件。

(2)多元化的农业生产模式

日本农业生产模式主要有小规模精细化机械化模式、兼业型农业模式和联合互助模式三类。受耕地资源约束,不同于美国可以实施大规模机械化操作,日本在长期实践过程中探索出一条独特的小规模精细化机械化模式。到目前为止,日本已经实现农业生产过程机械化,90%以上的农业作业

---

① 代贵金,王彦荣,宫殿凯.日本农业现代化及其对中国的启示[J].中国农学通报,2019,35(03):158-164.

实现了机械化,其中水稻栽插和收获的机械化普及率分别达到了98%和99%。① 日本兼业型农业与我国兼业型农户不同,我国兼业型农户是指农忙时从事农业生产,其他时间从事非农业生产经营活动,而日本兼业型农业是农业机械化过程中的一种特殊情况,这种模式是指农业青壮劳动力向非农业部门转向时,妇女和老人也能够进行机械化操作的一种方式,主要是轻便型农用机械的操作,有效地保证了农业正常生产。联合互助模式主要是指地理位置相近、劳动力互补的农户形成的一种家庭联合作业的模式。随着农业劳动力的不断转移,就会出现部分家庭劳动力不足或者不愿意从事农业生产活动的农户。在这样的情况下,随着大中型农机的迅速发展,部分专门从事农业生产的农户就会利用更先进的大中型农业机械,帮助其他农户从事生产经营活动,在提高机械化效率的同时,又能获取收入。这种模式在我国农村也十分常见。在大型农用机械费用较高的情况下,个别农户购买大型农用机械会面临资金不足、使用频率低、利用率不高等问题,导致农机综合效益不高。多家农户联合互助能够有效解决上述问题,推动农业机械化水平的提高。

(3)政府强有力的支持

①政策法规支持。政府的支持为推动农业机械化提供直接动力。1946~1961年,日本先后颁布《农业机械化促进法》《农业基本法》等4部法规,并随着农业实践需要不断动态调整和完善,对农业机械化作出详细的规定。2008年,日本印发《研究开发应用推广高效农机具的基本指导意见》,标志着日本农用机械化相对完备的法律政策体系的建立,对农机具从研发到推广应用作出全面指导和规定,加快了日本农业机械化的进程。

②较高的政府补贴。1964年以来,日本政府对农业机械购置补贴比例在10%~50%,对于购买先进的农用机械补贴力度更大②,充分调动了农户购买和使用农用机械的积极性。对购买农用机械的农户提供低息贷款,"农业改革基金"对购买农用机械的农户提供无息贷款,同时对农用机械展览场所建设、农业机械合作组织建设、农户操作培训等项目给予50%的经费补

---

① 杨印生,陈旭.日本农业机械化经验分析[J].现代日本经济,2018,37(02):77-86.

② 王丽红,田志宏.我国新农村建设中农机装备的发展研究:日本和韩国农村建设经验与启示[J].农机化研究,2008(10):5-7+49.

贴,有效解决了农户资金不足、先进农业机械购买渠道不畅、操作技能不熟练等问题,强有力地推动了农业机械的广泛使用,提高了农业机械化利用效率和效益。

2.新型经营主体培育

日本农协是日本最大的农业经济合作组织,是市场经济环境下合作组织的典型代表,现已在日本的各个城市和乡村地区推广,并成为日本农业与乡村发展的一支重要力量。日本农协为农户提供农业生产经营指导,其经营范围涉及农户日常生产生活诸多方面,比如农产品的流通、生产和生活资料的采购、对生产经营过程的指导等,实现了小农户和大市场"无缝衔接"。农协在推进农业改革、确保粮食安全、保障农民权益等方面扮演着举足轻重的角色,保障了日本农村地区的经济、政治与社会稳定。[1] 经过60多年的发展,在垄断性、去农性日益增强的情况下,日本农协成为日本最大的农业既得利益集团。日本农协的经验和运作模式对新时代我国农业实现合作组织经营以及产业化发展有着较大的借鉴意义。

(1)合并重组,降低运作成本

为了提高农协社会化服务水平,鼓励现有农协进行整合,1961年日本颁布了《农协合并促进法》,推动日本农协积极合并,提高农协运作效率,降低运作成本。1991年,为了提高效率,日本农协组织结构由最初三层简化为"中央农协联合会—都道府县农协联合会/区域农协"两层,减少农协的人力成本和经营费用。从20世纪90年代开始,日本大力推进农协合并,综合农协数量由1998年的3591家合并为2013年的894家。日本农协经过合并重组以后数量明显减少,但是农协服务意识和竞争意识显著增强。

(2)业务内容较广

日本农业经营主体和我国比较相似,也是以农户小规模分散经营为主导,农户在农产品销售环节没有话语权,处于被动弱势地位。日本农协以农村社区为基础,实行集约化、规模化经营,在销售环节发挥了重要的作用。农协提供合作销售方式,将农产品统一整合,有利于形成规模效应,同时能对农产品质量进行把控,形成市场优势。农协组织销售提升了生产者的市

---

[1] 陈仁安.日本农协改革新动向观察[J].世界农业,2018(01):53-59.

场谈判力、话语权和价格支配权,在市场竞争中能够获得更高的农产品价格,提高农户经营收入。除此之外,农协还为农户提供金融、保险、仓储及福利等社会化服务,与农户建立了紧密协作的关系,充分保障了日本农业生产活动的开展。目前日本有99%以上的农户加入了农协,农协成为农户政治、经济利益的代言人。日本农协分为两类:专业农协和综合农协。专业农协为农户提供生产方面的服务,而综合农协为农户提供更全面的服务。

(3)政府强力支持

①法律保障。1900年,日本颁布历史上第一部关于农业合作社的法律——《产业组合法》,对日本农协的发展起到了很大的促进作用。1947年,日本颁布《农业协同组合法》,规定全国农协中央会享有的对全国农协的领导权、监督权在过渡期内一并废除,表明全国农协变成一个没有领导权和决策权的国家农业协会联盟。2015年,日本参议院通过新的《农业协同组合法》,对农协进行实质性改革,也推进了农业改革。由此可知,农协在成立初期得到法律支持并被赋予一定的权利,但是随着市场化改革逐渐放开,农协的权利和发展逐渐走向市场化。

②政府扶持。日本政府给予农协政策和资金支持,农协也会积极响应国家政策,保障农户的合法权益。日本政府每年在农业基础设施和农业补贴上投入近10亿日元,而且还在不断增加。另外,政府还出台了一些有利于农协发展的税收政策,如农协的纳税比一般的工商企业低10%,为农协的发展提供了宽松的环境。

3.土地流转实践

日本和我国具有共性问题,即人多地少的矛盾,日本也曾经面临人口老龄化、土地抛荒、农户兼业化严重等问题。日本政府有序推动农地流转,选择农业适度规模经营模式,较好地解决了上述问题,并有效提高了农业生产效率,促进农民增收。经过数年的农地流转实践和多次改革,形成了如今的农村土地制度,即以小规模家庭所有的私有制为主,实现经营合作化和服务社会化。其主要举措体现在以下几个方面:

(1)出台政策和法律文件进行土地确权,保障农户切实利益

20世纪60年代以来,日本政府陆续颁布了一系列相关法律文件。1961年颁布《农业基本法》,并提出农业经营规模目标。1962年修订《农地法》,

建立农业生产法人制度,鼓励农地流转给有意愿经营农业生产活动的人进行耕种,在一定程度上扩大了农业经营规模。1970年实质性地对《农地法》进行修订,旨在促进土地流转,放宽对土地转入方的限制,但效果并不明显,其根本原因是农户担心流转过程中逐渐丧失土地的承包经营权。这种顾虑在我国农村地区也存在,少数农户宁可土地撂荒也不愿将土地流转出去。1975年,为打消农户顾虑,日本政府修订了《农业振兴区域整备法》,规定地方政府拥有一定的自主权,引导农户转让土地经营权,但前提是要保护农民的土地所有权不变,为转出土地农户提供法律保障。1980年,日本出台《农用地利用增进法》,深层次保护流转农户的权益,使农地流转得以顺利进行。这一系列法律文件的出台,有效地促进了日本农地流转,实现农业规模经营,70年代平均经营规模为1.1公顷,90年代增至1.4公顷,2011年达到2.02公顷[①]。1999年,日本颁布《新农业基本法》,建立一套土地集中和流转到专业生产主体的制度,确立发展"有效率和稳定的农业经营体"思路[②],鼓励农地资源尽可能流向更专业的生产主体手中,流入被认定的农业生产者手中可获得一系列优惠政策支持。2001年,日本"认定农业生产者"数量达到17.8万户,其中经营规模在5公顷以上的农户有4.58万户,占25.7%,农地经营规模显著扩大。

(2)大力扶持农业合作组织——农协

农协在日本农业产业化和规模化过程中发挥了重要的推动作用,按照自愿原则将同一村子的农户组织起来,建立合作组织,对农业生产各个环节进行分工合作,有效地提高农业生产效率和生产规模。日本政府比较重视农协的作用,1947年颁布《农业协同组合法》,为农协的发展提供切实的法律保障。农协也通过资本积累、合并及农协之间合作等方式增强自身影响力,为农民提供多元化的社会化服务,促进农村生活社会化,推动农业规模经营。

(3)通过财政金融政策鼓励土地流转

通过财政金融各种补贴、技能培训、发放生活补贴等方式,鼓励没有耕

---

① 冯献,崔凯.日韩农地规模经营的发展及其对中国的启示[J].亚太经济,2012(06):77-80.
② 郭红东.日本扩大农地经营规模政策的演变及对我国的启示[J].中国农村经济,2003(08):73-78+80.

地意愿或耕地意愿不强的农户自愿放弃农地,同时给予大面积转入土地的经营者金融政策优惠,为其从事农业经营活动提供资金支持,保障其生产经营活动有序进行。比如农业生产者可向日本政策金融公库申请 3 亿日元、法人可申请 10 亿日元的贷款;青年务农人员可申请 3700 万日元无抵押、无担保贷款,贷款期限可达 12 年。

4.农业补贴政策

日本农业补贴政策对农业发展起到重要的推动作用。日本农业是典型的小农经济,日本农业补贴政策的重点主要是生产者,提高生产者收入,促进农业生产率的提高。农业补贴政策随着社会经济条件的变化而动态调整,比如针对老龄化趋势严峻、耕地资源弃耕现象凸显等问题,会加大农业补贴。当前,日本已经形成了以价格支持为基础、直接补贴为主的农业支持体系。1999 年,日本颁布了《食品、农业、农村基本法》,开启了农业补贴政策从价格支持向直接补贴的转变,当年补贴力度较大,补贴预算占农业预算的 70% 以上,对促进农民增收和提高生产率起到了重要的推动作用。2005 年,日本颁布了《食品、农业、农村基本纲要》,直接补贴开始倾向于对农业经营主体和农业适度规模经营的支持,并对保护农业环境的农户实行直接支付补贴政策,推动了农业适度规模经营,也有助于改善农业生态环境,缓解资源环境压力。2010 年,日本修订了《食品、农业、农村基本纲要》,对农户实行有差别的直接补贴政策。随后至 2015 年,日本对《食品、农业、农村基本纲要》又进行 3 次修订,不仅有户别补贴,还增加旱作物直接补贴、水田活用直接补贴、大米直接支付补贴等系列补贴,一直延续到现在。

(三)欧盟国家

欧盟国家在工业化初期与我国农业发展阶段有点类似,刚开始大都经历了农户小规模分散经营。由于农业生态环境受到严重损害,工业化发展加速,农业成为欧盟国家现代化发展的洼地,各国根据其自身的资源特点制定差异化的农业政策,推进农业适度规模经营,提升机械化程度,逐步实现农业现代化。因此,对欧盟各国的发展经验进行深刻的剖析,对于中国农业高质量发展将会有重要的参考意义。

1.农业机械化

(1)法国

法国作为具有高度现代化农业的国家,尽管其国土面积大致相当于美国的1/17,但其农产品出口量已经成为继美国之后最大的国家。法国的迅速发展离不开农业机械化。具体的农业机械化实践经验包括如下几个方面:

①农机补贴和减税政策。在农业技术推广前期,为鼓励农场主购买新的农业机械,国家给予购机补贴或者提供低息贷款,尤其是对购买高效低耗、高技术含量的农机,补贴力度更大。20世纪50年代以来,法国对于购置新的农机具按原价优惠15%;60年代,规定给予购买拖拉机的农场主20%~30%的补贴。随着法国农业机械化的实现,目前这些补贴或优惠政策已经很少使用。

②鼓励农户在使用农机方面进行互助。为减少农户使用费用,提高农业机械利用率,法国政府大力提倡成立如"居马"一类的农业机械专业合作社。合作社经费主要来源于会费和作业服务费,法国政府还给予税收方面的优惠和贷款支持。在合作社成立初期政府会给予15%左右的投资补贴,贫困地区补贴力度更大(40%~50%),对于购买的农业机械根据具体情况给予20%~40%的补贴。农业合作社为农户提供完善的农业机械化服务,并收取相应的服务费用,合作社的收入用于农业机械的更新和维护。

③注重农业科技研发和农机配套生产、销售。为了提高农业机械使用效率、降低使用过程中对农业环境的负面影响,法国非常重视对农业技术的研发,尤其是对于低耗能、高性能机械的研发。农业机械在使用过程中部分零部件难免会出现磨损或者机械会出现各种问题,法国比较注重维修行业的配套,建立零部件供应系统。法国相关法律规定,所有农机制造厂必须保证本厂生产的农机产品有充足的零部件供应;如果不能保证,要追究责任。还规定,产品停产10年后还要保证零部件供应。[①]

④农业机械教育、培训讲求实效。法国农业职业教育面向农民开放,学校会结合家庭农场和学员实际情况制定具体的培训方案。培训地点不局限

[①] 金攀.法国农业机械化的发展与启示[J].当代农机,2013(05):55-56.

于学校,可以在企业,也可以在学员家中或者在农场。法国政府规定农业企业和农场主要无条件、随时随地接受相关专业学生实习、参观或其他学习方面的需求。这样,相关专业学生可以将理论很好地和实践相结合,以便将来工作过程中发挥所长,为推动农业机械化发展提供后备人才。

(2) 英国①

19世纪中叶,英国家庭农场就开始使用蒸汽牵引机、脱粒机、收割机等农用机械。一战期间,英国劳动力相对短缺,粮食供给不足。为了解决这一问题,英国从美国进口农用拖拉机,推动了农业机械化发展。二战时期农业机械化发展较缓慢,但是二战以后英国农业机械化得到迅速发展。具体的农业机械化实践经验包括以下两个方面:

①财政补贴。英国1960年颁布的《园艺法》和1964年颁布的《农场和园艺发展法》规定,对园艺农场进行土地改良、建筑和购置机器设备方面的投资,政府给予15%～25%的补贴②;农场建设的仓库经过政府批准后可获得20%的补贴;修建道路可获得25%的补贴;对于农机作业消耗的燃油给予补贴。

②购机融资支持。农场主将土地或房屋作为抵押,抵押公司和信贷公司向农场主提供用于购买机器或改进农业机械的低利率贷款。

(3) 德国

20世纪50年代中期以后,德国开展农业技术革命,加强农业生产过程中的机械化和电气化,农业劳动生产率显著提高。目前,德国农业标准化、机械化程度较高,也是世界农业生产大国之一。具体的农业机械化实践经验包括以下几个方面:

①农机补贴和减税政策。德国对农户用于机械化操作的柴油给予23%～50%的价格补贴,对购买农业机械的农户给予低息贷款甚至无息贷款,对合作社购买大型农业机械也给予资金补贴。

②鼓励农机合作社的发展。除了给予合作社购机补贴,还给合作社提

---

① 英国2020年1月31日脱离欧盟,考虑到本研究论述的主要是脱离欧盟之前英国农业发展历程,仍把英国放在"欧盟国家"中。
② 宗锦耀,冷同亮,李斯华,等.德英两国农业机械化的发展经验和发展趋势:关于德国英国农机化发展情况考察报告[J].农机科技推广,2008(02):45-49.

供办公必需的系列设施,比如办公桌椅、电脑设备等。为了提高合作社管理水平和服务水平,为合作社负责人提供必需的培训。合作社为农户合作提供便利条件,向其租赁农业机械设备,提高了农业机械化水平和机械利用效率。

③重视农业协会的作用。德国农业协会是非营利性机构,协会主要职责有:定期组织农业方面的展览,比如国际农机展、畜牧展;对农业机械、食品安全等进行检测,给检测合格的农机贴上认证标识,允许在欧洲市场销售;举办农业方面的研讨会或技术培训,把握农业发展趋势,掌握农业技术最新动态。

2.新型经营主体培育

(1)法国

法国现已建立起以农村为基础、以合作社为纽带、各个环节紧密结合的农业组织体系和社会化服务体系,农业合作社在农业发展中发挥着关键的支撑作用。其主要举措如下:

①科学的运行机制。合作社成员的加入本着自愿的原则,加入成员应根据规定缴纳股金,最终根据股金比例分红。合作社的管理采用民主制的方式,合作社运营决策是通过成员投票方式决定的,充分保证民主、公平。合作社的交易特点具有排他性,要求只能在本合作社的社员之间实施交易。如因经营过程中遇到困难而使其发展陷入困难,可以与合作社以外的其他成员进行贸易,但是交易额要求低于合作社交易总额的20%,否则会面临被吊销营业经营许可证和不能享受国家政策优惠的处罚。

②健全的社会化服务体系。经过一百多年的发展,法国农业合作社规模不断扩大,所涉及的服务也日益全面,涵盖农业生产各个环节。合作社产前负责生产资料生产、采购和供应,产中提供技术支持和质量控制,产后负责农产品流通,社会化服务机制比较完善。比如,1965年成立的埃罗省加罗克斯农业合作社,包括300多个经营体,合作社有统一的品牌,这有助于品牌化运营,提高市场竞争力;合作社为社员提供种植、管理、加工、销售等各环节的服务。

(2)英国

英国是世界家庭农场发展最早的国家之一,16世纪的圈地运动为英国农场发展提供了条件。19世纪中后期,英国完成了土地所有制的改革,开始出现土地大量并购现象,促进农业经营规模扩张,过去的小规模农场经营模式不能适应当时农场发展的需要,于是就出现大量雇工农场。进入20世纪以来,随着英国产业结构的调整,地租价格下降,国家加强对土地流转的干预,土地逐渐流向农户手中,家庭农场数量稳步增加。英国政府为提高家庭农场的运营效益和效率,制定了下列扶持政策:

①优惠政策。1947年,英国实行农产品价格保证制度和补助金制度。价格保证制度是指市场价格低于保证制度价格时,差额将享受政府的补助,享受价格保证制度的农产品涉及小麦、大麦、燕麦等12类农产品;而补助金制度是指政府对改良耕地质量或牲畜品种、提高农产品产量或繁育牛犊等行为给予补助或奖金。

②融资支持。对于在发展过程中存在资金周转困难的家庭农场,政府会采用信贷或者抵押贷款的方式帮助农场主解决融资问题。政府在发展家庭农场时,采取了一些保护措施,给予较大的支持,这对家庭农场发展起到了很好的促进作用。

(3)德国

德国属于中度资源禀赋的国家,既不缺乏劳动力,又不缺乏土地资源,但又不像美国经营规模那么大,因此,德国农业基本经济组织是家庭农场,主要以中小型农场为主。德国家庭农场发展实践具有如下特点:

①主要是中小型家庭农场。为促进中小型家庭农场发展,1969年德国颁布《市场结构法》,对参加"生产者共同体"且经营规模在10公顷以上的家庭农场给予20%的补贴,且享受年息3%~7%的中长期低息贷款,低于10公顷的农场只能享受年息8%~12%的短期贷款。家庭经营规模的扩大是建立在农业劳动力转移的基础之上的,对于转出土地的农户给予"改行奖金",对于放弃耕地的即将退休的老年农户发放"提前退休奖金"。截至2013年,德国经营规模在30~100公顷的中型农场达10.4万个,占德国家庭总量的27.4%;经营规模在2~30公顷的小型农场有21.85万个,占比达到57.5%①。由此可以看出,德国仍以中小型农场为主导,中小型农场数量占

---

① 马凯,赵海.德国扶持农业经营主体的措施及启示[J].农村工作通讯,2015(14):61-63.

比达到80%以上。

②大数据的应用。农业生产过程中对于耕地质量、气候、温度、湿度等数据要求比较高,如果能够实时对这些指标进行检测,可以动态调整农业生产行为,提高农业生产管理水平,实现精准作业,提高农业生产效率。

3. 土地流转实践

(1)法国

目前,法国是欧盟第一大农业生产国,农产品产量占欧盟总产量的五分之一,耕地面积约占国土面积的26.5%(而我国为13.4%),人均耕地面积为0.80公顷。二战以后法国一系列农业政策的实施有力地推动了土地流转,加快了土地集中,鼓励农业适度规模经营,发展中型家庭农场。1955年,法国农场总数为229万个,1997年减少为68万个,平均经营规模扩大至41.7公顷。家庭农场数量虽然大幅减少,但是经营水平显著提高,生产规模逐步扩大。其主要举措体现在以下几个方面:

①1946年开始,法国开始实施莫内计划和马歇尔计划,鼓励农户购买农业机械,提高了农业机械化水平。农业机械的使用取代了人力劳动,提高了农业生产效率,促进了土地流转集中。

②1960年,法国颁布《农业指导法》,鼓励创办"土地整治与农村安置公司",公司的作用主要是针对经营不善的小农场,通过政府资助或农业信贷的方式高价购买其土地,整治后再转卖给有经营能力的农场主,充分发挥土地效能。

③设立"农业结构调整行动基金",针对农村老年人实行退休金制度,鼓励其放弃土地。当时法国有近四分之一的集中土地都是通过这种方式实现的。养老制度的完善有助于老年人安度晚年,同时也推动了土地有序流转。国家承担小块土地合并费用,解决了土地细碎化问题,以较低的租金推动农业规模经营。当前法国60%以上的耕地都是通过租赁方式经营的。同时,对于55岁以上弃耕的农民或从事农业生产的青壮年给予补贴和奖励①。

---

① 范怀超.国外土地流转趋势及对我国的启示[J].经济地理,2010,30(03):484-488+518.

(2) 英国

英国是典型的土地私有制国家,土地所有者享有永久业权,其经营规模是欧盟成员国中最大的。当前英国农地经营规模较美国仍有较大差距,但是远高于欧盟其他国家农场平均规模。其主要举措体现在以下几个方面:

①20世纪初,英国通过立法规定地主不准干涉农户土地经营权,对之前的农村土地制度进行改革,逐渐削弱封建地主对土地流转的制约。

土地在流转过程中,如果地主单方面解除租赁合约,农户有权要求补偿其过去用于改良土地的费用。英国土地制度更加注重土地的利用效率和效益,最大程度保护了土地租种者的利益,促进了英国土地有序流转并提高了土地利用率。

②实施补偿金制度和终身年金制度。对于失去土地的农场主给予2000英镑以下的补助或者每年给予275英镑以下的终身年金。完善的社会保障制度促进了农地流转,鼓励了农场的兼并,推动了农场经营规模的扩大。

(3) 德国

德国农村土地制度改革十分谨慎,对农地产权比较重视,土地流转政策对德国农业经营规模具有积极的推动作用。20世纪50年代中期,德国开始实施系统的土地政策,主要目标就是推动土地流转集中,实现农业规模经营。其主要举措体现在以下几个方面:

①大规模土地整治。二战以后,德国农业也是以农户分散经营为主导,经营规模比较小,土地细碎化程度高,不利于农业机械化水平的提高。20世纪50年代中期,德国颁布《土地整治法》,规定县级以上政府设立土地整理局,允许土地交换、买卖、出租,调整零星碎片土地,实现农地连片集中。德国土地整治成效比较显著,1949年,德国农场数量为165万个,平均经营规模为8.06公顷,到2002年农场数量减少至50万个以下,平均经营规模达到30公顷。

②实施综合性政策。1965年,为提高土地利用效率,扩大农业经营规模,政府提出"出售土地的农民可得到奖金或贷款的奖励,帮助其转向非农产业;土地出租超过12年的,每公顷租地可获得500马克奖金"。

4. 农业补贴政策

欧盟农业补贴政策主要经历两个阶段：

(1) 价格支持为主(20世纪90年代以前)

价格支持机制是欧盟共同农业政策能否有效运作的关键。在共同农业政策形成初期，欧盟为了促进农业生产，提高农民收入，对农产品价格支持和出口补贴力度加大，对成员国农业发展起到明显的推动作用。然而，随着农业生产率的不断提高，到70年代中期，出现农产品过剩，欧盟开始对农业价格政策进行调整。为减轻农产品的过量供应和财政预算的压力，政府开始实施限制性措施，即当农业预算大幅度增长时，实行审慎的价格政策；反之，采取适度放松的财政政策。引入稳定调整器机制，对一些重要农产品限定产量，如果超过限额，将自动调低农产品价格。这一政策的实施对农业发展起到一定的限制作用，但是长期这样不利于农业生产经营者收入水平的提高，也会出现一些新的问题。

(2) 收入支持为主(20世纪90年代及以后)

价格支持政策在起初发挥了重要的作用，但是也带来新的问题，引起新一轮的政策改革，明显的标志就是逐渐削减价格支持补贴，转变补贴方式，给予农民直接补贴。1992年，欧盟首次提出降低价格支持水平。2002年，进一步削减谷物及奶类等农产品干预价格，削弱补贴对生产决策和农产品贸易的扭曲作用。新一轮农业结构调整、农村社会发展、环境保护等方面的改革，是为了适应乌拉圭贸易总协定的需要，逐步实现农业结构调整、农村社会发展、保护生态环境的转变。

二、国外农业高质量发展经验借鉴

(一) 高效的机械化生产体系

1. 完善农业机械化服务体系

通过前文分析可知，国外发达国家均建立了完善的农业机械化服务体系，以农机企业、合作社和政府为主体，政府起到引导、监督作用，并给予政策支持，而前两者具体执行。我国农业机械企业往往重视生产和销售，对于售后服务重视不够，更不用说对农户进行培训了。国外农业机械推广过程中企业和合作社发挥了重要的推动作用，生产企业负责提供零部件，与合作社合作或者自行对农户进行培训。我国农业合作社起步相对较晚,发展过程中尚存在经验不足、水平低、规模小等问题,对农户提供的生产性服务远远不够,服务水平较低,远不能满足我国农业高质量发展的需要。

2.加强农业科技创新能力

国外发达国家农业科技体系比较完善,从研发到推广使用,农业机械生产企业尤其是大型企业都很注重加大研发投入力度。结合我国不同区域农业发展现实,设计耗能低、对农业环境污染小的机械。农业科技研发应因地制宜,结合不同地区农业发展需要设计、制造不同的农业机械,比如美国人少地多,农业机械设备主要以大型机械为主;欧盟国家以中型机械为主;法国葡萄酒闻名全球,葡萄种植设备也比较先进;日本与美国刚好相反,人多地少,设计出适合本国老人和妇女使用的小型农业机械,主要以水稻生产机械为主。我国南北纬度跨度大,南方以水稻为主,北方以小麦为主,可以结合不同地区农业发展需要设计和制造操作更方便、性能更好、科技含量更高的机械设备。

3.完善农业科技推广体系

发达国家具有比较健全、有效的农业科技推广体系。比如,美国建立教育、科研、推广"三位一体"的农业科技推广体系,市场化运作效率较高;而日本和欧盟一些国家充分发挥农业合作社的作用,农业机械设备生产商直接和农业合作社合作,国家给予相应支持,运作效率也比较高,但是前提是合作社运作能力比较强,运作比较规范,具有一定的规模和管理水平。国外发达国家大多以行政为主导,由农业科技推广组织来执行,这种方式协调和执行成本较低,又能够很快整合资源,效果比较明显。我国现在已经形成市、县、乡农业技术推广服务体系,但是在具体实践过程中各层级之间执行力不强,执行效果不明显。当前我国农业科技推广过程中存在推广人员不够、经费不足、设备陈旧等问题,并且推广方式单一,严重制约着农业科技推广的效果。因此应发挥农业科技人员、科技公司、经济组织等主体在推广环节的作用,提高组织化程度。

(二)农业规模经营

1.适时适地制定相关政策法规

上述发达国家有个共同的特点,即政府部门比较重视农业在国民经济发展中的作用,均制定相关政策,推进农地流转,以实现农业适度规模经营。

比如,日本先后出台一系列法律文件,消除农民对农地流转的顾虑,保障农民权益,有效地促进了农地流转,实现农业规模经营;日本和美国通过土地私有化,利用市场机制推进农地流转,扩大农业经营规模。我国生产资料公有,虽不能将农地私有化,但是可以赋予农民长期土地承包权,配套相应的土地政策来保障农户土地承包权,消除农户土地经营权方面的顾虑,同时还应规范土地流转市场,出台相应文件,切实保障农地转入和转出主体的利益。

对于种地意愿不强或者没有种地意愿或者经营不善但仍拥有土地经营权的农户,应出台相应政策,在保障其权益的同时鼓励其将手中的农地流转出去。比如,德国采取奖金或帮助贷款等措施,鼓励这部分农户将土地流转出去;日本通过财政金融各种补贴、技能培训或发放生活补贴等方式,鼓励没有耕地意愿或耕地意愿不强的农户自愿放弃农地,同时对于大面积转入土地的经营者给予金融政策优惠;德国调整零星碎片土地,实现农地连片集中,这样不仅有助于扩大农业经营规模,还能降低农业经营者成本,农业经营者可以对土地进行长期投资,以实现农业集约化生产,提高农业经营者收入,提高农业在国内和国际的竞争力。

2.积极做好农业科技推广

农业科技是提高农业竞争力和效益的关键。农业科研机构和相关高校在做好农业科研的同时,要积极提高科研成果转化率,及时地将科研成果运用到实际农业生产中。在此过程中还需要各层级部门的合作,建立高效的农技推广网络。

3.培育农业合作组织,健全社会化服务体系

日本农协就是一个比较好的例子,将同村有意向的农户集中起来,协同完成农业生产,不仅提高了劳动效率,还可以节约更多劳动力从事非农工作,获取更多的收入。同时种子公司、农机公司、农药公司等农资服务组织,为农户提供专业服务,通过发挥农业合作组织管理和社会服务功能,克服农户分散经营的弱点。因此,我国要通过培育各种农业合作组织,有效地把农

户带动起来,并提供配套的社会服务,有助于实现我国农业适度规模经营①。

(三)经营主体现代化

1.政府政策支持及法律完善

新型经营主体是推动我国农业高质量发展的主力军,其培育和发展亟须国家政策的支持和引导。当前我国新型经营主体发展尚处于初始阶段,内外部发展条件相对不足,仍面临各种风险,因此政府支持力度大小直接关系着新型经营主体发展的成效。政府部门应发挥推动作用,建立农业合作组织并给予相应政策支持;对于已经取得一定成效的地区,要合理引导,为其创建良好的政策环境和法律环境。总体来看,当前日本政府对农协扶持力度较大,而欧盟国家对农业合作社是适度支持,通过行政手段提高合作社的市场竞争力。我国要汲取国外一些国家的经验教训,结合我国新型经营主体发展实际,加强其经营设施建设,给予财政方面的支持,并加大对新型经营主体的监管力度,保障其良好运营。

2.实施农业经营准入制度

目前发达国家普遍实行农业经营准入制度,有效限制新型农业经营主体门槛,这有助于从源头上对新型经营主体进行把控。具体可以从以下几个方面入手:

(1)新型经营主体负责人准入证书

对新型农业经营主体负责人实施持证上岗,对新型经营主体负责人进行相关培训,使其对国家相关政策、运营管理及可能遇到的风险等方面有充分的认识,增强其创新创业意识和专业技能,向培训合格的人员颁发证书。

(2)农业企业准入证书

对农业企业的资质进行严格审查,其负责人必须具有一定的教育背景、专业技能且为农民身份,确保耕地流向更专业的农业大户手中。积极推动农业企业与合作社、农户开展多种方式合作,充分保障农户能分享到新型经营主体发展带来的切实利益。

---

① 考虑到我国人多、耕地有限的现实,短期内实现耕地规模经营难度较大。目前我国农业人口绝对数量还比较多,农业劳动力向城镇、非农产业转移需要一个过程,不可能一蹴而就。因此可以考虑耕地适度规模经营和服务适度规模经营两种方式并进。

(3) 农产品准入制度

要强化农产品质量安全监督管理,建立健全食品安全体系、质量标准体系、质量认证体系和质量检验体系。禁止存在质量安全问题的农产品流入市场,并对存在质量安全问题的农产品相关生产负责人予以严厉惩罚,对于新型经营主体负责人实施食品安全企业黑名单制度。

3. 建立协会联盟机制

农业协会在日本比较普遍,并对农业发展发挥着日益重要的推动作用,为农户及其他经营主体提供专业化和多元化的服务,将小农户和大市场有机衔接起来。我国可以借鉴这种做法,但不能全面模仿,应结合我国国情、区情、农情,立足不同地区新型经营主体发展实际,鼓励新型经营主体成立行业协会,并选出具有管理经营能力的农业企业家担任负责人,结合协会成员优势,为农户提供更专业、更全面的生产性服务。政府相关部门应给予政策支持,并有效监管,确保其良性发展,鼓励其市场化运作,并获取相应的收益,更好发挥其作用,增强其在市场中的话语权。

4. 引导社会资本进入农业社会化服务体系

2015年中央一号文件提出要引导和鼓励社会资本投向农村建设,2017年中央一号文件也提出要撬动金融和社会资本更多投向农业农村,2018年和2019年中央一号文件均提及要鼓励社会资本下乡。社会资本参与到农业生产中,可以转变农业生产的组织形式,推动供给侧结构性改革,为农业高质量发展提供保障。然而,社会资本具有趋利性,理性的投资者只要能够获得预期的收益,就会具有投资的动力,因此需要政府部门给予政策支持并加以引导,真正实现社会资本服务于农业和农民。从发达国家实践经验来看,农业社会化服务体系对于构建新型农业组织具有核心作用。2013年,美国农业生产性服务业增加值占农业GDP的比重已达到14.7%,而同期我国仅为2.3%[①],由此可以看出我国农业服务业同发达国家相比还有很大差距,也可以从中看出我国服务业发展具有巨大潜力与提升空间。按照原农业部"红、黄、蓝、绿"四大区域划分,分区施策,引导社会资本进入到产前、产中和产后各个环节,将农业各环节有效联结起来,为农业高质量发展创建

---

① 张丽叶.欧美亚农业发达国家新型农业经营主体发展趋势及启示[J].世界农业,2017(11):90-96.

良好的内外部环境。

(四)完善的农业补贴政策

1. 继续加大农业补贴的投入

随着我国加大对农业支持和补贴的力度,对棉花等农产品"黄箱补贴"空间不大,但是大豆、糖料等农产品还有较大补贴空间。应充分利用世界贸易组织规则中的"黄箱补贴"空间,加强对重点农产品的扶持和补贴,提高农产品的国际竞争力。

2. 转变补贴方式

为了充分提升补贴效能,应灵活调整农业补贴方式,由生产补贴逐渐向收入补贴转变,以稳步促进农民增收、确保国家粮食安全为目标,加大对农民的补贴,充分发挥收入二次分配的作用。要促进"黄箱补贴"向"绿箱补贴"转变,补贴方式、对象、额度的确定应综合考虑单产、播种面积、收入水平等多种因素,实施户别的补贴方式。

3. 建立生态性保护补偿制度

在当前资源环境约束下,实现农业高质量发展应充分考虑经济、社会及生态协调发展,建立生态保护补偿制度,借鉴发达国家经验,对实施绿色生产的农户给予一定的补偿,同时建立激励机制引导农户对耕地资源、水资源和生态环境进行保护。

第十三章 中国农业高质量发展的政策体系

农业高质量发展是一项非常复杂的系统工程,必须实现集成化耦合协同和"一盘棋"整体联动。要推进农业高质量发展,就要完善相应的政策体系,建立系列化、配套化、集成化的政策制度体系。要因势、因时、因地制宜,有效推进农业高质量发展,建立政策和高质量发展结果之间的逻辑关系,逆向探索农业高质量发展参与主体需求的政策,从政策主体、政策内容、政策形式和政策目标四个方面创新政策体系,分层(中央、地方和经济主体)采取政策措施,促进农业高质量发展。

一、农业农村优先发展政策

(一)政策主体

农业农村优先发展政策应该更加关注农业农村发展重难点问题,关注实践难点典型区域,但是也不能忽视一般农村地区。为应对农业农村发展严重滞后的状况以及工业偏向、城市偏向政策,中央提出坚持农业农村优先发展。优先发展农业和农村是党中央实现"两个一百年"奋斗目标、聚焦解决农业和农村短板问题的主要战略部署。农业农村优先发展政策应以农业产业和农村地区为主要对象,加强特色、优势农业产业的发展,突出粮食产业高质量发展,保障粮食产业高质量发展。对发展落后的农村地区、有资源优势的农村地区予以适当倾斜,夯实农村发展基础,挖掘农村发展潜力,充分激发农村发展活力。

（二）政策内容

我国曾在重工业、公共交通、就业、教育和人才等方面实行过多个优先发展战略。优先发展战略集中于资源优先投入重点发展领域，不但有利于补强薄弱环节，而且能够促进国民经济和社会持续稳定健康发展。

农业农村优先发展是全面建成小康社会、建设中国特色社会主义必须遵循的大政方针。就是要把"三农"放在工作的首要位置，让农业农村地区在发展建设过程中优先享受公共资源和其他社会资源，加大强农、惠农、富农政策力度，全面激发"三农"发展过程中的内生动力，加快推进农业农村现代化，逐步改善或解决短板问题。

（三）政策形式

高品质、高效率、更健康的绿色发展是实现农业农村优先发展的重要基石和必要形式。此外，树立科学的政绩观和价值观也是坚持农业农村优先发展的必要前提，各级政府部门一定要牢固树立城乡融合和一体化发展的理念，把城市与乡村作为一个生命共同体看待。

第一，加强党的领导能力。要落实"农业、农村、农民"劳动要求，建设好农村基层党组织，发挥其在引领发展、团结群众、促进改革方面的作用。

第二，树立坚定的信念。目前，必须从根本上改变重工轻农、重城轻乡的观念，牢固树立农业农村优先发展的理念，才能从根本上切实把"三农"工作放在重要位置，并从资源配置和政策方面支持农业农村优先发展。

第三，加强政策支持。在农业优先方面，我们应该聚焦加强对主要谷物生产地区的补助，推动农业适度规模经营，保护土地和农业生态，增加农业收入。在农村优先方面，要按照城乡一体化要求，推进城市基建和公共服务向农村延伸，并加大财政投资和政策支持力度，促进实现城乡基本公共服务均等化；实行"三权"分置（所有权、承包权、经营权分置）和地方集体所有权制度改革等政策，保护农民土地基本权利和利益，完善农业支持保护制度。

第四，引导全社会资源投向农业农村。首先，要通过深化改革和政策支持引导新技术和高质量人才下乡，形成全社会积极支持农业农村优先发展的良好氛围，为农业农村优先发展提供强有力的技术支持和人才支撑。其次，要完善城乡统筹开发体系，进一步激活推动农村发展的三个关键要素（人才、土地和资金），激发农业和农村开发新动力。最后，通过财政投资，以及引导社会资本和外商投资,为农业农村优先发展提供多层次资金支持和金融服务。

(四)政策目标

制定长久而有效的政策目标是政策延续的基石。保障农业农村优先发展政策,要从增收入、补短板、兴产业、保供给四个方面逐步推进。

第一,要缩小城乡差距,促进农民增收,到21世纪中叶实现农业农村现代化。目前,城乡社会发展和城乡居民收入仍存在较大差距。湖北省社会科学院研究员邹进泰等指出,大部分卫生资源、教育资源等都集中在大城市,而农村教育、就业服务、社会保障水平明显低于城市。显而易见,城乡发展差距是中国发展的软肋。因此,缩小城乡发展差距,促进农民共同富裕,必然要借助农业农村优先发展政策来实现。

第二,要补齐发展短板,提高建设水平。2020年虽然我国如期实现全面建成小康社会,但仍然是较低水平的全面小康,目前仍有一些薄弱环节。这就要求农业农村优先发展,加大农业农村优先发展政策支持力度,聚焦农业农村发展的薄弱环节和薄弱区域,全面提高农村小康社会建设水平,推动城乡融合发展,全面发展农村基础设施建设和社会事业。

第三,要搞活农村产业,促进农业农村现代化。当前农业农村现代化发展中存在的主要问题是农村产业发展滞后和不完善的产业链。乡村产业发展滞后的主要表现有以下几点:农业竞争力弱,产业结构亟待优化;优质农产品供应不足,农产品加工层次低;第二、第三产业经济效益不高,不同地区间非农产业同质化严重;经营主体散弱小,组织模式落后,发展能力不足。乡村产业空心化是城镇化和工业化过程中的必然现象。因此乡村产业兴旺必然要通过农业农村优先发展等政策的人为干预来实现。

第四,要保障粮食安全,确保农产品供给。中国未来粮食安全仍然存在不稳定因素。一是国内粮食供需仍然处于紧平衡状态;二是地方政府对粮食生产的重视程度不够,进而导致农民种粮的积极性不高;三是耕地质量和农田基础设施建设亟待加强;四是农地流转过程中非粮化倾向较为明显;五是农业综合生产能力目前仍无法满足农产品有效供给。实施农业农村优先发展战略是稳定农产品供需平衡和保障粮食安全的必经之路。

二、乡村全面振兴典型示范政策

(一)政策主体

乡村全面振兴典型示范政策是实施乡村全面振兴战略的有效把手,而农民则是乡村全面振兴战略的当然主体。具体来说,从搞活产业的角度看,搞活地方产业需要各种产业主体的支持。基于人才振兴角度,传统农业的改造需集结各类高端人才参与建设。从激活文化和生态系统的角度看,乡村全面振兴需要各种新型智者、文化大师以及生态学监测组织的持续参与。从组织激活的角度看,乡村全面振兴需要以党为本的农村草根组织、地方集体经济组织、地方草根自律组织参与。农村活化战略的主题和农村活化典型实证政策,不仅要尊重农民的绝对主体地位,还要处理好与其他主体之间的关系,激发它们内部的活力,使多科目积极有序地参与农村活化战略,真正建立典型示范。

(二)政策内容

乡村全面振兴典型示范政策的实施前提是乡村振兴战略取得全方位稳步发展,个别区域取得优势发展。因此乡村全面振兴典型示范政策内容应以乡村振兴战略为前提,必须做到"六个坚持":坚持城乡一体化发展道路;坚持共同富裕的理念;坚持质量兴农;坚持绿色兴农;坚持文化兴农;坚持乡村创新治理。

然后筛选出在推进乡村振兴战略中取得突出进步的乡村区域或产业,对其典型优势进行普遍性宣传和学习,从而起到示范作用。

(三)政策形式

乡村全面振兴典型示范政策并非简单地进行抽调式学习,进行模范宣传和经验总结,而是要基于多种形式进行科学实施。

第一,科学定位。中国国土面积辽阔且农村区域广大,各个地区农村发展状况不一,因此可根据地形、地势、气候、经济状况等因素将其分为若干区域,对产业发展进行精确定位。

第二,合理引导。各地各级政府应进行合理引导,充分利用本地优势条件,力争在有限时间内形成区域产业特色。对已经形成区域特色的产业要进行产业升级,如郏县牛肉、西峡香菇、亳州药材等。

第三,典型示范。对已形成特色优势的产业或区域,进行经验总结,并进行广泛宣传。例如,将西峡种植香菇的丰富经验进行广泛宣传,对全国各地种植香菇的地区进行启发,从而发挥典型示范作用。

(四)政策目标

到 2025 年,典型示范政策实施将取得重要进展,制度框架和政策体系完全形成;综合农业生产能力稳步改善,增加农民收入的路径进一步扩展,农村基础设施进一步完善,城乡融合水平进一步提高;农村人才吸引力逐步增强,生态环境大幅改善;以党为本的农村草根组织建设进一步加强,党的领导体系和农村工作机制进一步完善;不同地区和部门对于促进农村活力和农村典型示范的想法更加完善。

到 2035 年,典型示范政策实施将取得决定性进展,农业农村现代化基本实现;农业产业融合结构得到根本改善,相对贫困状况进一步缓解;城乡一体化基本实现;农村文明达到新的高度,农村治理体系得到改善;农村生态系统得到根本改善。

到 2050 年,农村搞活典型实证政策进一步完善,农村地区将全面搞活,农业做强做大,农村地区将变美,农民将变得个个富裕。

三、国家与地方职能清晰界定政策

(一)政策主体

国家和地方职能明确界定。政策主体包括国家权力机关和地方权力机关。除了各种权限和职能,国家和地方政策主体还可以分为直接或间接参与决策过程的组织或个人。按常规分类,政策主体主要以官方和非官方来划分和界定。一是官方决策者,如国家立法机关、国家司法机关、地方行政机关、地方法院。二是非官方参与者,是指那些在社会中有影响力,可帮助政府引导群众了解政策和引领执行政策的组织和机构,如利益集团、政党、公民个人、大众传媒等。以上列举的地方政策主体以不同方式影响着政策的制定和实施。在一项政策的产生到执行的过程中有不同的政策主体,国家政府制定政策,地方政府根据国家政策的方向因地制宜制定地方政策,再由具体的政府部门和组织以及个人共同参与执行。

(二)政策内容

国家与地方职能清晰界定政策的主要内容包括将中央与地方各级政府对建设职能、社会保障职能和促进社会发展职能等各项基本职能进行清晰界定。

国家与地方政府的功能(职能)均包括:政治功能,包括依法打击极少数敌对势力、敌对分子的破坏活动、犯罪活动和健全社会主义民主制度等方面;经济功能,以经济建设为中心,大力开发社会生产力,不断满足人们物质文化生活增长的需要;文化功能,文化建设可以为经济建设提供精神力量、智力支持和意识形态保障;社会公共服务功能,包括保护公共财产,建立和完善社会保障制度,设立公共事业,保护环境,等等;政府职能,包括确保国民自由和平等,监督下级部门及人民政府的工作,在更高层次上处理上级行政机关分配的其他事项。因此,国家和地方职能清晰界定政策的主要内容应当包括两个方面:第一,国家职能区别于地方职能,国家职能是统筹全局,地方职能应服从并不可超越国家职能;第二,地方职能与国家职能相辅相成,国家的统筹规划以及国家职能依赖于全国各地各级政府的地方职能的实现。

(三)政策形式

在政策的执行过程中政府并不是唯一的主体,而是多种组织和机制共同参与,充分发挥地方政府、地方组织、地方居民自身的主体作用。地方政府在执行政策的过程中应因地制宜,因地施策,注重保护地方的生态环境、当地风俗和居民生活等。在基层组织的工作制度中要明确责任,落实到人,工作条例要细化,同时要加强党员和干部的培训,还可以制定奖励政策鼓励工作人员高效优质完成落实政策工作。针对地方居民参与,宣传要到位,让群众理解政策并支持政策。定期进行政策解读和收集群众意见,这有助于促进政策实施。在执行政策过程中始终要牢记确保最大限度地实现好、维护好和发展好最广大人民群众的根本利益。

(四)政策目标

政策目标是政府控制的公共机构通过特定手段解决相关政策问题所要实现的目标和指标。特殊的危机决策的政策目标是应对突发的危机状况,控制事态发展以及保护民众生命安全。政策目标主要有如下三大特征:问题的针对性、未来的预期性、目的的多元性。

国家职能界定的政策目标非常明确,一要保证正确处理国家与地方的关系,合理划分国家和地方经济社会事务等各方面职能权力;二要树立行政管理新理念,改进管理模式,深化行政审批程序的制定,建立科学、民主、规范的决策机制。通过清晰明确地界定职能,能够减少上级政府干涉机会,缩小干涉空间,保证下级政府在承担政府职能后依然能够独立自主运作。

四、农村产业融合助力推进政策

（一）政策主体

当前,我国地方产业整合的政策主体主要包括中共中央、国务院、国务院下属单位等。通过对主要政策主体及其政策数量的梳理(见表13-1)可知,农业农村部和国家发展改革委总共发出了648个文件,占总数的56.94%。农业农村部共发了523个文件,占总数的45.96%。国家发展改革委发文125个,占总数的10.98%。财政部发文86个,占总数的7.56%。不同部门发布的联合文件占比较大(发布的联合文件总数为470个),这也说明了地方产业整合发展所带来的问题的复杂性和全面性。

表13-1 农村一二三产业融合的政策主体(部分)及政策数量(部分)

层次	发文单位	政策数量/个	占比/%	发文单位	政策数量/个	占比/%
中共中央、国务院	中共中央	28	2.46	国务院	39	3.43
	农业农村部	523	45.96	水利部	11	0.9
	国家发展改革委	125	10.98	公安部	9	0.9
	财政部	86	.56	工业和信息化部	8	0.0
	中国农业发展银行	5	5.01	国家林业和草原局	8	0.0
	自然资源部	22	1.93	国家粮食和物资储备局	8	0.0
	教育部	20	1.6	民政部		0.62
	中国人民银行	19	1.6	科学技术部		0.62

数据来源:根据相关官方网站数据整理得出。

（二）政策内容

以下选取两个文件,简要介绍相关政策内容。

1.《关于实施农村一二三产业融合发展推进行动的通知》

(1)落实政策,引导融合

积极推进各项政策措施的落实,引导各地以问题为导向,完善切实可行的工作措施,组织实施支持农村产业一体化发展的项目,促进产业兴村强县和信息进村入户,支持一体化发展主体。

(2)发展产业,支撑融合

加快发展绿色、循环农业,统筹推动初加工、精深加工、综合利用加工协调发展,大力引导和发展第三产业,拓展产业融合发展新途径。同时引导农村一二三产业跨界融合、紧密相连、一体推进,形成农业与其他产业深度融合格局,催生新产业、新业态、新模式,拓宽农民就业增收渠道,形成一个有共同命运的综合发展主体。

(3)加强服务,推动融合

通过政府购买等方式促进服务平台建立,为相关企业提供公共服务。加快制定和修订多项行业标准,使行业管理标准化。改进统计体系和调查方法,实施产业运行监测和分析,指导和推动农村产业融合有序发展,加强金融投资合作,加强信贷支持力度。

2.《关于深入推进农业供给侧结构性改革做好农村产业融合发展用地保障工作的通知》

该文件旨在指导土地使用规划,优先安排农村基础设施和公共服务用地,为农业工业园区、科技园、创业园安排土地。乡镇土地利用总体规划允许分散、单独选择的农业农村设施建设保留少量(5%以下)的规划建设用地指标。因地制宜编制农村土地利用规划,加强农村和生态土地利用总体规划和调控,完善农村土地利用总体规划和调控,促进农村土地利用和集约利用综合发展,引导农村土地利用和生态土地利用综合发展。加强对建设用地计划指标的支持。调整土地利用计划的一定比例,支持农村地区开发新产业、新业态和产业融合。新的建设用地计划指标用于农产品加工、冷链物流、原产地批发市场等项目,或者用于小微企业家精神公园、休闲农业、农村旅游、农村电商。

(三)政策形式

政策文本的类型主要包括通知、计划、决策、回复、意见、方法、方案等,具有指导性和易用性,满足各种规范和约束。通过对上述政策文件进行梳理,我们可以看到,我国农村一二三产业一体化发展的政策文本类型丰富。

总体而言,目前大多数农村产业一体化发展政策都具有高度的规范性和限制性。特定的文本类型包括通知、意见、计划、决策、目录等。到目前为止,地方一二三产业整合的599个政策文本主要采用"通知"的形式。通知详细且基于原则,这有助于加快相关政策的实施。意见总数为253个,这些意见非常中肯。一般说来,有关部门会根据实际需要对与产业融合相关的重要问题发表意见或处理意见,这有助于准确定位和有效解决特定问题。

(四)政策目标

第一,优化农村初级产业,开发绿色农业,促进农产品高质量发展,优化扶持设施,加强产业开发基础。

第二,推动农产品加工产业转型升级,全面提高农产品集中深加工水平。

第三,大力发展第三产业,发展循环经济,开发电子商务等新商业模式,促进休闲农业和农村旅游,走产业融合新路径。

第四,要通过创新融合机制,培育多元化的产业融合主体,开发多种经营模式,构建多层次的利益联结机制,以促进行业一体化发展。

五、农业农村现代化重点建设政策

(一)政策主体

当前,"三农"工作进入综合推进的新阶段。2021年中央一号文件指出:"举全党全社会之力加快农业农村现代化。"2021年11月国务院印发的《"十四五"推进农业农村现代化规划》提出坚持农村优先发展,加快农业农村现代化。促进农业农村现代化已成为我国全面建设社会主义现代化国家的主要任务。农业农村现代化重点建设的政策主体包括中央政府和各级地方政府的相关部门。特别是"十三五"期间,中央提出要把解决"三农"问题作为全党工作的重中之重,为实施乡村振兴战略作出了重要决策和安排。各级涉农部门积极响应政府的号召,加快农业农村现代化建设,确保粮、棉、油、糖、肉等重要农产品的有效供给。

(二)政策内容

1."三个提升"

(1)提升粮食等主要农产品供给保障水平

中国农业农村现代化是在确保国家粮食安全的前提下实现的。坚持立足中国,解决中国人的吃饭问题,做到数量、多样、质量并举,以国内生产和供应稳定为前提,应对外部环境的不确定性,守牢国家粮食安全底线。地方各级党委和政府要认真承担食品安全责任,贯彻重要农产品安全战略,改进"米袋子"省长责任制和"菜篮子"市长负责制,确保谷物、棉花、油、糖、肉等安全供应。

(2) 提升农业质量效益和竞争力

在确保粮食安全和重要农产品有效供应的基础上,促进农业优质发展,促进农产品加工业发展,构建高效加工体系,提升整个农业产业链水平。做优乡村旅游业,带动当地特色农业的发展,提升农业发展水平,发掘具有地方特色的农产品。重视农业技术创新,用技术带动农业生产效率提高,全面推进农业创新体系转型升级和可持续发展,提高农业产业素质和创新驱动能力,提升农业竞争力。

(3) 提升产业链和供应链的现代化水平

通过产业推进和增加就业机会激发市场活力,接续推进脱贫地区乡村全面振兴,通过发展乡村富民产业的方式增强贫困地区农民自身造血能力,支持贫困地区依托资源优势构建特色农业完整产业链,建立和完善农民产业链增值利益共享机制,加快和维护农村一二三产业融合开发。

2. "三个建设"

(1) 建设宜居宜业和美乡村

科学推进农村规划的实施,加强农村基础设施建设,改善农村人居环境,加快数字农村建设,提高农村基本公共服务水平,提高农村居民生活质量和水平,营造宜居便捷的农村环境。

(2) 建设一个绿意盎然、美丽的田园地带

建设绿色美丽田园的重要课题是,发展高质量绿色农业,促进标准化农业生产;加强农业非点源污染的防治和管理,努力保护和修复农村生态系统,增强绿色开发能力,确保农业生产绿色、高质量、安全;高度重视农村环境污染治理,优化农村居民生活环境。

(3) 建设文明和谐乡村

全面考虑农村治理和农村文明建设,完善农村治理体系,提高农民科技文化素质,改变农村落后观念和不良习惯,开展农村精神文明教育,加强新

时期农村精神文明建设,建设文明和谐乡村。

3."一个衔接"

"一个衔接"就是,巩固拓展脱贫攻坚成果,有效衔接全面推进乡村振兴。注重安排研究设置衔接过渡期,解决相对贫困问题,推动减贫长效性机制的构建。启动顶层设计,以解决相对贫困问题,并将其整合到实施总体规划和调整的农村激励战略中。计划在贫困地区完成的任务和项目可以纳入激活农村的战略计划或实施计划中。强化后续支持,构建长效机制,瞄准脱贫攻坚与乡村振兴两者的重点任务协同发力。乡村振兴战略的推进应充分吸收现有的扶贫实践经验,如工业发展、移民安置、基础设施建设、农村治理、生计保障等方面的实践经验。

(三)政策形式

1.2021年中央一号文件

2021年2月21日,《中共中央 国务院关于全面推进乡村振兴加快农业农村现代化的意见》发布。这是21世纪以来第十八个指导"三农"工作的中央一号文件,强调了在新的发展阶段"三农"工作的重要性。我国将启动和实施农业农村现代化规划,努力有效结合农村扶贫政策体系和工作机制,实现顺利过渡。到2025年,农业农村现代化将取得重要进步,粮食和其他重要农产品供给将得到更好保证,现代化农村产业体系将基本形成,农村建设将取得丰硕成果。

2.《"十四五"推进农业农村现代化规划》

该规划提出,到2025年底,农业基础将更加稳固,乡村振兴战略全面推进,农业农村现代化将取得重大进展。有条件的地区率先基本实现农业农村现代化,脱贫地区实现巩固拓展脱贫攻坚成果同乡村振兴有效对接。到2035年,乡村全面振兴取得决定性进展,基本实现农业农村现代化。

(四)政策目标

农业农村现代化重点建设的思路、目标和关键任务是使农业基础更加稳固,全面推进乡村振兴战略,在农业农村现代化方面取得重大进展。有条件的地区率先基本实现农业农村现代化,脱贫地区实现巩固拓展脱贫攻坚成果同乡村振兴有效对接。按照党的十九届五中全会精神,走中国特色社会主义乡村振兴道路,全面实施乡村振兴战略,加强以工代农、以城带村,促进形成新型工农业相互促进的城乡关系,推进形成工农互促、城乡互补、协调发展、共同繁荣的新型工农城乡关系,加快农业农村现代化。这一战略思想,为"十四五"期间农业农村的改革和发展指明了方向——目标仍然是实现农业农村现代化,途径是全面推进乡村振兴,战略重点是建设新型工农业基地。

2021年中央一号文件在具体的战术手段上进一步将上述目标、途径和战略重心进行了分解,并首次提出了"坚持农业现代化与农村现代化一体设计、一并推进"的策略。可见,推进农业农村现代化不仅需要在战略上赢得其在国家各项事业轻重缓急中优先级别的保证,更需要在战术上实现更广的共识、更大的力度、更好的制度、更强的力量。

六、粮食主产区利益补偿政策

粮食主产区是中国农业和农村经济开发的重要领域,是中国谷物生产和商品谷物供应的核心领域,肩负着确保国家粮食安全的重任,为保障中国农业发展作出了历史性贡献。构建利益补偿机制,对于提高种粮农民的生产积极性、提高粮食综合生产能力、确保粮食安全具有重要推动作用。

(一)政策主体

一是中央政府。首先,中央政府是主要粮食生产地区食品安全保障的决策者。主要谷物生产地区的许多耕地仅限于效率低下的谷物生产,其结果是失去了主要谷物生产地区和农民的利益,中央政府需要承担应对责任。其次,食物安全利益、社会和文化利益以及食物生产所产生的生态学利益具有公共物品的属性,它们的受益者是国家范围内的社会成员。考虑到其社会属性,所有社会成员也应该为这些福利支付费用。因此,中央政府应根据公共物品的属性和特点,积极制定各种优惠政策,以刺激谷物生产者的积极性。二是主产区政府。主产区政府是中央粮食政策的推动者和地区粮食政策的制定者,应积极推进粮食利益补偿机制的进一步完善和实行,做好粮食主产区利益补偿的监督工作,确保主产区利益补偿机制发挥应有的作用。

(二)政策内容

完善粮食主产区利益补偿机制,实施粮食主产大县利益补偿激励政策,优先考虑高标准农田建设产生的新耕地指标调整收入,用于农田建设再投资、债券偿还和贴息,确保粮食生产大县不受损失,拥有粮食种植权。首先,要多管齐下,采取多种措施,提高粮食主产区种粮的比较效益,保证种粮农民的基本收入,让种粮农民有甜蜜和希望。其次,要加强生产者政策激励,支持家庭农场、农协,加强谷物管理,改善最低收购价政策,提高对生产者补贴。培育谷物工业化联盟,支持并健全收获后的干燥加工设施,创新谷物生产的上游和下游产业链,提高谷物的作业效率。此外,要大力推进粮食主产区的农业生产社会化服务,积极开展粮食生产薄弱环节机械化技术试验示范,着力解决影响粮食生产的各类瓶颈问题;加快推进农田改造和种粮机械化,减轻劳动强度,降低粮食生产成本;推进三大粮食作物全额保险试点,为粮食生产保驾护航。

(三)政策形式

中国粮食主产区均具备良好的自然环境、较发达的农业科技、较丰富的生产经验以及较广阔的发展空间。中国主要谷物生产地区现行的利息补偿制度主要包括三个方面。一是对主要谷物生产地区生产者的补贴。这主要包括谷物直接补贴、农产品全面直接补贴、改良品种补贴、农业机械和工具采购补贴、最低采购价格、临时收储和保管补贴。二是对主要谷物生产地区的补贴。主要产粮地区的补贴主要参照中央财政对主要产粮地区的激励政策。中央政府对主产地的激励政策,不仅提高了粮食生产效率,而且有效缓解了财政紧张,促进了农业基础设施和地方公益事业建设。三是生产和营销范围内的利益协调机制。主要粮食生产地区和主要销售地区之间的产销利益协调机制是指国家支持和鼓励主要粮食生产地区建立粮食销售基地,建立粮食储存设施。建立生产地区和营销地区的利益协调机制有助于充分利用各自的比较优势,协调谷物生产和营销之间的合作关系。这将对确保主要谷物生产地区的谷物生产,在主要谷物生产地区发展谷物加工产业发挥重要作用。

(四)政策目标

利息补偿政策的目标应该是同等关注生产和收入的增加。一是通过促进主要粮食生产地区的开发,提高主要粮食生产地区的粮食综合生产能力,挖掘主要粮食生产地区的生产潜力,确保食品安全。二是促进粮食主产区第二、第三产业发展,增加农民收入。粮食主产区要努力发挥自身优势,巩固和提高粮食综合生产能力,继续在全国粮食生产中发挥主导作用。产销平衡地区和主销地区要保持自给率,严守耕地红线,确保种植面积不减少,共同维护国家粮食安全。构建利益补偿机制,一方面,能够弥补粮食主产区种粮的机会成本,充分调动地方政府抓粮和农民种粮的积极性,保障国家粮食安全;另一方面,通过横向和纵向补偿相结合,保障种粮农户的切身利益,进一步调动农民的生产积极性,夯实粮食生产微观基础。

七、农业保险发展政策

(一)政策主体

农业生产过程中面临的风险主要是自然风险,当然也有一定的市场风险。农业保险是降低农业生产经营风险的重要途径,为保障农业生产经营主体利益提供了保障。农业保险在市场化运行基础上,通过政策性补贴,为农户提供费用保险。农业保险政策的主体是从事农业生产的农民。然而,农民保险意识相对淡薄,对我国农业保险政策内容、形式和目的不够了解,导致其参保意愿不强。在农业保险实践中,政府相关部门和农业保险公司,应多渠道加强农业保险宣传,确保农业保险政策实施无盲区,使每一个农业生产经营主体都能够了解并享受到保险政策带来的切实利益,从而保障我国农业高质量发展。

(二)政策内容

为了满足现代农业开发中风险保护的需要,将持续提高农业行业的保险水平,逐步实现从部分实体保险向全额保险的过渡,扩大收入保险的试点范围。逐步试点探索风险责任从主要防范自然灾害风险向防范市场风险延伸。随着社会消费差异化需求的不断增强,要围绕支持和培育地方特色农业优势主导产业,促进农民增收和区域经济发展,鼓励地方不断增加特色保险产品,不断扩大中央以奖代补品种范围,尽快实现全覆盖。

在农业全产业链风险保障需求下,围绕风险保障范围和产业融合联动,风险保障不断从农业的产中环节向产前、产后环节延伸,实现农业生产全过程的风险保障。不断适应农业产业融合发展的趋势和要求,风险覆盖范围不断从第一产业向第二、第三产业融合转变,实现全产业链条的保险全覆盖。针对灾害全过程防范需求,围绕灾害全过程干预,支持探索从目前农业保险主要应对灾后补偿,逐步向灾前预报、预警、预防和灾中施救减损干预延伸,最大限度地实现防灾减损。为了满足"三农"发展和乡村全面振兴过程中的风险保障需求,围绕农业、农村、农民和生产、生活、生态,风险保障不断从农业向农村和农民扩展、从农业生产向农民生活和农村生态扩展,织密乡村生产、生活、生态"保障网",实现"三农"全领域覆盖,从而实现从小农业保险向大农业保险的转变,从狭义的传统农业保险向广义的"三农"相关领域保险转变。

进一步完善农村普惠金融体系,把农业保险作为农村金融的基础架构,与农村投资、信贷、担保、信用评定、期货等联动,打造以农业保险为核心的农村普惠金融体系,为"三农"发展提供金融保险支持,更好地服务乡村振兴战略。

(三)政策形式

2013年3月1日起施行的《农业保险条例》,建立了农业保险的制度框架雏形,农业保险在实践中也取得明显成效。如何完善农业保险制度,以适应新形势下农业保险发展新要求,成为农业高质量发展面临的新课题。应从加强农业保险顶层设计入手,结合新阶段对农业保险的新认识、新任务和新要求,总结过往十几年来农业保险发展中鲜活的实践探索,在政策定位、经营模式、管理体制、巨灾分散机制、市场秩序等方面自上而下地从法律制度层面予以规范和明确。特别是要进一步提升农业保险在强农、富农政策中的地位,用政策的制度化和体系化来理顺农业保险各环节、各主体的关系。同时恢复政策性农业保险市场准入资格审批制度,加强市场秩序管理,发挥政府"看得见的手"的作用。加大财政支持力度,优化财政补贴机制。加大各级财政,特别是中央财政保费补贴投入力度,加大中央财政对农业大省的支持力度,加大对区域特色产品的奖补力度,尽快实现省域全覆盖,全面取消产粮大县农业保险的县级补贴。加强农业保险绩效考核评价,加快财政补贴资金拨付进度,优化财政补贴拨付的结算层级,创新财政保费补贴资金监督审核方式,提高财政资金使用效率。

(四)政策目标

2023年,财政部、农业农村部、金融监管总局联合发布的《关于扩大三大粮食作物完全成本保险和种植收入保险实施范围至全国所有产粮大县的通知》将有助于进一步提高农业保险水平,促进农业保险转型升级,更好地为保障国家粮食安全服务。首批农业保险试点省份,始终将农业保险作为转变财政支农方式的重要举措,紧紧围绕全面推进乡村振兴和加快农业农村现代化,加快推动农业保险高质量发展。完善农业保险体系,规范市场秩序,提高农业保险保障水平。建立和完善以政策为导向的农业保险长效机制,提高保险适用率、保险签约率、农民理赔率,实现"尽可能减少农民保险费负担"的目标。尽可能减少农民灾害损失,促进以政策为导向的农业保险健康快速发展。在乡村全面振兴背景下,促进农业保险高质量发展,应把农业保险作为农业风险管理工具,作为农业政策支持和保障体系的重要组成部分,它是激活农村产业开发的重要出发点和农村金融体系的重要组成部分。紧紧围绕现代农业优质高效、农村安居乐业、农民富裕在乡村全面振兴过程中产生的各种风险保障需求,充分发挥农业保险在保障现代农业发展、稳定农民收入、维护农村生态、改善农村社会治理等方面的积极作用,继续扩大农业保险的范围,促进农业保险标准升级,扩大适用保险产品范围。

第十四章　中国农业高质量发展政策实施的配套措施

农业高质量发展政策的落地及支农效果的落实,需要有相应的保障体系配套。本章主要从以下六个方面论述保障措施,以确保农业高质量发展政策高效落地、精准支持,更有效释放政策红利。

一、加强顶层设计

贯彻新发展理念,提供顶层设计架构,为推动农业高质量发展指明方向,提供政策和制度保障,并结合不同地区农业"特""新"优势,向重点领域聚焦用力。以创新促进农业发展方式转变,以协调推进产业结构优化,以绿色发展实现可持续性,以开放提高市场竞争力,以共享释放高质量发展红利。农业的高质量发展需要契合新发展理念,实现从"数量型"发展转向"质量型"发展。

(一)转变农业发展方式

目前我国农业仍主要以家庭为单位进行,农业生产规模较小,农户提高农产品产量主要还是通过增加生产要素的投入,比如化肥、农药等,导致化肥和农药施用强度较大。同时,伴随着青壮年劳动力向非农产业转移,农业劳动力呈现老龄化趋势,不利于农业科技的推广。因此,应该进一步完善农业科技创新体系,提高农业社会化服务水平,通过现代生产要素的投入提升农业发展质量。另外,还要通过转变农业发展方式,促进"互联网+"模式在农业领域的应用,促进农业发展走向数字化、信息化,促进农业发展各环节有效衔接。

（二）推进农业绿色发展

农业的高质量发展，离不开绿色、健康、可持续。当前，消费结构正转型升级，对农产品质量的需求也逐渐提升。我国农业高质量发展需要科学统筹规划，实施最严格的保护措施，守住基本农田红线，从而保证农业生产的稳定与安全。要严格开展农业污染源防控，从源头上控制农业污染的产生，在保证农业生产可持续的同时保证生态环境安全。农业的绿色发展离不开农业科技的支撑，要进一步完善农业科技服务体系，加大农业科技推广力度和广度，增强农户对绿色生产技术的认知，以及对农业环境的保护意识。政府部门应出台相关政策，鼓励和激励采用绿色技术的农户，以形成好的示范带动作用。通过政府政策推动、农业科技驱动、农户内生动力增强，三方面联动形成合力，助推农业绿色发展。

（三）坚持"引进来、走出去"

农业高质量发展要继续坚持"引进来、走出去"策略。在引进来方面，要引进国外先进的科学技术及管理经验，借鉴发达国家农业现代化发展路径，但是不能照搬照抄，应结合我国农业生产实践。在走出去方面，农业发展相对不足的地区要走出去，借鉴国内农业发展成功地区的农业高质量发展模式和经验，促进本地区的农业发展；要鼓励我国大中型农业企业注重国际品牌建设，健全国际冷链物流体系，发展电子商务，拓宽国际市场，提升我国农业国际竞争力。

（四）共享农业发展成果

实现农业高质量发展，要瞄准重点方向发力，不断夯实农业生产基础，为保障农业高质量发展提供支撑。要重视农民教育，提高农民基础素质和专业技能，发展农民专业合作组织，培育新型农业经营合作组织，让更多农民以及生产方式落后的中小型农业企业共享先进的农业生产与发展经验。要坚持实施农业精准扶贫，以政策为导向，给予适度的财政偏向，鼓励各个地区因地制宜发展特色农业，实现以农带贫，增强农业高质量发展动能。农业高质量发展只有让农民获利收益，才能充分调动农民的生产积极性和主动性，形成良性循环。

二、构建"双重机制"

构建监管机制和反馈机制"双重机制"，评估和动态把握农业高质量发展绩效,提高监管效率。

(一)强化监管机制

农业高质量发展需要科学的监管体系,以信用监管为基础,不断健全法律监管机制,完善相关法律制度,强化公众监督和舆论监督,并通过分层级的方式监管不同主体的行为,推进农业高质量发展全过程对各主体、客体的规范化监管。严格生产监管、市场监管、质量监管、安全监管、信用监管,建立并完善关联产业、关联部门的综合性协同监管机制,为保障农业的高质量发展提供一体化的规范性手段。提高监管机制的有效性有助于促进农产品质量的进一步提升。构建农业高质量发展的监管机制,需要有针对性地制定和完善有关农业高质量发展各个环节的法律法规,对资源使用、生产质量等环节进行控制。

(二)利用反馈机制

反馈机制能够及时收集到政策实施过程中的信息,能够及时有效掌握政策实施的成效及存在的问题。反馈机制的构建,应该考虑机制设计的效率和效果,同时考虑中央政府、地方政府和农民三方主体,设计农民的反馈路径和地方政府的反馈路径。同时,通过反馈机制,及时了解农业高质量动态发展过程中的反馈信息,鼓励正反馈信息所反映的有益行为,及时处理负反馈信息折射出的问题并作出科学调整,保证农业高质量健康发展。

三、着力"三个精准"

(一)精准施策

科学清晰地区分东、中、西地区之间农业高质量发展的差异,以及各地区内部不同区域的发展差异,要在明确地区资源条件和发展现状的基础上,结合各个地区的特点,因地制宜地采用不同的政策措施。

(二)精准推进

根据各个地区的政策落实情况,分阶段、分层次有序推动各个地区的农业高质量发展,避免一味跟进大区域政策,或为了按时达到目标而跨越式推进工作,使得政策实施进程与小区域实际发展状况不符,导致政策有效性降低,甚至阻碍小区域农业发展进程。

(三) 精准落地

在精准施策和精准推进的基础上,要严格落实责任主体,严格做好监督工作,定期检查政策落实情况,保证政策切实落地。推进农业高质量发展,要立足新发展阶段,贯彻新发展理念,构建新发展格局,使政策的实施能够精准转化为推进农业高质量发展的实际行动①。

四、坚持"四新培育"

(一) 培育新型农业经营主体

新型农业经营主体在推动我国农业高质量发展过程中的示范带动效应越来越明显,在推动农业高质量发展过程中发挥着越来越重要的作用。近年来,我国新型农业经营主体数量和规模均日益增加,新型农业经营主体掌握新型的农业生产技术、优质的农资,部分家庭农场、合作社或者龙头企业还能够提供一些社会化服务,更好地服务农户。因此,应加大培育新型农业经营主体的力度,给予新型农业经营主体相应的政策支持,切实保障新型农业经营主体的利益。鼓励新型农业经营主体带动其他农户,推动农业适度规模经营,提高农业生产竞争力和效益。

(二) 培育新型职业农民

我国农业高质量发展需要一批有文化、懂技术、会经营、会管理的新型职业农民,他们是农业高质量发展的中坚力量。目前高等院校培养的农学相关专业高素质人才数量难以满足农业发展的需求。而且在某种程度上,高等院校学生并不倾向于去农村农业领域从事相关工作。农民作为专门从事农业生产的劳动者,种植经验丰富,但缺少科学的理论知识和专业技能。对农民进行知识和技能教育,使其成为新型职业农民,既能解决我国农民知识水平低的问题,又能为农业发展提供更多的专业人才。

但鉴于农民主体知识文化水平普遍较低,接受能力较弱,以正常的知识灌输的方式来培育,效果并不理想,需要以通俗易懂的教学方式来促进农民思维的转变与新技能、新知识的学习。培养新型职业农民,首先要转变农民的思想观念,普及农业基础知识,再逐步进行农业技能与管理经验的培养。

---

① 姜长云.全面推进农业农村经济高质量发展落地见效[J].中国发展观察,2021(Z1):12-16.

在此基础上对农民进行法律知识与电子商务的培训,从简单到复杂逐步深入,在知识理论教学的同时,重视与实践相结合,稳扎稳打,切实地培育新型职业农民。

(三)培育新型农业产业集群

目前,我国农业产业集群发展的优势已经初步显现,产业形态从"小特色"向"大产业"迈进,空间布局由"平面分布"转型为"集群发展",抱团发展、龙头带动成为我国农业产业化发展新方向。建设优势特色产业集群,能够优化产业区域布局,提高生产加工环节标准化程度,建立健全产业体系、生产体系和经营体系,多层次利用,多环节增值,从而提升产业规模效益和质量效益,进一步提高产业融合发展水平,拓宽农民增收渠道,增强产业发展内生动力,加快绿色有机农产品输出地建设进程。

(四)培育新型农业服务体系

当前我国农业服务体系构建主要还是以政府相关部门为主导,在农业技术推广、教育培训、信息发布等方面主要还是依靠政策推动。农业服务主要包括在产前、产中和产后各个环节为农户提供全方位的服务,比如产前农资的供应、产中农业生产过程中的管理、产后销售等。我国新型农业经营主体数量不断增加,部分发展规模也比较大,具有一些农机和其他生产技术,能够为农户提供生产服务。政府相关部门可以制定相关政策,充分发挥新型农业经营主体的作用,使新型农业经营主体培育同新型服务体系构建联动,这样既能够降低政府相关部门工作强度,也能够提高农业社会化服务效率。

五、强化"五项融合"

(一)强化资源融合

农业高质量发展是一项系统性工程,需要多方助力,因此应统筹农业内部资源,充分激发农业高质量发展活力,为各地区农业发展提供足够的资源支持,保障足够的人力、资金支持,合理规划土地要素使用方式,优化水利布局,系统性地、高效地发挥各类资源的价值,从而实现资源有效利用。加快农业产业融合步伐,创新农业发展业态。促进农业发展与文化旅游、科学技术等资源的有机融合,创新发展模式,如旅游农业、观光农业、滴灌农业、电子商务农业等新型农业模式,为农业进一步发展提供新动能。

(二)强化技术融合

科技创新能够为推动农业高质量发展提供持续动力,因此在高质量发展过程中应注重技术融合。比如,基于遥感技术和大数据,有效监控作物生长过程,及时反馈信息,提高作物抗自然风险能力,同时促进农业生产数字化发展,为农业生产和管理提供科学的数据分析。基于生物技术,培育农作物良种,并推广种植,能有效提高农作物抗灾害能力,提升作物品质和单产。随着数字经济的快速发展,数字经济在各个行业应用越来越广泛,并且取得显著成效。农业高质量发展也离不开数字技术的支撑,通过数字经济与农业融合发展,提升农业高质量发展内涵。

(三)强化产业融合

第二、第三产业与农业融合边界越来越模糊,与农业有机融合,可为农业的发展提供强有力的引擎。第二产业的快速发展能够带动农业的发展,拉动农业生产高质量发展;第三产业与农业融合发展,可以创新越来越多的新型业态,比如订单农业、观光农业、生态农业、创意农业等,极大地提高农业发展的效益,推动农业高质量发展。在拉力和推力合力作用下,农业高质量发展的步伐会更快。因此,应进一步强化农业产业融合,为农业发展引进更多的现代化生产要素,提升农业发展内涵,充分挖掘农业潜力和功能。

(四)强化市场融合

市场在资源配置中具有决定性作用,农业高质量发展也离不开市场,比如土地市场、劳动力市场、农资市场、农产品市场等。完备的土地市场能够加快土地流转速度,有助于实现农业规模化经营,提高土地利用效率和效益;劳动力市场能够为新型经营主体生产经营提供所需要的劳动力,同时通过引进农业方面高质量的人才助推农业高质量发展;规范、有序的农资市场能够更加有效地为农户提供必需的农业生产资料;农产品市场为保障农业高质量发展提供重要的出口产品。因此,保障农业高质量发展,必须进一步强化各类市场间的融合发展,为农业生产经营主体提供更有效的信息、资源。

(五)强化人才融合

建设镇村人才驿站,是加快县域和镇域经济发展、全面推进乡村振兴的重要保障,需要各乡镇、各单位用心用情建平台,搞活动,引人才,促振兴。要提高政治站位,进一步增强做好乡村振兴人才驿站建设工作的责任感、使命感、紧迫感。找准目标定位,进一步提高乡村振兴人才驿站建设水平。做好整合文章,提升驿站建设水平,发挥驿站辐射带动作用,助推镇域经济发展。加强组织领导,进一步健全乡村振兴人才驿站运作机制。强化责任提升合力,强化联动提升效能,强化宣传提升形象。

六、完善"六大体系"

（一）完善科技创新体系

农业高质量发展需要科学的知识体系、现代技术装备、现代管理经验的支撑,而技术的创新,需要完善的创新体系的支持。农业科技的研发时间长,见效慢,而且具有不确定性,因此农业科技的发展需要政府从政策上给予支持,同时需要适度引导社会资本的进入,从而为农业科技的研发提供充足的资金支持。政府可以牵头建立农业科技创新中心和重点实验室,提供良好的科技创新平台。可以开展跨领域、跨地区的合作,聚力攻关重难点技术,促进重难点技术问题的解决。农业科技创新应充分考虑我国农业发展实践和农户需求,加大农业科技创新投入力度,并强化对农业科技转化成果的监督,确保农业科技创新投入产出的效率。

（二）完善财税支持体系

近年来我国财税相关政策体系不断健全完善,对农业发展支持力度逐渐增强,对农业生产经营方面的补贴力度也逐渐增强。政策要分类实施,避免撒胡椒面式的投入;否则,不仅增加政府财政负担,也起不到很好的支持效果。在加强财政支持的同时,也应该强化对财政支出的监管,确保财政支出的有效性。对农业生产基础设施薄弱的地区,应加强相关投入,打通基础设施"最后一公里"。在绿色农业生产方面要对新型经营主体适当给予财税支持,提高其绿色生产积极性。

（三）完善金融支持体系

农业高质量发展离不开金融支持,尤其是新型经营主体在生产经营过程中可能会面临资金需求的问题。金融部门应进一步完善金融支持体系,尽可能给有条件、有需要的农业经营主体提供融资方面的支持。金融部门应不断进行改革创新,为农业高质量发展注入发展动力。在实践过程中,可以分区域、分类施策,创新工作模式,创新金融支持方式方法。

(四)完善金融保险服务体系

政策性银行对农业给予中长期大额贷款的支持,发展一定数量的村镇银行和多种形式的民间资金互助组织,降低农村中小金融机构的准备金率,鼓励涉农企业利用债券、股票等形式进行融资。保险公司要结合不同地区农业发展实践和农业风险,创新保险产品和模式,为农业生产经营主体提供便捷的保险服务,鼓励农户在自愿基础上积极参保,提高农业生产抗风险能力,化解农业生产经营风险,切实保障农业生产经营主体的利益。

(五)完善产业化支持体系

大力发展现代农业产业集群,加强现代农业产业园建设,完善农业产业化支持体系,不断夯实农业经济在国民经济中的基础地位。农业产业化体系的构建是一项复杂工程,需要多部门协调配合,比如农业企业、农业管理部门、技术监督部门等,共同完善技术体系、标准体系、产业体系、经营体系、政策体系等诸多体系。通过制度改革,激发新型农业经营主体的积极性,提高农业产业化的经营效率。

(六)完善服务体系

地少人多,土地分散,小农户数量众多,是我国基本国情,这导致农业生产难以实现规模化发展,因此必须探索以小农户为主体的新型发展模式。近些年出现了一些通过农业社会化服务体系联结农户,从而间接实现土地的规模化利用的发展模式,并取得初步成效。通过农业社会化服务组织提供农业生产、运输、销售等整个农业产供销过程的专业化服务,将分散的小农户生产有机地联系起来,促进农业用地的统一利用。可以借鉴日本模式,充分发挥合作社、家庭农场等新型经营主体的作用,为农户提供农业生产所必需的生产服务,在为农户提供生产服务的同时,还能够获得政府政策支持和农户支付的费用。

参考文献

[1] 布朗,2006.B 模式 2.0:拯救地球　延续文明[M].林自新,暴永宁,等译.北京:东方出版社.

[2] 陈阵,2013.美国农业补贴政策研究[M].北京:经济科学出版社.

[3] 狄雍,谢泼德,2010.产业组织理论先驱[M].蒲艳,张志奇,译.北京:经济科学出版社.

[4] 郭亚军,2002.综合评价理论与方法[M].北京:科学出版社.

[5] 国家发展和改革委员会应对气候变化司,2013.中华人民共和国气候变化第二次国家信息通报[M].北京:中国经济出版社.

[6] 哈耶克,1997.自由秩序原理(下)[M].邓正来,译.北京:生活·读书·新知三联书店.

[7] 胡霞,2011.中国农业成长阶段论:成长过程、前沿问题及国际比较[M].北京:中国人民大学出版社.

[8] 黄宗智,2007.经验与理论:中国社会、经济与法律的实践历史研究[M].北京:中国人民大学出版社.

[9] 黄祖辉,林坚,张冬平,等,2003.农业现代化:理论、进程与途径[M].北京:中国农业出版社.

[10] 金德尔伯格,赫里克,1986.经济发展[M].张欣,译.上海:上海译文出版社.

[11] 卡马耶夫,1983.经济增长的速度和质量[M].陈华山,左东宜,何剑,等译.武汉:湖北人民出版社.

[12] 刘义圣,李建建,2008.发展经济学与中国经济发展策论[M].北京:社会科学文献出版社.

[13] 马华,姬超,等,2015.中国式家庭农场的发展 理论与实践[M].北京:社会科学文献出版社.

[14] 曼昆,2015.经济学原理:微观经济学分册[M].梁小民,梁砾,译.7版.北京:北京大学出版社.

[15] 诺思,1991.经济史中的结构与变迁[M].陈郁,罗华平,等译.上海:生活·读书·新知三联书店上海分店.

[16] 潘家华,魏后凯,2013.中国城市发展报告 No.6:农业转移人口的市民化[M].北京:社会科学文献出版社.

[17] 佩鲁,1987.新发展观[M].张宁,丰子义,译.北京:华夏出版社.

[18] 皮尔斯,1997.绿色经济的蓝图(4):获得全球环境价值[M].徐少辉,冉圣宏,田润浓,等译.北京:北京师范大学出版社.

[19] 舒尔茨,1990.论人力资本投资[M].吴珠华,等译.北京:北京经济学院出版社.

[20] 舒尔茨,2006.改造传统农业[M].梁小民,译.北京:商务印书馆.

[21] 速水佑次郎,拉坦,2000.农业发展的国际分析[M].郭熙保,张进铭,等译.北京:中国社会科学出版社.

[22] 托马斯,王燕,2017.增长的质量[M].张绘,唐仲,林渊,译.2版.北京:中国财政经济出版社.

[23] 王铮,吴静,孙翊,等,2016.政策模拟导论[M].北京:科学出版社.

[24] 吴方卫,孟令杰,熊诗平,2000.中国农业的增长与效率[M].上海:上海财经大学出版社.

[25] 吴敬琏,2006.中国增长模式抉择[M].上海:上海远东出版社.

[26] 习近平,2017.习近平谈治国理政(第二卷)[M].北京:外文出版社.

[27] 熊彼特,2017.经济发展理论[M].王永胜,译.上海:立信会计出版社.

[28] 张培刚,2002.农业与工业化(上卷):农业国工业化问题初探[M].武汉:华中科技大学出版社.

［29］中共中央文献研究室,2013.习近平关于实现中华民族伟大复兴的中国梦论述摘编[M].北京:中央文献出版社.

［30］中共中央文献研究室,2017.习近平关于社会主义经济建设论述摘编[M].北京:中央文献出版社.

［31］中共中央宣传部,2016.习近平总书记系列重要讲话读本[M].北京:学习出版社;人民出版社.

［32］中华人民共和国农业部,2000.2000年中国农业发展报告[M].北京:中国农业出版社.

［33］朱道华,2009.农业经济学[M].4版.北京:中国农业出版社.

［34］朱兴婷,2023.数字普惠金融与经济高质量发展[M].北京:中国财政经济出版社.

［35］Cliff A, Ord J, 1973. Spatial autocorrelation [M]. London：Pion Press.

［36］FREEMAN C, 1982. The economics of industrial innovation [M]. London：Pinter Publishers.

［37］KEMPSON E, WHYLEY C, 1999. Kept out or opted out? Understanding and combating financial exclusion [M]. Cambridge United Kingdom：The Polity Press.

［38］MELLOR J W, 1966. The economics of agricultural development [M]. Ithaca, New York：Cornell University Press.

［39］DENISON F E, 1969. Why growth rates differ：Post-war experience in nine western countries [M]. Washington, D.C.：Washington Brookings Institution.

［40］SCHULTZ T W, 1964. Transforming traditional agriculture [M]. New Haven, Connecticut：Yale University Press.

［41］SCHWAB K, 2016. Die vierte industrielle revolution [M]. Munich：Pantheon Verlag.

［42］WEITZ R, 1971. Rural development in a changing world [M]. Cambridge, MA：MIT Press.